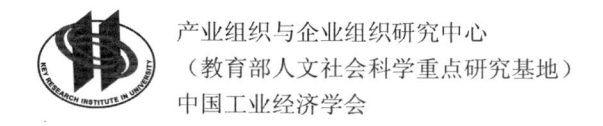

产业组织与企业组织研究中心
(教育部人文社会科学重点研究基地)
中国工业经济学会

产业组织评论 第5辑

Industrial Organization Review

肖兴志 主编

中国社会科学出版社

图书在版编目（CIP）数据

产业组织评论（第5辑）/肖兴志主编. —北京：中国社会科学出版社，2011.5
ISBN 978-7-5004-9700-4

Ⅰ.①产… Ⅱ.①肖… Ⅲ.①产业组织—研究 Ⅳ.①F062.9

中国版本图书馆 CIP 数据核字（2011）第 060844 号

策划编辑 卢小生（E-mail：georgelu@vip.sina.com）
责任编辑 卢小生
责任校对 修广平
封面设计 杨 蕾
技术编辑 李 建

出版发行	中国社会科学出版社			
社　　址	北京鼓楼西大街甲 158 号	邮 编	100720	
电　　话	010-84029450（邮购）			
网　　址	http://www.csspw.cn			
经　　销	新华书店			
印　　刷	北京新魏印刷厂	装 订	广增装订厂	
版　　次	2011 年 5 月第 1 版	印 次	2011 年 5 月第 1 次印刷	
开　　本	787×1092 1/16	插 页	2	
印　　张	16	印 数	1—6000 册	
字　　数	309 千字			
定　　价	36.00 元			

凡购买中国社会科学出版社图书，如有质量问题请与本社发行部联系调换
版权所有　侵权必究

顾 问

吕 政　　中国社会科学院
汪祥春　　东北财经大学

主 编

肖兴志　　东北财经大学

学术委员会　（按拼音排序）

艾洪德	东北财经大学	陈富良	江西财经大学
陈宏民	上海交通大学	干春晖	上海财经大学
高良谋	东北财经大学	金 碚	中国社会科学院
林 平	香港岭南大学	刘秉镰	南开大学
刘志彪	南京大学	卢东斌	中国人民大学
戚聿东	首都经贸大学	曲振涛	哈尔滨商业大学
荣朝和	北京交通大学	王俊豪	浙江财经学院
王 询	东北财经大学	武常岐	北京大学
夏春玉	东北财经大学	夏大慰	上海国家会计学院
于 立	天津财经大学	于良春	山东大学
郁义鸿	复旦大学	原毅军	大连理工大学
臧旭恒	山东大学	张昕竹	中国社会科学院

编辑部主任

吴绪亮

目 录

[论 文]

价值创造能力下中外企业联盟的组建动因:基于离散
　　变量下企业决策行为的研究 ················· 原毅军　耿殿贺(1)
基于双边市场的平台企业捆绑定价机制研究 ············ 李瑞海　李　泉(9)
新经济地理学视角下的创意园区集聚研究
　　——以北京798艺术区为例 ··················· 杨永忠　林娜萍(20)
转轨时期地方政府投资与产业增长耦合的政策研究 ······ 李　怀　高　磊(37)
中国反垄断法纵向实施机制研究 ···················· 张　嫚　高小磊(57)
中国垄断产业垄断程度的测度:基于OECD规制指数
　　方法的研究 ······························· 范合君　戚聿东(77)
产业网络资源扩散研究与实证 ····················· 张丹宁　唐晓华(93)
制度环境对不同产业外商直接投资的影响:基于美国
　　海外直接投资的实证研究 ···················· 胡　超　张　捷(106)
物流专用性资产投资不足的产生机理:契约视角 ······ 余泳泽　马　欣(119)
网络化产业组织结构的形成动因分析 ··············· 张晓明　刘　军(130)
非关税贸易壁垒的正效应 ································· 安德里德(154)
国有企业治理制度的规范性控制:一个基于CAS理论的
　　系统模型框架 ·· 王雅娟(165)

[综 述]

高层管理团队、战略决策与企业绩效:文献综述 ················ 曹志来(179)
单边效应与合并模拟的研究进展及判例评述 ··········· 刘丰波　吴绪亮(200)

[书 评]

《不完全竞争经济学》评介 ································ 杨晓萌(225)
《规模经济与范围经济》评介 ······························ 陈艳利(236)

CONTENTS

【PAPER】

Constructive Motive of Home and Foreign Enterprise Union under
  Value Creative Capability: A Research Based on the Enterprise
  Decision Behavior under Discrete Variable .... Yuan Yi-jun et al. (1)
Platforms' Pricing Scheme of Bundling in the Formation of
  Two-Sided Markets .... LI Rui-hai et al. (9)
Creative Industrial Park Research from the Perspective of the
  New Economic Geography: Taking Beijing 798 Art Zone for
  Example .... Yang Yong-zhong et al. (20)
The Coupling Policy Research on Liaoning Local Government Investment
  and Industry Growth during the Transition Period .... LI Huai et al. (37)
On the Vertical Enforcement Mechanism of Chinese
  Anti-Monopoly Law .... Zhang Man et al. (57)
Measurement of Monopoly Industries of China: Based on
  OECD Regulatory Indicator Method .... Fan He-jun et al. (77)
Theoretical and Empirical Study on Industrial Network
  Resource Transformation .... Zhang Dan-ning et al. (93)
The Effect of Institutional Climates on Different Industries' FDI:
  the Empirical Analysis of the US Overseas FDI .... Hu Chao et al. (106)
The Governance Research on the lack of Special Asset
  Investment in Logistics Outsourcing .... Yu Yong-ze et al. (119)
The Analysis on the Formation Mechanism of Network
  Industrial Organization .... Zhang Xiao-ming et al. (130)
The Positive Consequences of Non-tariff
  Barriers .... Rafael Leite Pinto de Andrade (154)
Chinese State-owned Corporate Governance System of Legal Control:
  Framework of Dynamic Model Based on CAS Theory .... Wang Ya-juan (165)

【SURVEY】

Top Management Team, Strategic Decision Making and Firm
  Performance: A Review .... Cao Zhi-lai (179)

Recent Devements and Case Study on Unilateral Effects
    and Merger Simulation ·································· Liu Feng-bo et al. (200)
        【REVIEW】
Review on The Economics of Imperfect Competition ······ Yang Xiao-meng (225)
Review on Scale and Scope: The Dynamics of Industrial
    Capitalism ··· Chen Yan-li (236)

价值创造能力下中外企业联盟的组建动因：基于离散变量下企业决策行为的研究

原毅军　耿殿贺

摘　要　本文在界定价值创造能力的基础上，分析了离散变量下企业的决策行为，得出了价值创造能力最大化是企业行为决策的唯一准则的结论。在此基础上，分析了以价值创造为导向的中外企业联盟的组建动因，从而解释了中外企业自愿组建联盟的内在机制。本文提出的结论为解释中外企业联盟中的企业的组建和分工提出了新的思路和方法。

关键词　价值创造能力　决策行为　中外企业联盟　离散变量

一　引　言

随着全球经济一体化进程加快，跨国公司越来越多地以组建联盟的形式参与中国的市场分工。中外企业联盟对中国经济运行产生了重要影响：一方面，促进了中国经济的发展，带动经济稳定快速地增长；另一方面，将中国本土企业刻意地定位在价值链的低端，使得中国经济增长主要依靠资本和劳动的投入，环境破坏日益加剧，资源消耗不断增长。因此，中外企业联盟的组建动因和分工势必要做出调整，这就需要系统地分析其组建动因。

目前，对中外企业联盟的组建动因的研究，普遍认为，外国企业是为了获取市场，而本土企业是为了获取技术，然而这一认识与实际情况有所出入。主要表现在两个方面：一是在不同分工模式下，外国企业可能将利润较大的环节分包给本土企业进行生产经营；二是中国本土企业对利润的追求远远超过对技术的追求。目前学术界对中外企业联盟的组建动因的研究，都不能很好地解释实际情况。因此，本文从价值创造能力角度出发，分析离散变量下

---

* 基金项目：国家自然科学基金项目《重大装备制造业中外厂商技术联盟创新及实现机制研究》（70773013）。

作者简介：原毅军，大连理工大学经济研究中心主任、管理与经济学部教授、博士生导师，经济学博士；耿殿贺，大连理工大学管理与经济学部博士研究生。

的企业决策行为，从而为解释中外企业联盟的组建动因和分工提供理论基础。

二 价值创造能力的界定

价值创造是企业活动的主要目的，不同学者从不同角度对价值进行了定义，其中具有代表性的是美国学者迈克尔·E. 波特（Michael E. Porter, 1985）将价值定义为顾客愿意支付的价格。对于价值的衡量则主要通过对企业价值的财务评估实现。目前比较流行的方法是经济增加值（EVA）方法。经济增加值的概念源于传统的剩余价值思想，在吸收默顿·米勒和佛朗哥·莫迪格利亚尼（Merton Miller and Franco Modigliani）关于公司价值模型的基础上，美国 SternStewart 公司将 EVA 发展成为一种业绩评估、激励机制和管理理念的管理体系。EVA 指标应用了经济利润的衡量方法，较好地衡量了公司在相关年度为投资者创造的价值。根据定义：EVA 等于企业税后净营业利润减去全部资本成本后的净值。其中，资本成本包括债务资本和股份资本的成本。当 EVA 为正时，表明企业的经营收入在扣除所有成本和费用后仍有剩余，即投资者的财富增加，企业的价值上升；相反，当 EVA 为负时，表明企业价值在减少。

作为一个绝对数量指标，EVA 对于企业经济效益和能力的反映存在一定的缺陷，这种缺陷使得目前的研究不能真实地反映中方企业技术能力和价值创造的状况。由于经济效益表现的是产出与投入之比，而不是产出与投入之差，因此，EVA 只能说明经济效益的有无，不能反映经济效益的大小。在对不同规模的企业进行比较时，通常大规模的企业比小规模的企业具有较大的 EVA 值。但无法区分造成这种差别是由于大规模企业具有较高的经济效益还是仅仅因为具有较大的资本投入。对于中外技术联盟同样如此，中方企业在合作中由于投入大量的资本和劳动，可能有较高的 EVA 值，但并不能代表中方企业的价值创造能力较高。

通过上述分析，本文定义价值创造能力为：企业创造的价值与企业投入成本的比例，其中企业创造的价值等于企业税后净营业利润减去企业投入成本；企业投入成本为资本成本加上劳动成本。（外方企业投入的已经研发成功并在国外投入生产使用的技术，本文视为没有成本投入；如果外方企业在技术联盟组建之后重新投入成本单独或合作进行技术研发，则视为有资本和劳动成本的投入。）

假设一个企业的生产函数为 $Q = AF(K, L)$，其产品的市场价格为 P，则企业的收益可以表示为：

$$R = PQ = P \times AF(K, L) \tag{1}$$

其中，A 表示企业的技术进步因素；K 和 L 分别表示企业的资本劳动投入要素，资本投入包括资本和固定资本折旧。

企业的税后净营业利润为：
$$\pi = R - (KC_k + LC_l) - T \tag{2}$$
其中，π 表示企业的税后净营业利润；C_k 和 C_l 分别表示资本和劳动的单位成本；T 表示企业的营业税。

则企业创造的价值为：
$$EVA = \pi - KC_k \times WACC \tag{3}$$
其中，$WACC$ 表示平均资本成本率，通常用银行存款利率计算。

根据定义，企业的价值创造能力可以表示为：
$$VEA = \frac{EVA}{KC_k + LC_l} \tag{4}$$

从价值创造能力的定义看，企业的价值创造能力包括两层内涵：一是企业的价值创造能力描述的是企业投入每单位要素所创造的价值，反映了企业价值创造主要取决于企业的利润与生产成本；二是技术是企业生产过程中必不可少的因素，但在企业价值创造的定义中无法体现。而企业的价值创造能力能够在一定程度上反映企业技术进步因素对企业价值创造的影响。

企业在实际的生产和运营过程中，包括很多环节，如设计、研发、生产、制造、组装、销售和服务等。每一个环节需要企业投入一定的资本和劳动，并为企业创造一定的价值。假设企业包括 n 个生产环节，第 i 个环节为企业创造的价值 EVA_i，而消耗的成本为 $K_i C_{ki} + L_i C_{li}$。则第 i 个环节的价值创造能力为：
$$VEA_i = \frac{EVA_i}{K_i C_{ki} + L_i C_{li}} \tag{5}$$

可以得出企业的平均价值创造能力为：
$$\overline{VEA} = \frac{\sum_{i=1}^{n} EVA_i}{\sum_{i=1}^{n} (K_i C_{ki} + L_i C_{li})} \tag{6}$$

从公式（6）中可以看出，企业的最终价值是由企业的平均价值创造能力所决定的。一些生产所必需但价值创造能力较低的环节势必要降低企业整体的价值创造能力。因此，企业要提高整体价值创造能力，就要选择价值创造能力高的环节进行专业化生产，而不是一体化生产。通常而言，在企业的各个环节中，研发、设计、维修和服务创新等环节属于价值创造能力较高的环节，一些关键设备和重要原材料由于其在生产过程中的不可替代性，也属于价值创造能力较高的环节。而一些附属设备和零件的加工、制造及装备等环节，属于价值创造能力较低的环节。

基于价值创造能力的比较优势主要是指企业内的一些环节相对于其他环节具有相对较高的价值创造能力，因此，企业选择专业化生产比一体化生产的整体价值创造能力更高。这种价值创造能力的比较优势不仅仅出现在企业内部的各环节之间，还出现在各企业之间。一家企业相对于另一家企业在某些环节上具有较高的价值创造能力。

在单要素投入的情况下，企业价值创造能力可以表示为：

$$VEA = \frac{f(v) - v}{v} \tag{7}$$

其中，v 表示要素投入；$f(v)$ 表示产出。

三 价值创造能力下的企业决策行为

在微观经济学中，理性经济人按照利润最大化准则来决定自己的行为，此时隐含着一个假设，即该理性经济人的决策是在投入要素连续的情况下。然而，当理性经济人面对两个离散决策集合，并且两个决策集合的投入、产出、利润和价值创造能力都不相同时，此时理性经济人的行为准则与连续投入要素下的情况有所不同。本文从价值创造能力的角度对离散决策集合下的理性经济人决策行为进行分析。

首先，定义一家企业为理性经济人，其面对的两个策略组合分别为 $\Omega_v = \{v, f_v(v)\}$ 和 $\Omega_u = \{u, f_u(u)\}$，其中，v 和 u 分别为两个策略下的支付，其决策变量集合分别为 $\{v \mid 0 \leq v \leq v_1\}$ 和 $\{u \mid 0 \leq u \leq u_1\}$，而 $f_v(v)$ 和 $f_u(u)$ 分别为其收益，则两个策略的利润分别为：

$$\pi_v = f_v(v) - v \tag{8}$$
$$\pi_u = f_u(u) - u \tag{9}$$

而两者的价值创造能力分别为：

$$VEA_v = \frac{f_v(v) - v}{v} \tag{10}$$

$$VEA_u = \frac{f_u(u) - u}{u} \tag{11}$$

我们假设策略 Ω_v 和 Ω_u 所在的生产函数 $f_v(x)$ 和 $f_u(x)$ 都具有单调性，即当 $v_1 > v_2$ 时，有 $f_v(v_1) > f_v(v_2)$；当 $u_1 > u_2$ 时，有 $f_u(u_1) > f_u(u_2)$。并且两个策略之间的生产函数满足当 $v < u$ 时，有 $f_v(v) < f_u(u)$，这表示支付多的策略，其收益也较多。

根据利润和价值创造能力的大小，可以分为四种情况：（1）$\pi_v > \pi_u$ 且 $VEA_v > VEA_u$；（2）$\pi_v > \pi_u$ 且 $VEA_v < VEA_u$；（3）$\pi_v < \pi_u$ 且 $VEA_v < VEA_u$；（4）$\pi_v < \pi_u$ 且 $VEA_v > VEA_u$。对于第（2）种情况，由于前面假设 $v < u$ 和 $f_v(v) < f_u(u)$，所以，（2）不成立，因此，我们只讨论其余三种情况下的策略。

我们假设要素支付具有连续性，可以投入任何小于 v_1 或 u_1 的支付，并获得相应的收益。我们定义企业的可行支付为 V，则对于第（1）种情况和第（3）种情况，企业肯定会选择即时利润最大同时又是价值创造能力最大的策略,即第(1)种情况下,企业会选择策略 Ω_v,而第(3)种情况下,企业将选择策略 Ω_u。此时利润最大化准则和价值创造能力最大化准则具有统一性。只有当企业的可行支付大于每个策略的最大支付时,企业才会选择将剩余部分的支付投入到另一个策略中。

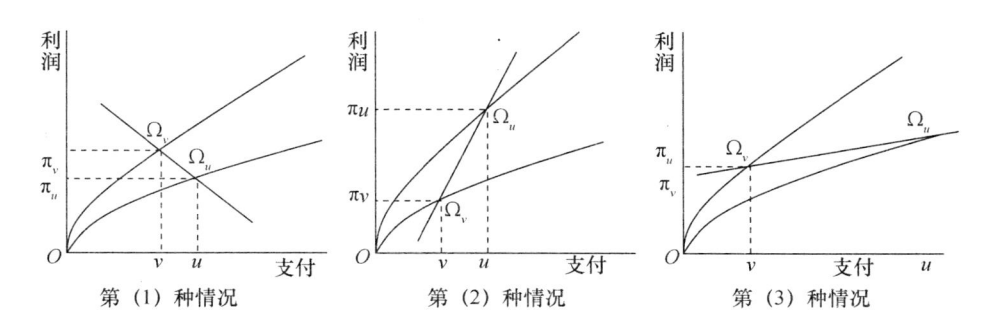

图 1 基于价值创造能力的理性经济人的决策行为

对于第(4)种情况,虽然策略 Ω_v 的利润小于策略 Ω_u,然而其价值创造能力大于 Ω_u。当企业的可行支付 V 满足 $u_1+v_1>V>u_1>v_1$ 时,按照利润最大化,企业会先选择策略 Ω_u,然后将剩余的支付 $V-u_1$ 投入策略 Ω_v;而如果按照价值创造能力最大化,企业会先选择策略 Ω_v,然后将剩余的支付 $V-v_1$ 投入策略 Ω_u。

在利润最大化准则下,企业的利润为 $f_u(u_1)+f_v(V-u_1)$,假设函数 f_u 和 f_v 都具有可加性,则企业的利润为 $f_u(u_1)+f_v(V)-f_v(u_1)$。在价值创造能力最大化准则下,企业的利润为 $f_v(v_1)+f_u(V-v_1)$,即 $f_v(v_1)+f_u(V)-f_u(u_1)$。根据前面的假设 $v<u$、$f_v(v)<f_u(u)$ 和 $\pi_v<\pi_u$、$VEA_v>VEA_u$,可以得出:

$$f_u(u_1)+f_v(V)-f_v(u_1)<f_v(v_1)+f_u(V)-f_u(u_1) \quad (12)$$

该公式(12)说明,当面临具有不同离散投入要素、不同产出时,企业具有可选择的投入变量时,在价值创造能力最大化准则下的决策行为所得利润大于利润最大化准则下的决策行为所得利润。

数值例子:假设有两种策略 S_1 和 S_2,策略 S_1 需要投入要素 $v=2$,获得收益 $x=4$,则利润为 $\pi=2$;策略 S_2 需要投入要素 $v=10$,获得收益 $x=15$,利润为 $\pi=5$。如果按照利润最大化准则,企业将会选择策略 S_2。然而,策略 S_2 的价值创造能力为 0.5,而策略 S_1 的价值创造能力为 1。因此,企业选择 S_1 可以提高自身的价值创造能力。提高自身价值创造能力的优势在于:如果在策略 S_1 之外,还有其他投资选择,并且该投资选择的价值创造能力不低于策略 S_2,企业先选择 S_1,然后将其他要素投入另一个策略,这样将获得更多的利润。

在上面的数值例子中，有一个重要的假设，即投入要素本身是连续的，然而不同策略对要素投入的要求是不一样的。如此假设的原因主要考虑以下两种可能的情况：（1）市场需求决定每种策略的投入只能为固定值 v_1 或 u_1，如果缩小投入，则不能得到任何产出；如果扩大投入，则没有市场容量。（2）在一个合作化的生产组织中，如中外企业联盟，要求某个生产环节的投入只能为固定值 v_1 或 u_1。

因此，当理性经济人面对不同的决策行为时，我们把价值创造能力最大化作为其决策行为的准则。对于中外技术联盟而言，中外企业都会将价值创造能力最大化作为决策行为的准则，从而进行合作和创新活动。

四 基于价值创造能力的中外企业联盟组建动因

在价值创造能力的比较优势下，外方企业有两种策略：当某个环节的价值创造能力满足 $VEA_i < \overline{VEA}$ 时，表明该环节的价值创造能力低于企业的平均价值创造能力，企业可以选择把该环节以组建联盟的形式外包给中方企业生产。当 $VEA_i > \overline{VEA}$ 时，表明该环节的价值创造能力高于企业的平均价值创造能力，企业可以集中资本和劳动来扩大该环节的市场份额，不断进行研发和创新，从而维持该环节的持续竞争力和价值创造能力。

国内许多学者在研究中方企业组建技术联盟的动因时，经常把引进技术的消化吸收、技术联盟的知识共享和技术溢出以及通过模仿学习掌握核心技术作为中方企业的主要目的。这些研究忽略了企业追求利润和价值创造的本质。因此，本文认为，中方企业组建技术联盟的主要目的同样也是为了提高价值创造能力，获取更多的利润。

由于历史原因和企业发展的自身原因，中方企业普遍缺乏核心竞争能力，企业之间的竞争主要是恶性的价格竞争。在这种情况下，对于一些进入壁垒低的行业，行业一般会呈现完全竞争的状态，企业的盈利能力很差，导致价值创造能力很低。此时，与外方企业组建技术联盟，通过先进的技术和产品占领市场，是提高企业价值创造能力的有效途径。中方企业内的竞争，使得外方企业在组建技术联盟中占据主动地位。而中方企业即使在技术联盟中也处于弱势地位，然而由于依靠技术联盟的技术实力和市场竞争力，同样可以提高自身的价值创造能力。

当 $\max VEA_{ij}^0 > VEA_i'$ 时，说明中方企业在 i 环节比外方企业具有更高的价值创造能力，在组建技术联盟的过程中，可以利用价值创造能力方面的优势，提高与外方企业合作时的谈判地位，在技术联盟中获取更多价值。当 $\max VEA_{ij}^0 < VEA_i'$ 时，外方企业在该环节具有较高的价值创造能力，中方企业可以通过两种方式提高价值创造能力：一是一次性购买外国的先进技术和设

备，并对此进行消化吸收，从而形成持续的价值创造能力；二是通过技术联盟中的知识共享和技术溢出，学习外方企业的先进管理经验和技术，从而提高价值创造能力。该环节的技术对于外方企业而言，已经没有太多价值，因此，外方企业愿意把该环节的技术和知识与中方企业共享，从而帮助中方企业提高价值创造能力，实现双赢的局面。

五 结 论

中外企业联盟的分工模式使得企业的决策变量为离散的。在这种情况下，通过对企业决策行为的分析，中外企业应该以价值创造能力最大化作为决策行为的准则。此时，外国企业主要负责价值创造能力高的生产环节，如核心技术、核心设备和关键原材料，而本土企业负责价值创造能力较低的生产、制造、装备等环节。通过上述结论，可以大致提出中外企业联盟组建的治理思路：即通过引导企业进行技术创新，提高企业的价值创造能力，并利用政策工具将价值创造能力低的本土企业排斥在外。同时，提高企业的消化吸收能力，从而加速中外企业联盟的知识转移和技术溢出。

参考文献

1. Rajneesh Narula, John Hagedoom (1999) Innovation through Strategic Alliances: Moving towards International Partnersships and Contractual Agreements [J]. *Technovation*, 19: 283 – 294.

2. Badaraeeo J. L. (1991) *The Knowledge Link: How Firms Compete Through Strategic Alliances* [M]. Harvard Business Press.

3. Eric, W., K. Tsang (1999) A Preliminary Typology of Learning in International Strategic Alliance [J]. *Journal of World Business*, 34: 211 – 229.

4. Hamel, G. (1991) Competition for Competence and Interpartner Learning within International Alliances [J]. *Strategic Management Journal*, 12: 83 – 103.

5. Rajneesh Narula, John Hagedoom (1999) Innovation Through Strategic Alliances: Moving Towards International Partnerships and Contractual Agreements [J]. *Technovation*, 19: 283 – 294.

6. Gulati, R. (1995) Social Structure and Alliance Formation Patterns: A Longitudianl Analysis. *Administrative Science Quarterly*, 40: 619 – 651.

7. Hagedomm, J. (1993) Understanding the Rationale of Strategic Technology Partnering: International Modes of Cooperation and Sectoral Differences [J]. *Strategic Management Journal*, 14: 371 – 385.

8. Peng S. Chan and Dorothy Heids (1993) Strategic Alliances In Technology: Key Competitive Weapon, SAM Advanced Management.

9. Osborn, R. N., Baughn, C. C. (1990) Forms of Interorganizational Governance for Multinational Alliance [J]. *Academy of Management Journal*, 3: 503 – 519.

10. Rebentisch, E. S., Ferretti, M. (1995) A Knowledge Asset – based View of Technology Transfer in International Joint Ventures [J]. *Journal of Engineesing and Technology Management*, 12: 1 – 25.

11. 原毅军、耿殿贺：《中外企业联盟中本土企业价值创造能力的实证研究》，《大连理工大学学报》2010 年第 2 期。

12. 李红玲、钟书华：《企业技术联盟的组织运行》，《科技进步与对策》2002 年第 4 期。

13. 李红玲、钟书华：《企业技术联盟的组织形式及选择》，《科研管理》2002 年第 5 期。

14. 苏俊、陈玲：《政府介入战略技术联盟的知识产权制度安排模式研究》，《中国软科学》2002 年第 12 期。

15. 郭军灵：《技术联盟中合作伙伴的选择研究》，《科研管理》2003 年第 11 期。

基于双边市场的平台企业捆绑定价机制研究*

李瑞海　李　泉

摘　要　在双边市场中，平台企业需要聚集各边用户加入平台，实现市场繁荣。本文通过与传统捆绑研究对比，论证了平台企业会对能为另一边带来更大外部性贡献的一边市场用户，实行捆绑定价机制。此举能扩大双边市场规模，而且不一定损害消费者利益。结论丰富了双边市场定价策略的研究成果，也为正确地理解双边市场中企业行为提供了理论依据。

关键词　双边市场　平台企业　交叉网络外部性　纯捆绑　混合捆绑

一　引言

软件平台企业、银行卡组织、电子商务公司、传媒类公司以及购物中心等类型双边市场中，平台企业必须同时吸引相关各市场的用户加入平台，才能实现收益，而且用户间的需求存在交叉网络外部性特征：一边市场用户的效用除了受到平台企业对单边市场的定价水平影响外，还会受到另一边市场规模对它的影响。繁荣双边市场是双边市场中平台企业的主要职能。

不难发现，平台企业在起始阶段经常需要在一个市场上"入不敷出"地吸引用户加入，然而实践中却受到各种约束，而平台企业通常会采取诸如捆绑（bundling）等方式克服这些约束。比如国外著名的时尚杂志，在刚进入中国市场时，会随刊附带精美的赠品，诸如化妆包、环保购物袋和化妆品试用装等，就单赠品的价值已经超过了杂志的售卖价格。捆绑究竟是如何帮助平台企业实现对这个市场的负价格（补贴）？而这一行为对实现双边市场的繁荣有何意义？对社会总福利的影响如何？

---

* 国家自然科学基金资助项目（70672070）。
作者简介：李瑞海，中国立信风险管理研究院副教授、博士（后）；李泉，上海交通大学安泰经济与管理学院博士。

传统理论中捆绑的分析，围绕消费者对捆绑和被捆绑产品需求特征的不同假设以及厂商供给特征的不同假设进行，侧重点包括分析捆绑的成本节约、价格歧视以及"杠杆理论"和捆绑的策略性特征研究，探讨政府对这一行为的反垄断判定。然而，由于厂商供给的是单市场，所以传统理论研究的厂商捆绑只是影响厂商在这个市场的利润，无法适用于平台企业的捆绑策略分析。比如亚当斯和耶伦（Adams and Yellen）研究的表明：当消费者对多个产品的支付意愿（完全）为负相关时，垄断厂商会选择通过捆绑来减少不同消费者对多个产品支付意愿上的差异，从而提高自身收益。麦卡菲、麦克米伦和温斯顿（McAfee, McMillan and Whinston）给出了关于捆绑现象更一般性的结论：即便消费者对多个产品的支付意愿是相互独立的，垄断厂商仍然更倾向于混合捆绑销售；在消费者对产品支付意愿互相关联的情况下，他们给出了混合捆绑销售优于非捆绑的充分条件。温斯顿等探讨了当搭售产品市场具有规模报酬递减特征时，搭售垄断厂商的行为如何影响搭售产品市场的市场结构以及对社会福利的影响。

然而，双边市场中对于捆绑的研究很少，因为双边市场理论本身刚兴起，对于平台企业定价行为的研究主要聚焦在双边价格结构的决定上，还没有细化到市场上平台企业更丰富的价格策略的研究，而且研究类型多为成熟期双边市场的平台企业行为。目前已有 Choi，以操作系统软件捆绑媒体播放器为背景，探讨垄断厂商（操作系统厂商）的这一捆绑行为对社会福利的影响，侧重点在于当捆绑产品媒体播放器的消费存在多平台使用特征时，试图说明微软在欧盟受到的反垄断控诉并不能应用欧盟的传统判定。然而，在他的研究中，捆绑产品媒体播放器是平台，而且由竞争厂商提供，实施捆绑的操作系统厂商仍然是单市场层面上的。

不同于以往研究，本文探讨的是面临非负价格约束的平台企业，在一个市场上除了提供基本模型中的产品或服务外，捆绑其他产品的策略，研究表明，捆绑确实能帮助平台企业实现更大的规模和收益；所研究的平台企业捆绑策略，由于变相实现了负价格，却表现出与传统捆绑价格歧视特征不同的作用机制。此外，平台企业捆绑策略并不损害消费者福利。

二 双边市场基本结构

双边市场可以用图 1 来表示基本结构，应包括以下几个特征：（1）市场中有两类或者多于两类的不同类型用户（市场 A 和市场 B）；（2）这些不同类型用户之间存在交互作用，对平台的需求存在自身不能内部化的外部效应，即交叉网络外部性（图中两市场间的虚线表示）；（3）存在平台企业，能从内部化这种外部效应中获取利润或者至少保持盈亏平衡。

图 1 双边市场结构

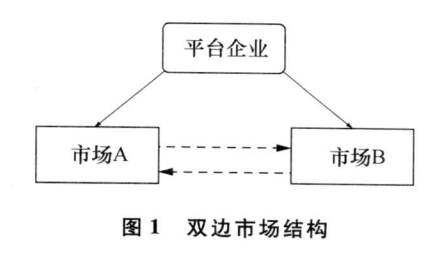

三 平台企业捆绑定价机制的特征分析

双边市场中平台企业的捆绑行为相当普遍,特别对于一个新平台企业而言,捆绑这种促销手段屡见成效。信用卡的新注册用户会获赠乐扣口杯、抱枕等礼品;持卡消费信用累计到一定程度还会提供免费旅游、免费机票等优惠措施;微软的操作系统也是通过捆绑各种开发工具,集成诸如浏览器这样的功能,为应用开发商提供额外服务。这些平台企业都是通过在现有对一个市场提供产品或服务的同时,捆绑其他产品或服务,这就是平台企业捆绑的含义。

经济学中,对企业实施的将多种产品加以组合,总体定价,并统一销售的方法称为"捆绑"。捆绑进一步可分为"纯捆绑"(pure bundling)和"混合捆绑"(mixed bundling):纯捆绑销售只提供完整的商品组合,不单卖组合中的部件和商品;混合捆绑则可以除销售商品组合外,还销售单个商品。以下分析中,首先介绍无捆绑的基准比较模型,然后讨论纯捆绑、混合捆绑对双边市场规模、价格以及利润的影响,最后讨论对双边用户总福利的影响。

(一)无捆绑情形

假设 A 和 B 两个市场上的双边用户 x 和用户 y 的效用函数分别为 $u_A = v_A - p_A + \alpha_A n_B - x$ 和 $u_B = v_B - p_B + \alpha_B n_A - y$。用户 x 的 A 市场用户的效用函数由两部分组成,包括原始效用(v_A)和来自 B 市场的外部性效用($\alpha_A n_B$);$x \in [0,1]$,表示 A 市场上平台企业提供的产品或服务距离用户最偏好的类型的差异(平台企业位于端点0)。B 市场的用户特征依此类推。供给方面,此时平台企业分别在 A 和 B 两个市场上提供产品或服务,非负边际成本分别为 f_A 和 f_B,对两个市场的用户定价为 p_A 和 p_B。

定义凹函数 $F(t)$ 表示各市场与平台企业距离小于 t 的用户数量,并且满足 $F'(\cdot) > 0$。令 $\bar{p}_A \equiv p_A - \alpha_A n_B$ 和 $\bar{p}_B \equiv p_B - \alpha_B n_A$ 为两个市场上的准价格,且两个市场的需求分别为 $D_A(\bar{p}_A) = F_A(v_A - \bar{p}_A) \equiv n_A$ 和 $D_B(\bar{p}_B) = F_B(v_B - \bar{p}_B) \equiv n_B$。由 $F(\cdot)$ 的性质可得需求函数关于价格凹,且 $D'(p) < 0$。

假设:交叉网络外部性强度 α_A 和 α_B 为正,且满足 $\alpha_A \alpha_B < 1$,$\alpha_A + \alpha_B < 2$。

平台企业在两个市场上制定价格,实现利润最大化的问题 $\max\limits_{p_A,p_B}(p_A-f_A)$ $n_A+(p_B-f_B)n_B$ 可以表示为

$$\max_{\bar{p}_A,\bar{p}_B}(\bar{p}_A+\alpha_A D_B(\bar{p}_B)-f_A)D_A(\bar{p}_A)+(\bar{p}_B+\alpha_B D_A(\bar{p}_A)-f_B)D_B(\bar{p}_B)$$

求解一阶条件得均衡价格水平满足

$$p_A^*=f_A-\frac{D_A(\bar{p}_A^*)}{D_A'(\bar{p}_A^*)}-\alpha_B n_B^* \tag{1}$$

$$p_B^*=f_B-\frac{D_B(\bar{p}_B^*)}{D_B'(\bar{p}_B^*)}-\alpha_A n_A^* \tag{2}$$

由公式(1)和公式(2)可知,在一定条件下,平台企业利润最大化的在某个市场上的价格会为负!然而,现实中,很多时候企业无法实现负价格,比如无法直接给消费者以现金补贴。从数学模型角度说,平台企业在该市场上定价受到非负约束。

基于基本模型,不妨假设如果市场均衡时有负价格产生,则发生在 A 市场,即在无非负定价约束情形下,平台企业利润最大化要求 A 市场价格为负。

$$\max_{p_A,p_B}(p_A-f_A)n_A+(p_B-f_B)n_B$$
$$s.t. \quad p_A\geq 0$$

将 $\bar{p}_A\equiv p_A-\alpha_A n_B$ 和 $\bar{p}_B\equiv p_B-\alpha_B n_A$ 代入上式,变成

$$\max_{\bar{p}_A,\bar{p}_B}(\bar{p}_A+\alpha_A D_B(\bar{p}_B)-f_A)D_A(\bar{p}_A)+(\bar{p}_B+\alpha_B D_A(\bar{p}_A)-f_B)D_B(\bar{p}_B)$$
$$s.t. \quad \bar{p}_A+\alpha_A n_B\geq 0$$

拉格朗日法求解最优价格,一阶条件满足

$$(\bar{p}_A+\alpha_A D_B(\bar{p}_B)-f_A)D_A'(\bar{p}_A)+D_A(\bar{p}_A)+\alpha_B D_A'(\bar{p}_A)D_B(\bar{p}_B)=-\lambda$$

$$\alpha_A D_B'(\bar{p}_B)D_A(\bar{p}_A)+(\bar{p}_B+\alpha_B D_A(\bar{p}_A)-f_B)D_B'(\bar{p}_B)+D_B(\bar{p}_B)=-\lambda\alpha_A D_B'(\bar{p}_B)$$

$$\lambda(\bar{p}_A+\alpha_A D_B(\bar{p}_B))=0$$

其中,λ 为约束条件的非负乘数。直观上理解,把上述一阶条件中的 λ 代换,可以得出 $(p_B-f_B-(\alpha_B n_B-f_A)\alpha_A D_A'(-\alpha_A n_B^0))D_B'(\bar{p}_B)+D_B(\bar{p}_B)=0$,体现的含义为:如果平台厂商在 B 市场每多吸引一个用户,则除了付出成本 f_B 外,B 市场需求的增加促进 A 市场需求,而由于 A 市场定价为零,加上平台企业付出了成本 f_A 提供 A 市场上产品或服务,但是由此赢得了 A 市场这个用户对 B 市场的外部性贡献 $\alpha_B n_B^0$。所以,如果从 B 市场的角度看,此时 B 市场的实际成本除了 f_B 外,还应该包括 A 市场上的边际利润净损失,即每一个 A 用户的利润净损失 $\alpha_B n_B^0-f_A$ 乘以 B 用户规模对 A 市场规模的

边际作用 $\alpha_A D'_A(-\alpha_A n_B^0)$。

当 $\lambda = 0$ 时，约束未束紧，所以两市场均衡价格均为正；当 $\lambda > 0$ 时，约束束紧，均衡时 A 市场价格为 0，B 市场价格为 $p_B^0 = f_B - \dfrac{D_B(\bar{p}_B^0)}{D'_B(\bar{p}_B^0)} - \alpha_A [f_A - \alpha_B n_B^0] D'_A(-\alpha_A n_B^0)$。进一步假设两市场需求函数为线性形式：两市场用户类型在 [0, 1] 上均匀分布，则 $D_A(\bar{p}_A) = v_A - \bar{p}_A \equiv n_A$，$D_B(\bar{p}_B) = v_B - \bar{p}_B \equiv n_B$。解得平台企业利润最大化的两市场价格：

$$p_A^0 = 0 \tag{3}$$

$$p_B^0 = \frac{(v_B + f_B) + (\alpha_B v_A + \alpha_A f_A)}{2} \tag{4}$$

两边市场的规模：

$$n_A^0 = \frac{\alpha_A(v_B - f_B) + (1 - \alpha_A \alpha_B) v_A - \alpha_A^2 f_A}{2(1 - \alpha_A \alpha_B)} \tag{5}$$

$$n_B^0 = \frac{(v_B - f_B) + (\alpha_B v_A - \alpha_A f_A)}{2(1 - \alpha_A \alpha_B)} \tag{6}$$

引理 1：$\lambda > 0$ 的必要条件为 $\alpha_A < \alpha_B$。

引理 1 表明，如果双边市场中出现免费市场时，一定意味着这个市场用户对另一个市场的交叉外部性强度大于反方向的强度。

结论 1：若非负约束束紧（$\lambda > 0$），则 $p_B^0 > p_B^*$，而且 $n_B^0 < n_B^*$。

证明：

由 $\alpha_A D'_B(\bar{p}_B) D_A(\bar{p}_A) + (\bar{p}_B + \alpha_B D_A(\bar{p}_A) - f_B) D'_B(\bar{p}_B) + D_B(\bar{p}_B) = -\lambda \alpha_A D'_B(\bar{p}_B)$ 可得，B 市场此时的价格 p_B^0 满足 $p_B - f_B + \dfrac{D_B(\bar{p}_B)}{D'_B(\bar{p}_B)} + \alpha_A n_A = -\lambda \alpha_A < 0$，所以 $p_B^0 > p_B^*$。同时，

$$n_B^0 - n_B^* =$$

$$\frac{-(\alpha_B - \alpha_A)^2 (v_B - f_B) + (2 + \alpha_A^2 \alpha_B - \alpha_B^3) v_A + (2 - \alpha_A \alpha_B^2 + \alpha_A^3) f_A - (2\alpha_A + 2\alpha_B + 2)(v_A - f_A)}{2(1 - \alpha_A \alpha_B)[4 - (\alpha_A + \alpha_B)^2]}$$

$$< \frac{(\alpha_A - \alpha_B)(v_B - f_B) + (2 - \alpha_B(\alpha_A + \alpha_B)) v_A + (2 - \alpha_A(\alpha_A + \alpha_B)) f_A}{2(1 - \alpha_A \alpha_B)[4 - (\alpha_A + \alpha_B)^2]} < 0$$

因为此时 $p_A^* < 0$，所以，上式最后一个不等号左边的式子分子小于零，而且由假设可知分母大于零，所以最后一个不等号成立。

证毕。

当 A 市场规模一定时，平台企业在 B 市场的规模低于不存在约束的情形。而且可以证明均衡时，B 市场的规模确实低于不存在约束的情形，而且价格也降低。这说明当平台企业在 A 市场无法实现负价格时，限制了其在 B 市场积累用户规模的能力，而且实现的利润水平小于不受约束的情形（因为

有约束条件的最优是无约束条件的最优解的特殊情况）。所以，一旦A市场价格非负约束束紧，平台企业的盈利能力就被限制。

（二）实施捆绑对双边规模和定价的影响

下面探讨平台企业如何运用捆绑定价机制，吸引更多的用户加入平台来获取更大的利润。假设平台企业对A市场用户除了像前面基本模型中向A市场提供产品或服务，记为G_A；还捆绑以边际成本c生产的产品G_T，G_T提供的效用为θ，对所有A市场用户均相同。这样，平台企业在A市场提供的产品可以有多种组合，最终可能出现在均衡中的为两种：一种是纯捆绑类型，即平台企业在A市场仅提供捆绑组合G_A+G_T；另一种是混合捆绑类型，即平台企业在A市场除了提供捆绑组合，还独立销售G_A和G_T。

1. 平台企业在A市场纯捆绑

此时，平台企业在A市场只提供捆绑组合（G_A+G_T）定价为$\bar{p}_A$，B市场与基本模型描述的相同，相应的B市场定价p_B，由温斯顿（1990）的研究可知，等同于此时平台企业在A市场上对G_T定价θ、G_A的实际价格为$p_A=\bar{p}_A-\theta$时获得的利润。所以，平台企业利润最大化问题为

$$\max_{p_A,p_B}\{[(p_A-f_A)+(\theta-c)]n_A+(p_B-f_B)n_B\}$$
$$s.t. \quad \bar{p}_A\geq 0$$

令A和B市场需求函数$D_A(\bar{p}_A)$和$D_B(\bar{p}_B)$的反函数为$H_A(n_A)$和$H_B(n_B)$，则$p_A=H(n_A)+\alpha_A n_B$，$p_B=H_B(n_B)+\alpha_B n_A$。所以

$$\max_{n_A,n_B}\{[(H_A(n_A)+\alpha_A n_B-f_A)+(\theta-c)]n_A+(H_B(n_B)+\alpha_B n_A-f_B)n_B\}$$
$$s.t. \quad H_A(n_A)+\alpha_A n_B\geq -\theta$$

拉格朗日法求一阶条件：

$$H_A(n_A)+\alpha_A n_B-f_A+\theta-c+H_A(n_A)n_A+\alpha_B n_B=-\mu H_A(n_A)\alpha_A n_A+H_B(n_B)+\alpha_B n_A-f_B+H_B(n_B)n_B=-\mu\alpha_A\mu \quad (H_A(n_A)+\alpha_A n_B+\theta)=0$$

其中，μ为约束条件的非负乘数。接下来分两种情形讨论，首先讨论纯捆绑对双边市场规模的影响。

（1）新约束条件未束紧，捆绑组合价格为正，即$\mu=0$。可求得

$$n_A^{bu}=n_A^*+\frac{2(\theta-c)}{4-(\alpha_A+\alpha_B)^2} \quad (7)$$

$$n_B^{bu}=n_B^*+\frac{(\alpha_A+\alpha_B)(\theta-c)}{4-(\alpha_A+\alpha_B)^2} \quad (8)$$

结论2：纯捆绑情形：当$\mu=0$时，相比于无捆绑情形，平台企业在A市场的纯捆绑策略，确实可以促进双边市场用户规模，且双边市场规模随着捆绑产品效用的增加而增加。此外，当$\theta\geq c$时，$n_{A(B)}^{bu}\geq n_{A(B)}^*$；当$\theta<c$时，$n_{A(B)}^*>n_{A(B)}^{bu}>n_{A(B)}^0$。

结论 2 说明，平台企业在 A 市场实施纯捆绑策略（当 $\mu = 0$ 时，$\lambda = 0$ 和 $\lambda > 0$ 均有可能。由前面的推导可知，$n_{A(B)}^*$ 对应 $\lambda = 0$，$n_{A(B)}^0$ 对应 $\lambda > 0$。）对市场规模的影响：只要捆绑一个社会收益为正的产品，在正确制定捆绑价格后，能实现更大的双边市场规模，甚至高出无非负约束的最优情形；即使捆绑产品的社会收益为负，仍能实现更大的规模，相比基准（不存在捆绑、平台企业在 A 市场定价非负约束束紧）而言。

（2）新约束条件束紧，即 $\mu > 0$。

此时，$H_A(n_A) + \alpha_A n_B + \theta = 0$，可解得

$$n_A^{bc} = n_A^o + \frac{(2 - \alpha_A \alpha_B)\theta - \alpha_A^2 c}{2(1 - \alpha_A \alpha_B)} \qquad (9)$$

$$n_B^{bc} = n_B^o + \frac{\alpha_B \theta - \alpha_A c}{4 - (\alpha_A + \alpha_B)^2} \qquad (10)$$

结论 3：纯捆绑情形：当 $\mu > 0$ 时，若 $\theta > c$，相比于无捆绑情形，平台企业在 A 市场的纯捆绑策略，可以增进双边市场用户规模，即 $n_{A(B)}^{bc} > n_{A(B)}^o$；若 $\theta < c$，除非捆绑产品所增加的效用相比其成本很小（$\frac{\theta}{c} < \frac{\alpha_A}{\alpha_B}$），否则捆绑仍能增进双边市场用户规模。

证明：当 $\mu > 0$ 时，$\lambda > 0$ 一定成立。当 $\theta > c$ 时，已知 $\alpha_A < \alpha_B$ 且满足之前的假设，易证 $n_{A(B)}^{bc} > n_{A(B)}^o$。当 $1 > \frac{\theta}{c} > \frac{\alpha_A}{\alpha_B}$ 时，$n_B^{bc} > n_B^o$，因为

$(2 - \alpha_A \alpha_B)\theta - \alpha_A^2 c = 2\theta - \alpha_A(\alpha_B \theta + \alpha_A c) > 2\theta - 2\alpha_A \alpha_B \theta = 2(1 - \alpha_A \alpha_B)\theta > 0$，所以 $n_A^{bc} > n_A^o$。证毕。

结论 2 和结论 3 说明了平台企业纯捆绑实践的意义：平台企业可以通过在需要实施补贴的市场，运用捆绑来达到增进双边市场用户规模的目的（getting both sides on board）。而且结论 4 进一步表明，当捆绑产品的生产成本越低或者效用越高时，这种促进作用越明显。实践中，由于软件产品本身边际成本极低，应用结论 4 就很容易理解微软作为操作系统平台企业，总是捆绑各种软件程序的原因。

均衡时两市场的价格又如何变动？首先考察 A 市场。当 $\mu = 0$ 时，A 市场捆绑产品组合的价格为

$p_A^{bu} = p_A^* + \frac{2 - \alpha_B(\alpha_A + \alpha_B)}{4 - (\alpha_A + \alpha_B)^2}\theta + \frac{2 - \alpha_A(\alpha_A + \alpha_B)}{4 - (\alpha_A + \alpha_B)^2}c$，有趣的是，该定价随着捆绑产品 G_T 的成本增加而增加（$\because 2 - \alpha_A(\alpha_A + \alpha_B) > 0$），却不一定随着 G_T 的保留价格的增加而增加，取决于 $2 - \alpha_B(\alpha_A + \alpha_B)$ 的符号，即当 $\alpha_B > \frac{\sqrt{\alpha_A^2 + 8} - \alpha_A}{2}$ 时，A 市场捆绑产品组合的价格随着 θ 增加而减少，当 $\alpha_A < \alpha_B <$

$\frac{\sqrt{\alpha_A^2+8}-\alpha_A}{2}$ 时，捆绑产品组合的价格随着 θ 的增加而增加。所以，当 A 市场能对 B 市场产生很强的外部性贡献时，平台企业对 A 市场捆绑组合的定价不随捆绑产品 G_T 对 A 市场用户附加的价值增加而增加，这种定价方式对 A 市场规模的促进作用更强。这就比较容易理解微软在其操作系统上捆绑越来越多的辅助应用程序开发功能，却不增加对应用软件开发厂商的收费，希望以此能吸引更多的应用软件开发商基于微软的操作系统进行开发，从而提高自身在消费者市场的受欢迎程度。

均衡时，B 市场的价格为 $p_B^{bu} = p_B^* + \frac{(\alpha_B - \alpha_A)(\theta - c)}{4 - (\alpha_A + \alpha_B)^2}$，随着 θ 的增加而增加，而且捆绑产品的社会收益越大，平台企业对 B 市场的定价越高，说明伴随着平台企业在 A 市场实施捆绑策略，平台企业从 B 市场盈利增加的需求更迫切了，确实有消费者对捆绑了更强大辅助应用开发功能的操作系统买单不满的事实。

以上结论，除了具有一定的企业战略实践指导意义外，还对政府监督企业行为提供一定的理论借鉴，特别是当政府在分析平台企业在一个市场（A 市场）的捆绑以及判断这个市场的消费者福利等情形时，不能忽视 B 市场用户的福利变化。比如，微软在新一代操作系统 Vista 的设计中，加入更多更先进的应用程序接口和开发工具支持，那么作为应用开发商来说，无疑受益颇多，然而对消费者的影响可能更不容忽视，除了要适应新的界面和操作习惯付出学习成本外，本身 Vista 相比，过去 Windows 系列的性价比，至少从目前市场的反应来讲，Vista 并不让消费者满意。

进一步讨论平台企业捆绑对自身利润的影响。分别代入上述求得的数量和价格来求平台企业的利润函数，并与无捆绑的约束束紧情形下的利润作一对比，结果发现

结论 4：纯捆绑情形下平台企业的利润相比无捆绑基准情形是上升的。

这恰好解释了微软在操作系统源程序中捆绑很多有用的应用开发接口，施惠于应用软件开发商，结果扩大了自身在消费者市场的规模。直观地理解，当 $\theta > c$ 时，捆绑产品 G_T 的社会收益为正，对平台企业利润而言，增加了价格可行解集的范围，然而存在由于 G_T 销售不足形成的纯捆绑的机会成本，当 $\theta < c$ 时，平台企业每卖出一个捆绑组合，单从 A 市场看，亏得更多，但扩大了 A 市场价格的可行解集，而且增加了 B 市场的规模。最终平台企业利润增加，说明捆绑实现的规模扩大和价格可行解集扩大的优势更显著。

2. 平台企业在 A 市场混合捆绑

混合捆绑存在，必然意味着 $\theta > c$，否则不会存在单独销售 G_T 的情况。进一步假设 G_T 单独销售的价格 p_{G_T}，若 $p_{G_T} < \theta$，则市场 A 中的所有消费者都会购买这一产品，尽管可能不购买 G_A，所以如果提高 p_{G_T}，只要不超过 θ，都

能增加平台企业的利润。所以，利润最大化平台企业对单独出售的 G_T 定价一定满足 $p_{G_T} = \theta$。

结论5：若无捆绑时，$p_A^* < 0$，混合捆绑的捆绑组合价格 $\overset{\wedge}{p_A} = \{p_A^* + \theta, 0\}$。

此时平台企业在 A 市场采取混合捆绑策略的利润最大化问题变成

$$\max_{n_A, n_B} \{[H_A(n_A) + \alpha_A n_B - f_A]n_A + [H_B(n_B) + \alpha_B n_A - f_B]n_B + (\theta - c)\}$$
$$s.t. \quad H_A(n_A) + \alpha_A n_B \geq -\theta$$

考察混合捆绑是否是克服非负定价约束的有效手段，假设无捆绑时，约束条件束紧，即 $p_A^* < 0$。

若 $\theta = c$，平台企业目标利润函数与不存在捆绑相同，然而 A 市场产品或服务（G_A）的价格的可行解集扩大，所以平台企业可以实现更大的利润，特别是新约束条件未束紧时，平台企业可以实现价格无约束的最优利润。当 $\theta > c$ 时，平台企业捆绑对双边市场的规模和平台企业利润，产生两种影响：一是扩大了 G_A 的价格可行解集；二是 G_T 销售的收益。所以，可以得出：

结论6：A 市场的混合捆绑是平台企业克服非负价格约束，实现更大收益的有效策略。

以上结论可以看出，平台企业在 A 市场实施捆绑策略的效果，与温斯顿（1990）对传统单市场厂商捆绑策略的研究不同。温斯顿（1990）的研究表明，传统单市场的企业实施捆绑，如果不能驱逐捆绑产品市场上的其他厂商，那么组合产品的销售效果，至多与单独各自出售所获得的收益一样，因为企业提供组合产品的行为经过论证会降低自身的利润，所以企业捆绑承诺一定是可置信的。而本文的结论表明，平台企业在 A 市场上的捆绑行为，是一种在 A 市场实现补贴的功能，更好地协调了两个市场的需求，增进了双边市场规模，而且平台企业利润得以提高。

以上分析表明，由于市场中非负价格约束在很多情况下都存在，比如几乎没有平台企业能为加入用户提供一对一的补贴，而这种限制同时也降低了平台企业的盈利能力，影响了平台企业在两边市场上积累用户规模，所以需要采取措施来克服，而捆绑策略就是非常有效的措施之一。通常平台企业会在需要补贴却被约束的市场提供捆绑，类似提高了该市场上的产品或服务的质量或者实施价格优惠，而且该市场能为平台创造更多地从另一个市场获利的能力。

（三）实施捆绑对双边用户剩余的影响

由于捆绑产品 G_T 的定价，在本文的研究中是完全被获取了其保留价格，所以实施了捆绑的双边用户剩余为

$$CS = \int_{H_A(n_A)}^{M} D_A(x)dx + \int_{H_B(n_B)}^{B} D_B(y)dy$$

由上式容易得知，双边用户剩余都增加，因为捆绑增加了双边市场规模，所以，以上积分的下限都降低。因此，平台企业在 A 市场捆绑策略的价格折扣特征，不同于传统捆绑的价格歧视特征研究，平台企业在 A 市场提供的基本和捆绑产品，需求相互独立，而且是实现理论增长的同时增加两边市场用户的总福利，而传统捆绑的价格歧视特征是消费者剩余转移到平台企业的利润上。

但是，这一结论的获得，与本文的假设条件相关，特别是关于垄断平台企业的假设以及关于 G_T 供给的假设。所以，这一部分的讨论，还存在一些局限性。比如，如果存在平台企业竞争的情形，捆绑策略的影响是否与上述讨论一致的问题；如果捆绑产品 G_T 的供给是包括平台企业在内的双寡头，平台企业捆绑组合的定价将受到很大程度的限制等。这些都是未来进一步研究的方向。

四 结语

作为起始阶段双边市场中的平台企业，如何能吸引各边用户加入平台，从而繁荣双边市场是一项相当具有管理艺术的任务。本文的研究表明，平台企业通常会对能给另一边带来更大外部性贡献的一边用户，通过捆绑定价的形式，可以提高双边用户的参与度，实现双边市场繁荣。同时，双边用户的福利不一定受到损失，说明平台企业捆绑定价机制可能会更好地平衡各方利益，产生帕累托改进的结果。这一研究也在一定程度上解释了为何微软在浏览器市场上捆绑 Windows 和 Windows Media Player（WMP）播放器受到了欧盟的反垄断控诉，也为此支付了相当数额的赔偿，但不预装 WMP 版本的 Windows 操作系统产品在市场上并没有受消费者欢迎的事实，说明至少从消费者自身来看，似乎并未从捆绑定价机制中遭受什么损失。

参考文献

1. Adams, Yellen, Commodity Bundling and the Burden of Monopoly [J]. *Quarterly Journal of Economics*, 1976, 90: 475 – 498.
2. Mathewson and Winter, Tying as a Response to Demand Uncertainty [J]. *Rand Journal of Economics*, 1997, 28: 566 – 583.
3. McAfee, McMillan and Whinston, Multiproduct Monopoly, Commodity Bundling, and Correlation of Values [J]. *Quarterly Journal of Economics*, 1989, 104: 371 – 383.
4. Whinston, Tying, Foreclosure, and Exclusion [J]. *American Economic Review*, 1990, 80: 837 – 859.
5. Nalebuff, Bundling as an Entry Barrier [J]. *Quarterly Journal of Economics*, 2004, 115: 159 – 187.

6. Armstrong, Competition in Two – Sided Markets [J]. *Rand Journal of Economics*, 2006, 37 (3): 668 – 691.

7. Rochet, J., and J. Tirole, Platform Competition in Two – Sided Markets [J]. *Journal of European Economic Association*, 2003, 1 (4): 990 – 1029.

8. Rochet, J., and J. Tirole, Two – Sided Markets: A Progress Report [J]. *Rand Journal of Economics*, 2006, 35 (3): 645 – 667.

9. Choi, P., Tying in Two – Sided Markets with Multi – Homing [Z]. NET Institute Working Paper, No. 06 – 04, 2007.

新经济地理学视角下的创意园区集聚研究[*]
——以北京 798 艺术区为例

杨永忠　林娜萍

摘要　创意园区的迅速崛起已成为创意产业的一种新的发展趋势。从整体来看，我国创意园区发展的实践已远远先于理论，缺少理论指导成为制约我国创意产业快速、健康发展的瓶颈。本文借鉴新经济地理学的相关知识，运用改进的"中心—外围"模型，对北京 798 艺术区的形成机制进行动力分析，揭示其发展中存在的问题，并提出相关的政策建议，即对中心地域而言，实行"保护原创、控制地租、搭建平台"，以留住创意的源泉；对周边地域而言，充分抓住 798 艺术区的集聚和辐射效应的机遇，以进一步挖掘本地域的创意资源。在这基础上，得出中国创意园区发展的思路应沿前期规划、中期统筹和后期保护来进行。

关键词　中心—外围　集聚　北京 798 艺术区

一　引　言

由于国内外创意园区的出现和成功发展的实践，以及由此引起的产业结构发展趋势的变化及其对城市经济发展产生的巨大作用，使得创意产业区成为许多学者研究的焦点。有关创意产业区的研究，尤其在形成与发展机理层面上，不同的学者从不同的学科领域出发，比如，经济学通过外部经济性、专业化分工、交易成本等理论来阐述创意产业区形成和发展的机制；社会学强调非正式的社会关系网络和人际关系网络以及本地的社会文化环境对于创意产业发展的关键影响；生态学则强调共生系统要素对创意产业区形成和发展机理的作用等。但由于创意园区在国内外研究的历史并不长，已有的研究部分停留在传统的一般性描述或者套用一些园区经济的一般性研究方法，不仅没有把创意产业区同其他科技园区等区别开来，而且对其研究也仅停留在

---

[*] 作者简介：杨永忠，四川大学工商管理学院教授、博士生导师；林娜萍，福州大学管理学院研究生。

影响因素和存在问题的一般性探讨上,以上局限性直接导致现阶段理论研究仍滞后于现实经济领域内创意园区的发展。新经济地理学则从一个新的视角,以空间为研究对象,通过增长集聚的动力分析,来研究"报酬递增规律"如何影响产业的空间集聚,即市场和地理之间的相互联系,其主要讨论一个经济体的地理结构是如何被两种力量彼此的消长所塑造的,即在促进集聚的向心力和促进扩散的离心力之间存在着一种张力。该理论关于产业集群的研究目前越来越受到人们的重视,将其引入创意园区集聚成因的分析目前还鲜见。因此,本文将采用新经济地理学这一新视角,试图对创意园区经济活动的空间集聚进行深度剖析,进而结合其增长集聚的动力,来探索创意园区的规划问题,寻找我国其他地区发展创意园区的思路和方法。

二 理论分析框架

新经济地理学主要研究经济活动的空间分布规律,解释空间集聚现象的原因与形成机制,并通过这种原因与机制的解释,探讨某一地区(或国家)经济发展问题。归根结底,主要研究两个问题:一是经济活动的空间集聚;二是区域增长集聚的动力分析。其中对产业区位的研究是理论中的重要内容。

产业在一个国家内部空间分布不均匀是个突出现象。小到城市,大到跨省(州)的大区域,每一个层次都存在着产业集聚。新经济地理学从规模收益递增和不完全竞争的假设出发,认为外部规模经济、要素流动、路径依赖等因素的相互作用是解释区域产业集聚和区域"中心—边缘"形成的关键。其中,克鲁格曼(1991b)构建的核心—外围模型,分析了地区间的一体化是如何导致产业在两个相同地区平均分布的均衡转变为集中到一个地区的均衡。该模型表明,高运输成本将阻止产业地理集聚;随着运输成本的下降,企业将在某一地点集聚,形成规模经济;如果运输成本继续下降,则企业不必接近市场布局,且产业会出现分散。因此,为了降低运输成本的同时利用规模报酬递增,企业会在一些前后向联系的作用下形成空间集聚,而且,这种空间集聚又会在循环因果机制下自我强化。在模型中,最终决定空间长期均衡稳定性的力量通常有两种:一种是市场接近所带来的优势,这是引起区域分异的力量,也就是导致现代部门向某一区域聚集的力量,可以称为聚集力;另一种是促进现代部门扩散的力量,这种力量来源于市场竞争,在企业集聚程度很高的地区,往往企业间的竞争强度很大,这限制了企业的获利能力,这种分散力促使现代部门在空间上均匀分布。正是这两种力量的相对强弱决定了长期稳定的经济活动空间分布模式。

同时,Fujita、克鲁格曼和维纳布尔斯(Venables,1999)在核心—外围模型的基础上进一步分析认为,运输成本与企业地理集聚之间并非是单调关系。当出现企业集聚到一个地区的长期均衡后,随着运输成本的持续下降,该均衡将会因核心的拥挤成本而变得不再均衡，于是又会出现企业从核心地区向外围地区扩散的现象。因此，运输成本与产业集聚之间存在着一种倒U形的关系：分散—集聚—分散。借鉴新经济地理学学者们的相关研究，结合创意园区自身的特点，本文形成了对创意园区自身的分析框架。

（一）创意园区形成机制

核心—外围模型阐明了规模报酬、运输成本和要素流动的相互作用是如何导致空间经济结构的形成和演变的。在创意园区集聚分析中，以园区选址为出发点，借鉴核心—外围模型来分析哪些因素促成了创意园区的集聚。本文在两种力量权衡基础上，形成三种基本效应的分析框架。第一种效应是"循环效应"，指的是创意活动向某一区域的集中，扩大该地的艺术氛围，进而吸引更多的艺术机构和企业的进驻，促使创意产业活动进一步在该区域集中；第二种效应是"替代效应"，不断入驻的艺术机构与商业机构的利益冲突所引起的艺术被商业所取代；第三种效应是"租金效应"，指的是创意活动向某一区域的集中导致该区域租金指数的上升。第一种效应促使园区的空间集聚，形成聚集力，具有循环累积因果特征，也就是自我强化特征，而后两种效应促使园区的分散，形成分散力。从系统动力学角度上讲，这两种力量是正反馈作用力。如果聚集力大于分散力，那么艺术家迁移等初始冲击（也就是首先进入的外部力量）将得到进一步加强，促进更多的艺术机构集中到同一个区域。如果分散力大于聚集力，那么这种初始冲击将反过来抑制其强化过程，使得初始的对称均衡处于稳定状态。即当分散力占主导地位时，艺术家等初始冲击会得到自我减弱，但聚集力占主导地位时，这种冲击将得到进一步加强。循环效应所决定的集聚力和替代效应及租金效应所导致的分散力决定了经济活动空间分布的最终模式。

图1描述了以集聚租为基础的聚集力和分散力之间的依赖关系，纵轴表示的是作用力强度（即聚集力或分散力的作用力大小），横轴表示的是进入自由度（即机构、企业进入园区的阻力大小）。值得注意的是，这里的进入自由度与聚集力或分散力曲线并不是简单的线性关系，如果进入自由度越大，意味着阻力越小，对聚集曲线而言，刚开始更多地体现为集聚效应的发挥，机构、企业基于循环效应将促进聚集力的进一步增强，而随着进入自由度的不断加大，如果是极端情况（即进入完全自由），以寻求利润最大化为目标的各种类型机构、企业均可自由出入，那么原本的艺术机构、企业的选址与区位是无关的，因为选在园区与选在园区周边地区所遭受的损失是无差异的，甚至区内的竞争损失会比周边的更大。因此聚集力曲线表现倒U形。与聚集力曲线相反的，分散力曲线则表现为U形。所谓集聚租是指一个企业脱离集聚地区迁移到外围地区而遭受的损失。集聚租越大，代表遭受的损失越大，企业将趋向选址集聚；而集聚租越小，甚至为负，企业将从园区开始向外围

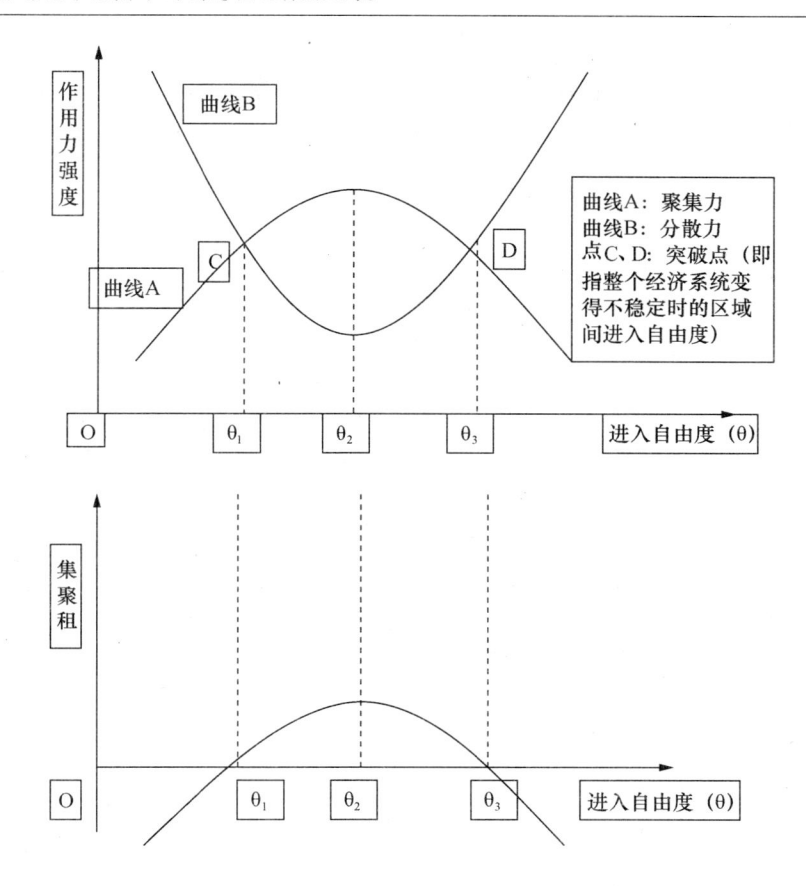

图1 聚集力和分散力随进入自由度的变化图

扩散，此时分散力将大于聚集力。

注意，此处以进入自由度代替原核心—外围模型中的贸易自由度，考虑目前园区形成的四种开发模式，即自发集聚型、政府主导型、政府和开发商合作开发型以及企业行为模式，因此影响进入自由度大小可归因于政策的引导方向。一般来说，政策引导体现为对园区的扶持，进入自由度将相应扩大。另一个问题是如何度量这两种力？集聚租是一个重要的测度，因为其类似于原模型的运输费用，当集聚租较高时，园内机构具有接近市场的"循环效应"，集中可以获得更大利益；当集聚租较低时，企业有可能由"核心"向"边缘"转移。因此集聚租有两种主要作用方式：一种是促进园区集聚的形成，体现为聚集力主导，如艺术家的自发迁入、企业的开发等；另一种是直接阻碍园区集聚的形成，体现为分散力主导，如商业机构的进驻对艺术机构的排挤、租金的上涨等。以创意园区的形成为例，下面我们对集聚前和集聚后做如上图形的分析。

集聚前，集聚租为负数，政策引导力不明显，此时进入自由度很小，又无初始冲击（也就是首先改变园区初始状态的动力）时，园区还未有成形现象，分散力大于聚集力；之后随着进入自由度的逐渐加大（集聚租开始上升），聚集力开始增强，分散力开始减弱。直到有初始冲击力（如艺术家的迁入、企业开发，政策干预等开始介入处于"原始状态"的园区）对两力进行作用后，聚集力开始发挥主导作用，体现在某一临界点上，地区经济活动聚集的现象开始产生，该临界点成为突破点 C。这意味着，在突破点 C 后，聚集力将大于分散力，集聚效应得到释放。随着集聚现象的加强，对园区周边都产生更大的吸引力，集聚租开始不断上升（即迁往外围所遭受的损失增大），再加上集聚效应的因果循环作用，集聚所带来的效应进一步体现。此时，政策引导起主导作用，进入自由度不断扩大，出现其他外部介入力量，一段时间后，两力又出现其他变化，特别是分散力的两种效应（替代效应和租金效应）开始成为集聚的主要障碍，表现为聚集力开始下降，分散力又开始呈上升趋势，园区有向外围扩散的现象，直到出现了第二个突破点 D，园区的核心地位将被外围所取代。

（二）创意园区政策分析机制

由上述创意园区的形成机制来看，对于现有著名的创意园区而言，我们更关注集聚后创意园区向外扩散的原因，因为目前备受社会关注的现象是各个地区迅速发展的创意园区，其布局从中心向外围扩散引起的核心地位的动摇。如前所述，区域政策力度是影响进入自由度的主要原因，由图 1 可得出，产业集中在某一区域而产生的聚集力具有一种很强的惰性，因而区域政策力度较小时，这种政策无法改变现有的经济格局（即由中心向外围扩散的布局直到 θ_3 才形成）。因为在一定进入自由度下，尽管我们以某种政策或措施来改变这种格局，然而因聚集而产生的聚集租金，艺术机构宁肯选择能够享受这种租金的区位。但当这种政策力度超过某一门槛值（如 θ_3），因企业机构或艺术家（可流动要素）继续留在原有区位的成本大于聚集租金时，可流动要素便开始转移或开始选择新的区位。随着机构和要素开始转移，聚集租金也开始降低，该区位也失去吸引力。这种结构必然导致园区的分散。因此，对创意园区形成所处不同阶段，政策力度是关键。

在新经济地理理论中，战斧图解描述了涉及贸易自由度时的门槛效应和黏性问题。现结合创意园区的特点对其进行应用。在图 2 中，假定：存在两个外围区域，不妨称之为北部与南部，其围绕的对称轴（即中心地带）为中心区域。横轴表示进入自由度（θ），纵轴表示北部或南部区流动要素（如艺术机构和企业等）在流动要素总量中所占份额。SH 一般用绝对值表示，当 |SH|=1/2 时，表示北部或南部流动要素份额为 1/2，即流动要素分布在南北两部；当 |SH|=0 时，表示北部或南部流动要素份额为 0，则流动要素主要集中在中心区域。我们用不同符号表示不同的均衡，并讨论进入自由

度发生变化时这些均衡的稳定性问题。现只考虑从 θ_1 开始的区间（此时集聚现象开始产生），根据上述分析，南北两部的任一分布结构均意味着地区扩散；当 |SH| = 0 时，区域分布是一种稳定结构，意味着地区集聚。

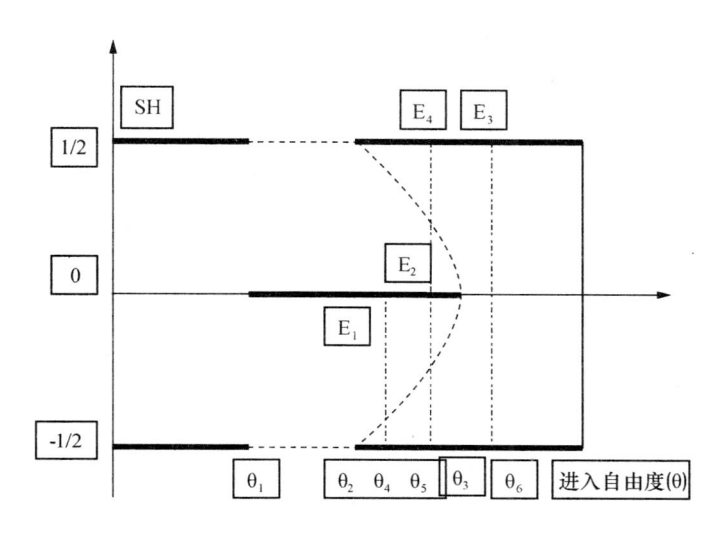

图 2 战斧图解中的门槛效应和黏性

图中，我们用粗实线来表示稳定均衡，它表示进入自由度从 θ_1 变化到 θ_2 时，集聚（SH = 0）是唯一的稳定均衡；但进入自由度进一步变大时，有两个或三个稳定均衡，当 $\theta_2 < \theta < \theta_3$ 时，有三个稳定均衡，集聚和分散都可能是区域分布的均衡结果；当进入自由度大于 θ_3 时，唯一的均衡是分散，即由核心地区向周围地区扩散。

1. 门槛效应

我们从均衡点 E_1 开始讨论，对应于均衡 E_1 的进入自由度 θ_4（两力开始发生变化）。此时，如果进入自由度稍微提高，比如提高到 θ_5，则把均衡推移到 E_2。这时，尽管从进入自由度扩大得到一些好处，但不能改变园区的空间格局，北部区的流动要素份额 SH 仍为 1/2。相反，在 θ_5 处，提高同样规模的自由度，也就是自由度从 θ_5 提高到 θ_6 时，将发生急剧性变化。在前面，进入自由度的稍微提高只能导致惯常性效应，但此时进入自由度的稍微提高将导致所有要素离开中心区域。传统理论认为，政策力度小，那么绩效也小。但上面的讨论告诉我们，传统理论的这种观点不一定成立，政策的细微变化有时会引起急剧的非线性变化。这提醒我们，在制定政策并实施这种政策时，对这种非线性变化应予以充分的重视。对政策的这种非线性反应，加大了我们预测政策变动效应时的困难。如果政策效应的预测是在经验研究基础上进行的，也就是说，政策的增量变动不会超出门槛值，这时政策制定者认为特定政策的变化不会影响园区布局。但政策力度一旦超出某一门槛值，则将发生急剧性变动,这是这些政策制定者根本没有预料到的。这告诉我们,那种根据传统的现象模式预测政策变动的效应,将导致严重的误导。空间经济学认为,这种影响是非线性的,并强调政策的经验分析要充分考虑非线性特征。

2. 区位的黏性

区位的黏性,也就是我们常说的路径依赖。在图2中,θ_2 和 θ_3 对政策分析而言是至关重要的。在前面我们指出过,进入自由度超过某一门槛值时,政策变量的细微变化将导致戏剧性变化。现在我们考虑一下,增量变动将导致戏剧性变化时的政策向相反方向变动的情况,这种变动也就是把自由度从 θ_6 的位置向后推移到 θ_5 的位置的过程。对北部的流动要素而言,这种变化使得北部区位的条件缺乏吸引力,因为进入自由度变小意味着聚集租金变大,需要承担更多的损失。尽管这样,这种政策的增量变动不会影响到园区分布格局,因为在 $\theta_5 < \theta < \theta_6$ 区间,产业聚集在北部仍是稳定均衡,政策的反向变化不会引起效应的反向变化。

此时,均衡从 E_3 的位置后移到 E_4 的位置,不会后移到 E_2 的位置。在这种情况下,我们说经济受到黏性的约束,也就是当政策反向变化时,这种政策的效应没有反向变化。如果要把稳定均衡后移到 E_1 的位置上,那么经济系统把进入自由度降低到小于 θ_1 的位置,然后再把进入自由度提高到 θ_2 的位置。这种性质就是黏性。那么,这种黏性对政策分析而言意味着什么?最直接的含义是警告。"坏"的政策,尽管是短期的,具有长时间的后遗症,解决这种后遗症是比较困难的,需要制定比导致这种后遗症时的政策力度大得多的政策。

三 798艺术区的空间集聚分析

(一) 798艺术区简介

798艺术区位于北京市的东北角,朝阳区酒仙桥街道大山子地区,以20世纪50年代建成的工厂命名。面积60多万平方米的798工厂,受创意产业带来的影响,现已经由一个无人问津的废旧工厂区变成了世界瞩目的中国最著名的创意产业区。

从2002年开始,不同风格的艺术家纷至沓来,他们以艺术家独有的眼光,充分利用原有厂房的风格(德国包豪斯建筑风格),发现了此处对从事艺术工作的独特优势,北京798艺术区逐步成为雕塑、绘画、摄影等独立艺术工作室、画廊、艺术书店、时装店、广告设计、环境设计、精品家居设计、餐饮、酒吧等各种文化艺术空间汇集的聚集区。目前,入驻北京798艺术区的文化艺术类机构近300家,这里已被北京市政府列为首批10个文化创意产业集聚区之一，并被朝阳区政府列入朝阳区首批文化创意产业聚集区。为了加快推动艺术区健康有序发展，朝阳区政府和七星集团共同成立了北京798艺术区建设管理办公室，以加强对艺术区的科学引导、规范管理和有效服务。在双方的共同努力下，798艺术区作为"创意地区、文化名园"的氛围正在形成。据不完全统计，聚集在798艺术区的画廊有70多家，艺术工作室40多家。其中，有来自意大利的常青画廊、玛蕊乐画廊，德国的空白空间，韩国的联画廊，东京的北京东京艺术工程，美国的红门画廊，新加坡的季节画廊，等等，著名的工作室也不在少数。随着2008年北京奥运会的成功举办，798艺术区的国际知名度和影响力获得大幅度提升。今后，艺术区将通过吸引国内外知名艺术家及艺术机构的入驻，进一步加强对艺术区的宣传与推广，为艺术品的制作、展示、交易与拍卖搭建良好平台，推进园区产业升级，从而展示艺术区的魅力，打造798艺术区品牌，把798艺术区建设成为北京最具特色和影响力的文化创意产业基地和世界著名的文化创意产业园区。

（二）798艺术区集聚的动力分析

根据克鲁格曼等人对新经济地理学理论的贡献，决定经济活动在空间上将处于聚集状态还是分散状态，主要看促使产业地理集中的集聚力和削减产业地理集中的分散力两者谁占据主导地位。促进产业地理集中的集聚力主要是指循环效应。促使经济活动分散化的分散力主要包括替代效应和租金效应。798艺术区从形成到目前的发展情况可分三个阶段：

1. 第Ⅰ阶段为培育孵化期

此时，集聚租为负数（因为还未有任何集聚效应产生），聚集力小于分散力。因此前的798艺术区只不过是一个因淘汰或升级换代而闲置的厂房，需要有个推动力（初始冲击）来改变两力大小。对798艺术区而言，艺术产业机构和个体的租用改造就是这个推动力，它使得聚集力开始增强，分散力开始减弱，最终形成了798集聚区。这阶段影响集聚租上升的主要因素包括历史文化（建筑物）、租金及艺术群体。

（1）历史文化因素——798是拥有淳朴独特的历史建筑风貌和宽容开放精神的社区空间。798艺术区最具特色建筑是包豪斯建筑。包豪斯是现代建筑的先驱，诞生于1919年。建筑风格实用、坚固、美观。798艺术区的包豪斯建筑风格工业厂房有4处，建筑面积达到9.3万平方米，厂房高大空旷，挑空10米以上，厂房整体框架为整体水泥浇筑，朝北的顶部是混凝土浇筑的弧形实顶，从外部看相连一起呈锯齿状，北面整体为斜面的玻璃窗，与北京传统风格建筑北面整体为墙、窗户一般开在南面正好相反，构成独特的视觉识别。包豪斯建筑的室内光线充足、稳定且柔和，没有阴影。798艺术区的包豪斯风格建筑考虑了备战的需要，屋顶很薄且有细缝，而骨架却非常结实，整体浇注，堪称工业发展史上的文物。该建筑类型在北京地区具有稀缺性。

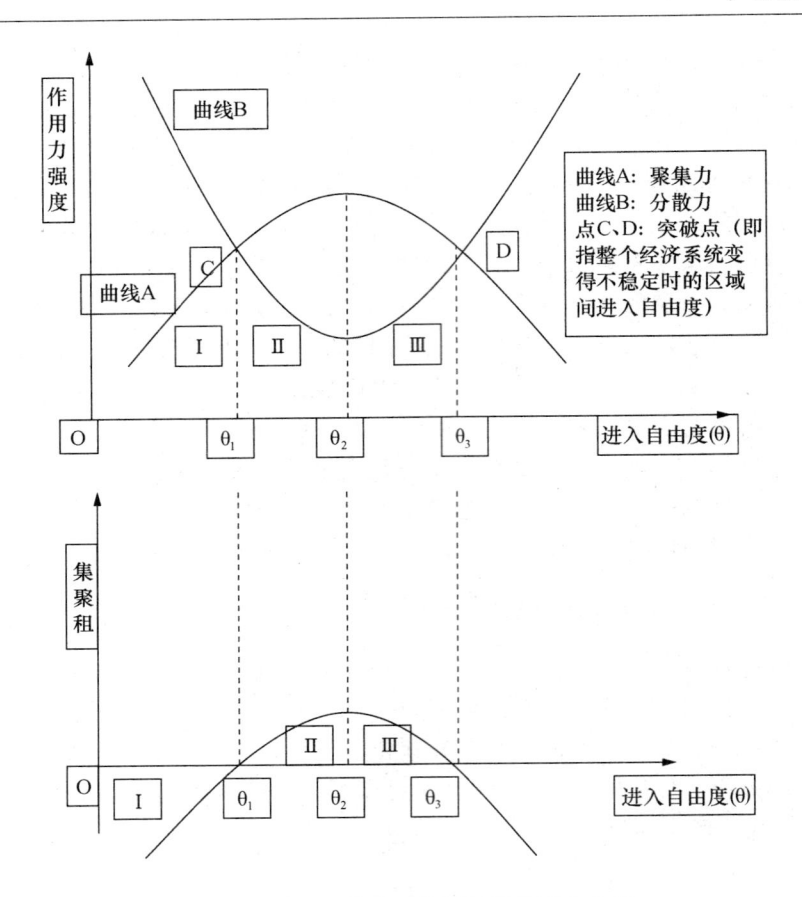

图 3 北京 798 艺术区集聚过程的两力分析

2005 年，北京市政府根据北京市建筑设计院的建议，将包豪斯建筑列为优秀近现代建筑予以保护。如此充满历史沧桑、淳朴而又独特的建筑风格，是 798 艺术区同其他类型的利用工业厂房改造的艺术区的不同凡响之处。艺术家和文化机构进驻后，成规模地租用和改造空置厂房，在对原有的历史文化遗留进行保护的前提下，他们将原有的厂房进行重新定义、设计和改造，使之成为新的建筑作品，带来了对建筑和生活方式的创造性的理解。如刻意保留建筑立面和工业机械的部件，不同时期刷在墙上的标语也尽量予以保留，形成了艺术生产与工业生产和谐共存。

（2）租金因素——适宜的租金，是 798 艺术区形成的比较优势与竞争优势。由于经济效益不景气，20 世纪 90 年代 798 地区部分厂房闲置。租金不高的原因之一是这个地方的厂房设计不符合大型企业建产品生产基地，同时厂区及周边道路较窄，不适合建大型物流基地，从而限制了租金的上涨，一度甚至有做豆腐、香肠的小贩在区域内活动，可见这个地方偏僻和冷落的程度。由于 798 艺术区艺术活动本身还没有达到可以实现盈亏平衡，艺术家部分采取以商养文的方式，比较典型的是时态空间，通过举办一些商业文化活动，租赁场地获取部分收入，以此维持免费的艺术展览活动所需要的成本支出。其盈利模式是通过艺术活动本身的宣传，提高场所的知名度，把空间租赁给商家举办活动。2001—2006 年，798 艺术区所在区域的经济价值完全被低估了，而艺术家发现了这一被低估了的价值，并借助这一机会很好地将艺术活动本身的潜能发掘出来。例如，1995 年中央美术学院雕塑系教授隋建国以 0.3 元／天·平方米的价格租用 706 厂 3000 多平方米的闲置仓库作为雕塑创作车间，造型艺术与 798 厂区不经意间戏剧性的亲密接触，艺术区自此发源；2002 年美国人罗伯特·伯纳欧租用 798 厂 120 平方米的回民食堂，改建艺术书店，标志着 798 艺术区第一个境外租户的落地。之后 2003 年起艺术家与艺术机构上规模级租用改造闲置厂房。

（3）艺术群体因素——艺术家聚居大都市，是一个世界性的文化现象。此阶段艺术家以适宜的价格获得创作和生活所需要的场所，并且带动了厂区的人气与活力，才使得艺术效应开始发挥主导作用。支撑 798 艺术区快速发展的一个重要地缘优势，是北京作为国家首都和政治、文化中心的功能地位。北京作为全国的文化中心和国际大都市，是现代艺术画廊、画商、批评家、收藏家、艺术赞助商等相对聚集的地方，也是众多国际机构的所在地。这批入驻者中，包括设计、出版、展示、演出、艺术家工作室等文化行业，也包括精品家居、时装、酒吧、餐饮等服务性行业。艺术家选择这里，是为了便于与同行、批评家、商家及其他能够促进其艺术事业发展的人直接接触。与其他城市相比，北京为自由职业艺术家艺术理想的实现提供了广阔舞台。同时，北京也是一座国际化城市，城市人口重要组成部分的非北京出生的"新移民"，大都受过良好的教育，具有多元地域文化的背景，在工作和生活交流中推动了创意的形成。另外，作为一个产业聚集园区，798 位于北京东部城区，这里拥有中央美院和清华大学美术学院两所艺术高校，有使馆区和许多国外公司，朝阳区的 CBD（中央商务区）内聚集着大批的外国人和白领群体，为北京发展文化创意产业提供丰富的人力资本。所有这些，都为 798 艺术区诞生于北京奠定了基础。

以上因素不同程度地促成了 798 艺术区的形成，实现了第一个突破点 C。

2. 第 II 阶段为快速发展期

集聚租开始上升并达到最高点，集聚力开始大于分散力。集聚租的上升除反映在第一阶段三个因素相互作用的结果，即一个艺术机构若脱离集聚地区所遭受的损失越来越大，这阶段还体现在政府引导所带来的循环效应。

798 艺术区形成后，政策的正确引导也使得其集聚租不断增加。政府既对当代艺术的先锋意识和激进主义采取宽容态度，还通过合理引导规范其发展。因为这种形成机制是艺术人士或创意企业偶然性的自发行为，政府还必须通过对艺术家自发形成的"自律委员会"进行审批，来引导其成为艺术区真正的管理机构，进而实现艺术区的有序发展。798 形成机制的政策支持体现在：2004 年编制完成、2005 年正式发布的《北京市文化产业发展规划（2004—2008 年）》明确提出"对'大山子文化艺术区'一类新出现的文化现象要积极研究、科学论证，在符合北京城市功能定位和城市发展规划的前提下，推进新型文化社区的建设和管理"；2005 年市委、市政府明确要认真对待大山子的建筑物的保留方式，对艺术区 4 栋 20 世纪 50 年代的包豪斯建筑风格的建筑进行重点研究，同年印发通知明确将 798 列入保护范围；2006 年 798 艺术区被认定为北京市首批十个文化创意产业集聚区之一，并确定了保护中间、开发周边、确保稳定的持续发展原则。

  这种循环效应的作用机制体现在：一方面，区内众多的企业在产业上具有相关联性，能共享诸多产业要素，一些互补产业则可以产生共生效应，机群内的产业因此可以获得规模经济和外部经济的双重效应。另一方面，区内的企业彼此形成一种互动的关联，由这种互动形成的竞争压力、潜在压力有利于构成区内企业持续的创新动力。此外，区内高度聚集的资源和经济要素处于随时可以利用的状态，降低了企业的交易成本，同时提高了资源和经济要素的配置效率，达到了效益的最大化。798 艺术区成为知名艺术机构聚集地和前卫艺术活动的重要举办地。艺术家和艺术机构租用后可以相对自由地搭建和创造符合艺术创作和生产需要的环境，进入工厂后，将工业建筑利用转化为博物馆、画廊和其他附属商业设施，以产业建筑的新功能替代旧功能，从而大大提高了工业厂区对艺术家、艺术机构的吸引力量，引导更多的艺术群体聚集泛 798 艺术区。前沿性的文化艺术活动的持续举办，使 798 艺术区的专业化、国际化特征更加突出。798 艺术区作为艺术展示场所，不同于国有国营美术馆，是非常规的艺术场所与商业环境，它对民间性、实验性的艺术活动来说展出准入门槛低。知名艺术机构的常驻与重要艺术活动的举办，798 艺术区的艺术氛围与时尚氛围日益浓烈，是中外艺术家和游客了解中国当代艺术的一个窗口，对于从事艺术专业的学生、未成名艺术家则提供了展示和交流的机会，同时还是一个特殊的承担教育和交流功能的文化场所，发挥类似于国家文化机构所承担的普及艺术教育的功能和作用。

  但在 798 艺术区高速发展的阶段，一些负面因素也开始浮现。随着 798 艺术区魅力的不断增加，其不仅吸引更多艺术机构进驻，也引起一些商业机构的兴趣，开始"沦"为一种商业艺术区。对艺术机构而言，其所产生集聚租开始下降，因此原先的集聚条件也开始发生变化。正如批评家所指出的，一种替代效应开始出现，798 艺术区的"画廊一天比一天多，艺术家一天比一天少了"。这是一个无可避免的现实问题，更多的商业机构进驻该区域，租金也开始不断高涨。

  （1）替代效应——798 艺术区发展的另一现象就是画廊在减少而工艺品店在增加。得天独厚的区位优势首先吸引了艺术家的进驻，艺术家们独特的生活方式和艺术创作使得这一地区逐渐产生影响力，先是吸引了文化交流中心、画廊等艺术机构，进而又聚集了商业机构如餐饮、零售店铺，并渐渐兴起娱乐业，令该地区的性质开始发生变化。例如早期进驻798的机构初衷是把798的空间作为设计创作的工作室，主要原因是这一地区的租金低廉且环境相对清静。但是，随着周围环境的变化，798的空间已经逐渐被转化为以盈利为目的的店铺，使得该地区环境已不再适合艺术创作，一些机构开始另寻新的工作室地点；而新近进驻798的机构主要被作为商业营利性质的交流和展示（展卖）的平台，只是简单地把798艺术区的空间主要是作为展卖的店铺，商品价格不菲，顾客群为有一定经济实力且追求个性品位的中、青年职业者或是收购商。此外，798艺术区旅游资源的开发也引起了各方的争议。独具特色的厂区建筑、风格各异的个性涂鸦、露天陈设的创意作品，都使艺术区具有了天然的丰厚旅游资源。围绕着鲜明的艺术特色，798除大力发展创意产业，吸引了众多国际知名品牌的加盟，还充分挖掘其丰富的旅游资源。对商业来说这是机遇，但对艺术家们来说，798艺术区旅游业的悄然兴起，引起许多原本驻在园区内的艺术家不满。在他们看来，798正在变成模式化的商业街区，慢慢失去了原来的艺术区特质，对其他艺术机构进驻798的吸引力正逐渐下降。所有这些都表现为艺术区转为商业区所正在付出的成本。套用这样一个事实作为依据："如果真的有一天，UCCA离开了、伊比利亚离开了、常青离开了、亚洲艺术中心也离开了等众多大画廊都离开了，那么798艺术区就真的不会再复存在了。因为这些专业的画廊都很难生存的话，那些业余的投机商就更不可能操作盈利了，投机奥运商机的那些画廊商全军覆没之路就是前车之鉴。"

（2）租金效应——一个最明显的表现是，随着798的进一步开发，房租也水涨船高。从经济的角度来分析，作为创意产业集聚区形成模式之一，和其他形成模式相比，更易受到艺术家们青睐的原因在于房价低廉。然而，随着集聚区的不断成熟和发展，一个既成事实的残酷规律摆在了人们面前：财大气粗的商业机构来了，以低廉租金入驻的艺术家们走了。据了解，之前每平方米每天只要几毛钱，现在却普遍涨到5元以上，而许多艺术家最初就是冲着这里的低房租来的。但目前房租过分上涨已挤走不少艺术家。好比1995年莫爱民798厂区租金0.3元/天·平方米，2004年租金0.726元/天·平方米，2008年一手标示租金约在2元/天·平方米，而实际能够租到的价格在4元/天·平方米以上。13年间，租金价格实际上涨7倍以上。从自发的艺术家聚集地到中国当代艺术品集散地，798早已经从被艺术改变的工厂，演变成被资本牵引的艺术贩卖区。

此阶段，替代效应和租金效应决定的分散力开始上升，但由于循环效应带来的聚集力仍发挥作用，也就是前面说的存在一种惰性，聚集力仍大于分散力。

3. 第Ⅲ阶段为定义再发展期

由于集聚租不断下降，798艺术区开始由中心向外围扩散。一方面一直缠绕着798艺术区的租金问题未能得到解决；另一方面冲着该地区潜在的商业利益，艺术品衍生品、书店、超市、服装店等商业机构继续入驻，相伴随的是大量的画廊和艺术家工作室的逐渐迁出。目前园区的状况是留在或是新近进驻798地区的主要是以商业经营为目的，而对于那些进驻时间更早（在798商业化开始之前）的艺术机构，能够在798继续生存的只是能够适应商业化带来的变化的那一部分，商业化的进程已经使得许多最初将798作为创作园地的艺术家被迫撤离。原有的艺术气氛和创作环境的消失使798艺术区决不再是艺术家创作的乐土，其向周围转移的趋势日趋显现。据了解，798艺术区周边已经逐步形成了酒厂国际艺术园区、一号地艺术园区、草场地艺术区、环铁国际艺术区、索家村和费家村艺术村落等十余个文化艺术集聚园区，虽然798艺术区现仍是引领文化艺术园区产业发展的领头羊，但艺术区核心力量逐步向外迁移已成不争事实。

798艺术区的空间演变过程是聚集过程和扩散过程两种作用力交互作用形成的。随着文化艺术机构的不断集聚，虽然798艺术区在国内外的影响力在不断提升，但其已从原来的艺术创作中心逐渐变成如今艺术展示交易中心，面临着类似当年纽约SOHO艺术区同样尴尬的境地。目前798的状况是：大量商业画廊、酒吧、餐馆、剧院及时尚品牌店等商业元素的涌入；原因是艺术区核心主导的艺术家们沦落为弱势群体；房租日益高昂，创作氛围喧嚣；政府在企业面前妥协，业主短视。而作为文化艺术创意产业园区，艺术的创意之源的日趋枯竭，将等同于自掘坟墓，因此北京798艺术区如今已到"生死抉择"的时期。

（三）对798艺术区进一步发展的政策建议

根据核心—外围模型的政策含义，结合798艺术区集聚过程所出现的问题，对其今后的发展思路建议如下：

首先，对798艺术区中心而言，由于园区政策存在门槛效应，基于规模收益递增的自我实现机制，区域政策力度较小时，可以增加其集聚力。但当政策的强度超过某一门槛值时，可能适得其反。正如798的旅游开发，引用中国社会科学院旅游研究中心副主任李明德的一句话："政府出面对798进行规划的出发点是好的，也是一件好事，但若急于求成、完全模式化后就干预了市场本身，也失去了原有的吸引力。要尊重自然形成的状态，保持独特性，这才是旅游的真正魅力。"因此，政府干预要把握个度，政策力度大小与园区发展之间的关系并不是简单的线性关系。在创意产业园区发展的初期，由于集聚租的作用，它可以进一步吸引其他地区企业向这一地区流动，增强其集聚力。但从区位黏性分析可得出，798艺术区一旦过于商业化，便很难再回到原来的状态,艺术家的相继离开,带走的是艺术创意的源泉,削弱的是艺术区的核心价值,使得所谓的艺术区不再具有发展的活力和潜力,而逐渐演变成为各种与"艺术"相关的产品的交易市场,抑或是下一个纽约SOHO商业区。因此,对798艺术区的核心区域发展,建议如下:

(1)原创保护。从经济上说,对798进行商务性开发是合乎市场发展规律的,但作为一个创意产业聚集的艺术区,商业化的进程如果过快过滥,艺术家难以生存,等同于创意活力迟早也会枯竭。为防止798艺术区对纽约SOHO现象的又一次演绎,在其已成为商品展示交易中心的大趋势下,对其原创价值有必要进行保护。目前各界已达成一种共识:将按照"保护、开发、稳定、发展"的指导方针对798艺术区的核心区域、原创艺术进行有效保护,加强对艺术区的宣传与推广,进一步吸引国内外众多知名的艺术家及艺术机构,为园区内艺术品打造展览展示、交易拍卖的平台,推进园区产业升级,从而展示艺术区的魅力,打造798艺术区品牌,把798艺术区建设成为北京最具特色和影响力的文化创意产业基地和世界著名的文化创意产业园区。在实践中,这有赖于发挥政府的支持作用。798艺术区一直处于半政府掌控的状态,政府虽然对其进行了规划,但由于对此地区并没有十分明确的定位,商业与艺术的关系仍模糊不清。因此,对政府而言,除努力提升和保持798艺术区作为当代艺术地标地位、当代艺术的特色,政策出台目的仍以保持798艺术区大中小画廊、艺术机构和合理数量的艺术家工作室互相依托共同发展的格局为主。798艺术区未来的规划要坚持政府、企业、园区艺术家和各机构多赢的方针,"保护一批、扶持一批、孵化一批、调整一批",不断提升艺术区的影响力,打造中国现当代文化艺术的展示、交易中心,更好地支持与推动798艺术区以及中国当代艺术的健康良性发展。

(2)租金控制。类似798艺术区一样在一片旧厂房基础上发展起来的时尚艺术区(如美国纽约的SOHO艺术区),都有着低房租的历史,故而才持续发展了30年以上。798艺术区是自发形成的一个时尚特色艺术区,时尚艺术家除了看上这里的特色老厂房外,低廉的租金是他们进入这一区域的主要因素,从整体上看,时尚、先锋、前卫的艺术工作者往往是没有多少钱的穷艺术家,租金上涨速度和幅度过快过大,会把大批时尚艺术家轰出艺术区,让他们无法在此扎下根来,踏踏实实从事艺术创作和展示,798艺术区也会迅速消失,特色区将不复存在,艺术区将很快成为有钱人的房产、地产区。为了让798艺术区至少存在30年以上,政府应对艺术区采取一些特殊政策,以实际鼓励时尚艺术家们在此生存下来。为此,可在税收、贷款方面给予一定的倾斜,降低或减免艺术区内文化艺术公司的税收,对文化艺术公司实行低息或贴息贷款。在一定的历史时期内,对艺术家们的房租保持一个较低的水平,实行低房租和房租补贴政策。如果房租需涨价,也应规定一个较低的增长幅度。缺额部分由政府给予补贴和支持。只有实行了这样一系列的优惠、特殊政策，798艺术特色区才能比较长期地保留下来，持续下去。

（3）平台搭建。除原创保护和租金控制，为加强园区内机构的联系和协调发展，规范机构、企业行为，798艺术区有必要搭建一个完善的服务管理平台。众所周知，798艺术区属于自下而上的自发形成型，先由某些艺术家选中，进而带来众多艺术家和艺术机构的自发集聚，最终形成文化艺术村落，而其后"政府引导、企业主导、艺术机构主体参与"的发展模式，则体现了平台搭建的重要性。针对目前出现的各种问题，798艺术区应坚持"一个核心、一个载体、一个平台"的原则。一个核心，就是管理核心，主要是以798艺术区建设管理办公室为主体的园区管理部门，它是由七星集团与政府共同组成的工作推进机构，主要履行对艺术区的协调、服务、引导、管理职能。一个载体，就是物业载体，主要是以七星物业管理中心为载体，拓展延伸服务功能，为园区发展提供基础服务和稳定保障。一个平台，就是运营平台，就是以798文化创意产业投资股份有限公司为主体的运营平台，着力推动园区产业发展。同时，围绕窗口形象打造，搭建完善服务平台。按照文化艺术园区的专业化特色、国际知名园区的国际化标准和品牌形象窗口的开放性要求，不断调整充实艺术区物业管理水平，完善基础服务设施，引进专业服务力量。

其次，对798艺术区外围而言，已形成一些新的艺术园区，798艺术区仍应继续发挥其集聚和辐射功能，进一步挖掘周边地区的创意资源，形成一个乃至全国更强大的地域辐射圈。目前由于798艺术区中心区域部分规模效益的丧失，致使地租上涨，引起部分资源向周边地区迁移。面对这样的发展机遇，周边地区不应把自己视为中心区域的"配角"，而应找准自己的优势所在，才能针对这一优势发展自己的地域特色。创意产业自身是一个高附加值的产业，其对周边地区的辐射效应是不可低估的，不单从其带动环绕周边的一系列新型的卫星艺术群落发展来看，事实上，798艺术区在其形成和发展的过程中就扮演这样的角色。如仅从房地产方面就可以体现，在2002年的地价低于每天每平方米0.5元，而如今高于每天每平方米1.2元，而且这还是在政府的控制之下。

四 中国创意园区发展的启示

创意园区发展政策已成为我国地区经济发展政策的重要组成部分。针对园区缺乏规划或者理论的指导而在建设过程中暴露的共性问题，如园区定位不明确，房地产色彩浓厚；园区耗费巨资建成后，租金高，创意阶层被迫迁离；文化气息日渐淡薄；商业味日益加重等。这些都不利于创意产业的良性发展，违背了建设创意产业园的初衷。因此，如何充分发挥集聚效应，尽可能地避免其产生的不利因素已成为时下亟待解决的问题。借鉴798艺术区集聚的经验和总结，根据我国创意园区发展所处的不同阶段，应做好如下几点：

（一）前期做好规划

创意产业不同于其他传统产业，它高度依赖本地人的创造力和本地独特的发展环境，呈现地方集聚的特征，一般在城市的某些地方（例如艺术场所、科学园或媒体中心附近）集聚，文化企业、非营利机构和个体艺术家集聚和互动，形成独特的集群发展环境。因此，对创意园区的规划，首先应做到全面性、长远性和战略性的经济布局，实现资源在空间上的最优配置，如环境、人才、文化三要素的高度融合将为创意产业集群的发展提供更有利的基础。换句话说，这也是实现集聚租不断增加，促使聚集力增长的潜在动力。

（二）中期做好统筹

经验表明，创意园区发展要想取得预期成效，离不开对区内各种资源的整合和统筹。如果说规划的内容更多受制于园区的先天条件，那统筹更多体现为后天策略。一个地区要发展创意园区，首先要探索建立几个功能定位合理、具有特色的产业基地，借发展创意产业之际，下一步就是思考如何打造富有文化底蕴的精品城区，这过程离不开社会各种力量的重视和支持，包括政府的宏观支持、企业的力量主导、市场的运作导向，统筹的目的也是要促进园区内各实体机构的协同进步，使聚集力进一步加强，分散力进一步减弱。

（三）后期做好保护

这主要针对目前国内许多创意园区所出现的问题，如北京 798 艺术区、上海 M50 等，由于中期统筹不利，区内企业间的合作交流少，没有很好地分享信息等资源，导致园区的创意资源不断流失等不利于创意园区的长远发展。为防止集聚租下降引起的分散力增大现象，在保护方面，应积极发挥政府的政策引导和扶持作用，如营造良好的竞争环境，给予一定的政策优惠，有针对性地吸引相关企业入驻，不可不切实际地发展不合时宜的产业等。

五 总结

创意园区的出现是一个全球现象，在我国也不过十几年的发展时间，但在推动城市产业结构调整、城市更新已有巨大的作用，国内许多城市已把推动创意园区建设作为发展创意产业的主要发展思路。然而，并不是所有城市的创意园区发展都尽如人意，根本原因就在于创意园区的地域特色显著，对不同地域不同定位的创意园区，应做到具体问题具体分析。鉴于此，本文采用新经济地理学视角，从空间的两力作用分析，对创意产业区的形成与发展进行探讨。

本文在国内外学者研究的基础上做了以下尝试：

第一，对"中心—外围"模型进行改良，结合创意园区的特点，横向维度是进入自由度，纵向维度是聚集力和分散力的作用力大小。根据集聚租的变化，来比较两力的变化趋势，进而分析引起园区从"分散—集聚—分散"变化的原因。

第二，深入挖掘了北京798创意产业区的案例，从其形成剖析到政策建议，同时在这基础上进一步得出中国发展创意园区在不同发展阶段所应侧重的关键点。

但是，由于时间仓促和本人水平的局限性，有些问题还有待进一步研究，如可以采用定量方法对空间集聚现象进行研究，在深度和广度上也有待进一步突破。

参考文献

1. 安虎森：《空间经济学原理》，经济科学出版社 2005 年版。
2. 赵伟、[日] 腾田昌久、郑小卫等：《空间经济学：理论与实证新进展》，浙江大学出版社 2009 年版。
3. 刘颖多、张睿、张飒、王彦冰：《关于北京文化创意产业发展的调查报告》[EB/OL]，http://www.spruc.cn/index.php?option=com_content&task=view&id=118&Itemid=65。
4. 孔建华：《北京798艺术区发展研究》，《新视野》2009 年第 1 期。
5. 周政、仇向洋：《国内典型创意产业集聚区形成机制分析》，《江苏科技信息》2006 年第 7 期。
6. 《北京798艺术区》[EB/OL]，http://www.798art.org/about.html。
7. 《北京798艺术区建设发展情况及发展规划》[EB/OL]，中国当代艺术网（http://www.artc.net.cn/news/shownews.asp?id=77）。

转轨时期地方政府投资与产业增长耦合的政策研究[*]

李 怀 高 磊

摘 要 地方政府投资的效果在产业匹配上存在效率边界。本文以经济转轨时期辽宁省的时间序列样本数据为研究样本,并构建相关灰色关联度评价模型,以寻求辽宁省地方政府投资对产业增长的贡献力度,最终为提升辽宁省政府投资和产业发展的耦合效应提供制度建议。

关键词 地方政府投资 产业增长 耦合 经济转轨

一 地方政府投资与产业增长的耦合效应

(一)地方政府投资与产业增长匹配研究的重要意义

目前,美国次贷危机以前所未有的广度和深度冲击着全世界的实体经济,也引发了全球多数国家的一系列宏观政策调整和修正。当前,我国经济增长速度亦回升较缓,在中央政府的积极财政政策即中央财政的巨大规模扩张的制度启示之下,各级地方政府业已推出各自的投资规划,开展具体的投资项目建设,以此提振内需、促进经济复苏。投资是经济增长的重要变量,提高投资系数可以提高经济增长率。但是,从当前经济特征来看,产业发展战略与产业研究日益受到关注和重视。国务院已经陆续出台钢铁、汽车、船舶、石化、纺织、轻工、有色金属、装备制造、电子信息、物流业十大产业振兴规划,这一政策的主旨即是要通过主导产业效应、产业关联效应来提升投资需求、消费需求、贸易需求、就业需求以及能源开发、生态建设、自主创新、优化经济结构的需求等,以此作为拉动我国经济持续增长的引擎。从辽宁省来看,作为东北老工业主要基地,辽宁"十一五"发展规划中也明确指出,

---

[*] 作者:李怀,东北财经大学产业组织与企业组织研究中心研究员,博士生导师;高磊,东北财经大学博士研究生。

要重点发展现代农业，装备制造业，石化工业，高技术产业，农、工产品的高加工产业，现代服务业，海洋产业，临港产业等。因此，目前，"政府投资"也必然需要与具体产业、行业进行匹配研究，目的是要以政府投资来打开民间资本、多元资本的投融资开放格局，形成产业增长与投资发展相融合的协调效应和辐射效应。面对目前各项政府投资项目良莠不齐的现状，我们更应当甄别各项政府投资对产业经济增长与产业振兴的影响力和贡献力而区别对待，从而规避盲目的"数量扩张"为特征的投资热情，也可以使有限的投资资源有的放矢，进一步以提高产业素质和产业增长质量作为当前政府投资的主要制度目标。

（1）与产业发展相匹配的合理的地方政府投资能够有效提携地区主导产业的架构，发挥振奋本区域经济增长的引擎功能。因为可供区域发展的投资资源有限，所以依据区域发展的阶段时序、自然禀赋、产业基础、发展能力等多方面的评估约束条件，各地区常常会侧重投资某些产业，即区域主导产业，它能以少投入、低成本、高效率的比较优势参与全国产业分工，成为区域经济发展的驱动轮。那么，政府产业投资导向的调整和优化过程也就是该区域主导产业的选择和构建过程。政府产业投资起到的是一种意义重大的启示效用，将辐射和带动整个区域产业的发展速度、集群效应以及对其他旁侧产业的关联效应。

（2）地方政府产业投资导向有助于促进地方产业结构、经济结构的改善和高度化。政府产业投资将引致民间产业投资的扩容，从而提供产业发展的长期供给沉淀，产业投资具有不可逆性，一旦投入就成为归属产业的实际资产存量，是形成地方产业结构的重要积累力量，合理的产业投资分布有利于提振区域内自然禀赋优势和多元生产要素融合的经济效果，从而形成合理的产业结构。而从经济结构的层面来看，涉及范围较广，包括需求结构、产业结构、企业结构、市场结构、贸易结构、城乡经济结构、分配结构、技术结构、劳动力结构、经济组织结构、产权结构、经济类型结构等较多问题。目前，我省乃至全国经济形势正处于从经济低迷走向经济繁荣的调整阶段，经济结构的调整和改善也面临一个统筹和重构的机遇期。尤其是在当前以中央政府和地方政府的投资扩张政策的起点上，各种经济要素的流动速度、积聚规模也出现新一轮的格局。那么，如果政府投资的产业分布和规模规划得好，必然推动地区多层次经济结构的修正和战略性调整。

（3）地方政府投资与产业耦合的政策导向有助于地区产业的创新和升级，进而取得提升产业发展和产业素质的目标。一方面，地区政府对目标产业的投资支持，通过需求链、生产链、供给链、多元链、连带链、辅助及附属链等扩散或同心圆方式的产业关联链结构（周新生，2005）的投入产出比例和技术传导机制，推动产业生产力的释放和产业的不断升级。另一方面，地区政府投资及其引致的其他渠道的投资资本金在目标产业的集中将催化产业群的出现，从而获取协同规模效益和产业群的网络效益，包括技术互补、资金互补、交易成本降低、产业风险分散以及产业附加链延长。

（4）地方政府产业投资的规模、速度的"适度性"问题，也是当前一项重要的比较研究课题。在理论上存在与经济发展完全吻合的"最优投资"，但在实际经济运行中是很难达到和维持的，现实生活中追求的则是"适度投资"（或称作"合理投资"）问题。政府产业投资的适度性研究，之所以值得重视，是因为政府对产业的投资要考虑政府投资对私人投资的挤出因素，要考虑政府的产业投资是否与地方产能偏好、地方产业潜质、地方产业承载等地方比较优势特征相融合，还要考虑政府产业投资引发的社会投资波动与市场自发调节机制的协调作用及效果。

（二）地方政府投资与产业增长耦合的效率边界

在传统的宏观政策研究领域，学者们更多地关注政府干预和市场运作的效率边界，但我们认为，地方政府投资的效果在产业匹配上也同样存在效率边界。如图1所示，在地方政府实施产业投资的过程中，政府投资的总收益变量（TR）、总成本变量（TC）以及对应目标产业形成的边际收益（MR）、边际成本（MC）四者间呈现互动的走势。在初始阶段，政府投资的扩张引发

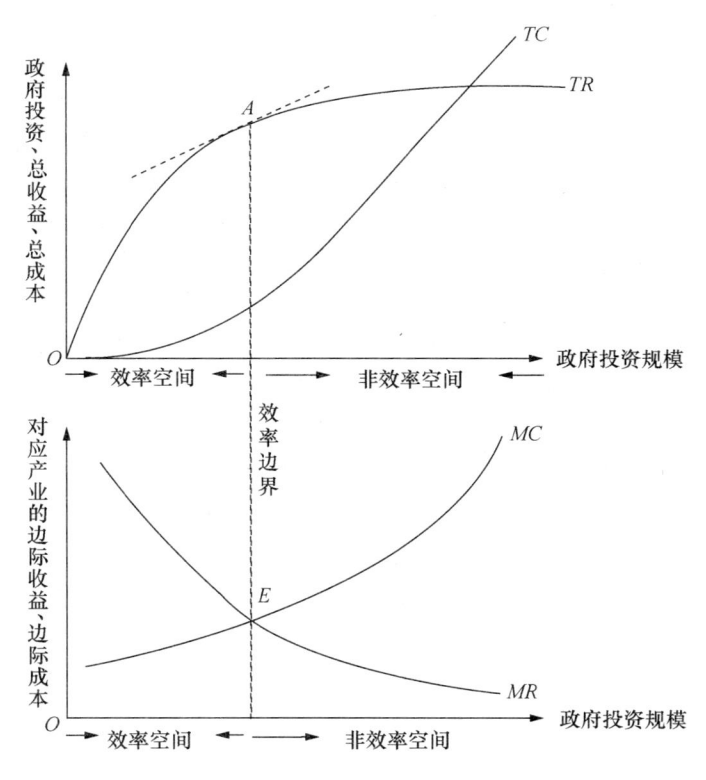

图1 地方政府投资与产业增长耦合的效率边界

各种需求和生产的增长,总收益曲线(TR)大幅攀升,呈陡峭状,同时伴随着投资的各种代价之和即总成本(TC)的微量增幅。相对应而言,政府投资进入的目标产业也出现产业要素增长率提升的局面,但由于存在边际收益递减规律,即当忽略技术进步的前提下,增加某种要素的投入数量达到一定边界值之后,增加该要素的单位数量其产量的增加量是递减的。由此,目标产业随政府投资额的增加而呈现产业边际收益(MR)递减、产业边际成本(MC)增加的走势。当政府投资达到使目标产业的边际收益(MR)等于边际成本(MC)的均衡点 E 时,对该产业的投资达到了效率最大化均衡,此时,政府投资的总收益曲线(TR)也同时出现拐点 A,即 TR 曲线的增长率降低,呈平滑状增长轨迹。因此,均衡点 E 正是地方政府投资在各种经济效应的演化过程中,与目标产业匹配时的效率边界,即从地方政府投资的初始点到均衡点 E 之间,是政府产业投资效果的效率空间,而从均衡点 E 开始,则进入政府产业投资的非效率空间(或效率损失空间)。

二 经济转轨时期辽宁地方政府投资状况

(一)经济转轨时期辽宁地方政府投资总支出

1. 数据来源与处理

1978—2007 年统计数据来自《辽宁统计年鉴》(2008),2008 年数据来自中经网统计数据库。为了保证统计数据研究的可比性,客观上要求把名义变量剔除历年价格指数的波动来获取实际变量,本文则采用商品零售物价指数作为中介指标,并以其 1978 年 = 100 为基准进行调整,再以调整后的商品零售物价指数测度的通货膨胀率对各年的名义变量进行平减。

根据图 2 的统计数据,采用软件 Eviews5.0 的霍德里克—普雷斯科特 (Hodrick – Prescott) 滤波趋势分解,该方法用于时间序列趋势分解,通过增大经济周期的频率,减弱经济波动因子,从而得到序列的长期趋势,其基本原理是:$\{Y_t\}$ 是包含趋势成分 $\{Y_t^T\}$ 和波动成分 $\{Y_t^C\}$ 的经济时间序列,HP 滤波就是从 $\{Y_t\}$ 中将 $\{Y_t^T\}$ 分离出来,使损失函数最小。

2. 辽宁省地方政府投资总支出在经济转轨时期的波动规律

如图 2 所示,在辽宁省经济转轨期间,地方政府投资总支出的增长率呈现经常性起伏波动的经济特征。从图 2 中可以看出,在经济转型的过程中,省地方政府投资总支出呈现出较为显著的两阶段,两阶段的分界时点是 1997 年。

第一阶段是在 1997 年之前,辽宁省政府投资总支出的波动频率较高,震荡性强,其 HP 滤波图 3(把第一阶段即 1997 年之前的辽宁地方政府投资总支出增长率记为 GI_1)证明,被分离出经济周期波动成分的 GI_1 呈现出持续上扬的长期增长趋势,而其分离出的经济周期波动因子则体现为持续性大幅度震荡的轨迹特征,分别在 1985 年、1989 年、1991 年、1995 年达到极值高点,对应的 GI_1 增长率分别为 38.81%、31.86%、44.81%、47.05%。通过把这几个增长率较高的突出年份回归为价格指数的历史统计数据可知,这几个特殊年份正分别处于以往的通货膨胀也较为显著的时期,由此伴随主要的投资高涨特征。在 1997 年之前这一阶段 GI_1 的年平均增长率较高,为 6.44%。

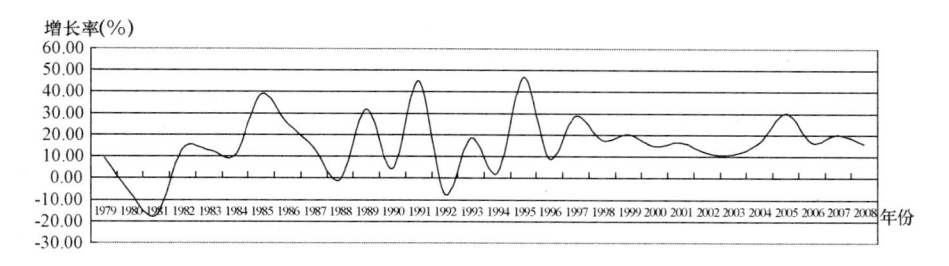

图 2　辽宁省地方政府投资总支出增长率时序

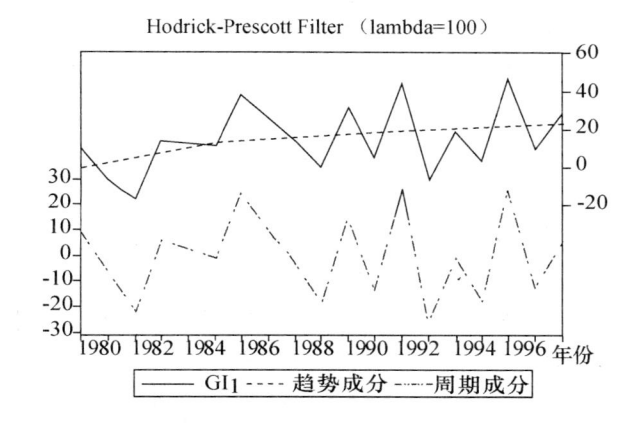

图 3　第一阶段(1997 年之前)辽宁省地方政府投资增长率(GI_1)HP 滤波趋势分解

第二阶段是 1997 年之后(把第二阶段即 1997 年之后的辽宁地方政府投资总支出增长率记为 GI_2),从图 2 中也清晰可见,辽宁省地方政府投资总支出增长率的波动幅度和波动频率均明显降低,仅出现一次最高点是 2005 年,其当年增长率达到 30.18%,这一年正处于我国经济繁荣和经济增长提速时期。而第二阶段的其他时期基本处于我国经济通货紧缩的状况当中。在 1998—2003 年间,我国受到了因亚洲金融危机而引致的经济低迷的影响,另外,在 2008 年之后,我国也陷入由美国次贷危机而引发的全球性的经济危机和经济衰退的经济大氛围当中。因此,从第二阶段 1997 年之后,历年(即 1998—2008 年)GI_2 的年平均增长率为负,是 -0.89%。由其 HP 滤波图 4 也可看出,经济周期的波动频数很弱,GI_2 增长趋势显著减速。

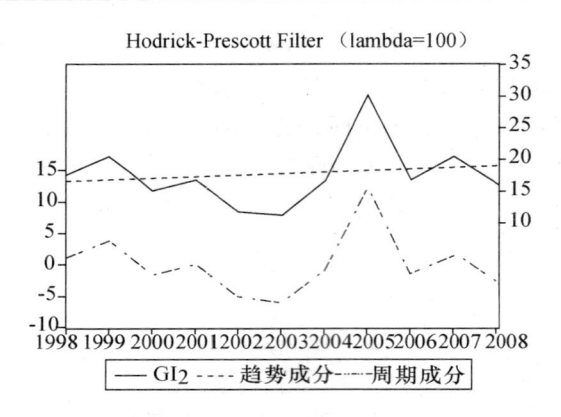

图 4　第二阶段（1997 年之后）辽宁省地方政府投资增长率（GI$_2$）HP 滤波趋势分解

（二）经济转轨时期辽宁地方政府投资的用途分类及分析

按照"用途"指标来分析、研究和评价地方政府投资支出的情况，可以比较深入地分析地方政府投资对国民经济中形成的积累性和统筹性的作用，有利于直接迎合社会各种需求、经济和产业发展需求，并通过历年的方向和目标，来调整该投资的分配。

地方政府投资的"用途"指标包括"最终用途"和"具体用途"。如果按照"最终用途"来研究地方政府投资，主要包括积累性用途、消费性用途以及补偿性用途。按照我国现有的主导的经济增长模式，积累性用途是以生产性积累为主，主要是指基本建设的地方政府投资支出、支援农业的地方政府投资、城市公用事业支出和维护费用以及各项经济建设事业支出等。消费性用途则主要包括文教科卫事业费用、抚恤和社会救济费用、行政管理费用等地方政府的消费性投资支出。而补偿性用途则主要是针对企业的挖潜改造的地方政府资金支出。如果探讨地方政府投资的"具体用途"，则即是对"最终用途"中所涵盖的具体支出项目的研究。

1. 经济转轨时期辽宁地方政府投资的积累性用途支出项目情况

从基本建设的辽宁政府投资时序图来看，其投资绝对额不断增加，尤在 1994 年（17.1 亿元）开始出现显著性的上涨，到 2006 年已经大幅攀升至 137.3 亿元。而计算出基本建设项目在该省地方政府投资中所占的比重结果（见图 5）之后，这一相对指标证明，尽管投资规模的绝对指标历年大幅上调，但是该项目在地方政府总投资规模中的分配比例是渐进向下调整的。在 1978—1987 年间，基本建设投资项目在辽宁地方政府投资总额中的比重均处于 10% 以上，1978 年、1979 年、1985 年已经分别高达 26.8%、20.8%、21.8%，但从 1988 年至今，该比重基本维持在 10% 以下，或略高于 10%（1997 年为 11.5%、1998 年为 12%、2005 年为 10.5%），这一变化结果有效地说明了我省地方政府投资结构已经从单一的生产性积累向多元化项目分流和配置的转型。

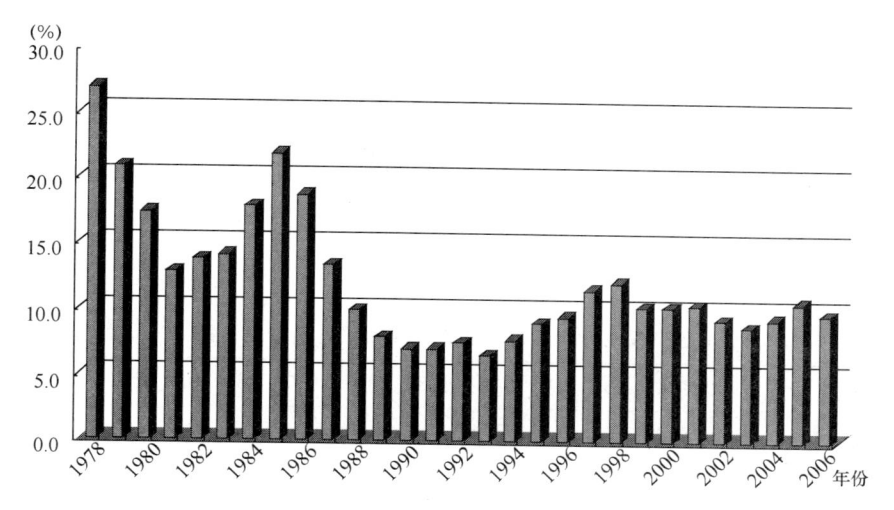

图5　辽宁省地方政府投资基本建设项目在其政府总投资中所占比重的时序

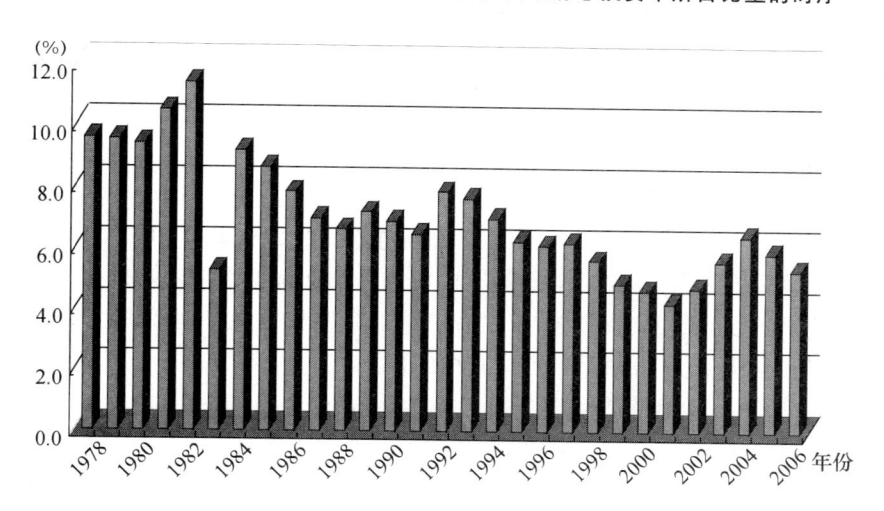

图6　辽宁省地方政府投资支援农业项目在其政府总投资中所占比重的时序

从辽宁省地方政府支援农业的投资支出情况来看，在绝对投资规模（见表1）上，除了1984年较前一年增长一倍，其他年份的该投资额均较前一年有稳定增长。在1991年之前，辽宁地方政府支援农业的投资支出增长率波动幅度较频繁，增长率并不稳定，以震荡性特征为主。而在1991年之后，正值辽宁省省"八五"、"九五"、"十五"、"十一五"发展规划的实现和落实的发展连续期，辽宁省地方财政认真履行"丰收计划"、"星火计划"、"燎原计划"等，主要财政资金用于投向建立和完善农业科学基础研究、应用研究和技术开发、成果转化和技术推广服务体系,主要围绕借助生物技术等高新技术、关键技术的采用,促进农作物和畜禽新品种选育、中低产田改造、农副产品深加工等,并集中建成农业高新技术研究开发、示范基地以及各种形式的农业专业技术协会、研究会和研究所,来巩固农业的基础地位。因此,在这一发展连续期内,辽宁省财政投资支援农业支出的增长率较为稳定,尤其在 2003 年、2004 年减免农业税时期投入较高。但在 1998 年、1999 年因全国经济不景气,该项财政投资的增长力度也较小。而该项支援农业投资在辽宁省地方财政投资总额的比重,从近些年来看,较 90 年代初期,该比重主要是呈下降趋势的。

表 1　　　　辽宁省地方政府投资支援农业项目的绝对投资额　　　单位:亿元

年份	1979	1980	1981	1982	1983	1984	1985	1986	1987	1988	1989	1990	1991	1992
支援农业	3.3	3.2	2.8	3.5	1.8	3.6	4.9	5.6	6.3	8.2	8.4	9.8	11.6	
年份	1993	1994	1995	1996	1997	1998	1999	2000	2001	2002	2003	2004	2005	2006
支援农业	13.8	15.6	17.1	19.2	21	21.9	22.2	24	26.8	32.5	43.8	59.7	70.5	75.7

2. 经济转轨时期辽宁省地方政府投资的消费性用途支出项目情况

(1) 辽宁省地方政府投资的科教文卫事业项目支出情况。教科文卫事业费是指地方财政划拨款项给各级文教科学卫生部门,用于文化、教育、科学、卫生、出版、通信、广播、文物、体育、档案、地震、海洋、计划生育等方面的发展经费。如图 7 所示,在经济转轨初期,我省科教文卫政府投资增长幅度不稳定,但在地方政府总投资规模中的份额比较高,在 1981—1997 年达到 20%—30% 的区间内。1997 年之后,虽然其增长幅度呈现较为稳定的持续上涨形式,但是其所占政府总投资的比重却较之于经济转轨初期有所下调,主要位于 16%—20% 的区间内。

辽宁地方财政用于教育的支出规模也在经济转轨期间不断攀升,其绝对投资额从 1980 年的 45837 万元上升至 2006 年的 1901727 万元,其投资额增长率(见图 8)分别在 1985 年(37.84%)、1989 年(24.36%)、1994 年(29.03)、2004 年(25.07%)达到极高点,在这一样本区间内,其投资额年平均增长速度成较稳定增长,是 3.81%。

(2) 辽宁地方政府投资的抚恤和社会救济项目的支出情况。在财政支出中,抚恤和社会福利救济支出主要意图是为向烈军属、残废、复员军人和灾区群众、社会困难户生活困难以及举办各种社会福利事业而发放的专款,涵盖抚恤支出、社会福利救济费和自然灾害救济费。在辽宁省经济转轨近 30 年间,中、前期当中该项投资支出较不稳定,1979 年(-38.46%)、1980 年(-12.50%)、1987 年(-13.64%)、1996 年(-7.04%)、1998 年(-3.80%)

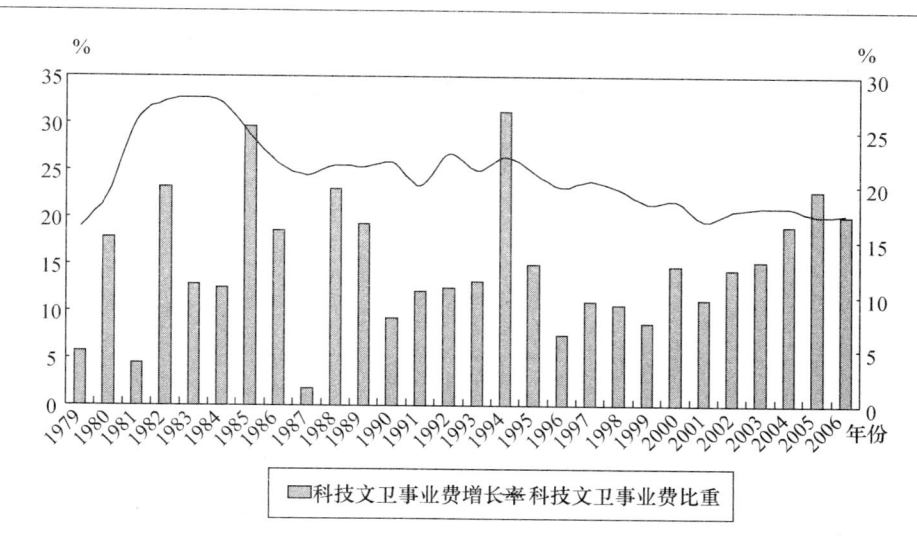

图 7 辽宁地方政府投资科教文卫事业费的增长率以及其在该省政府总投资中所占比重的时序

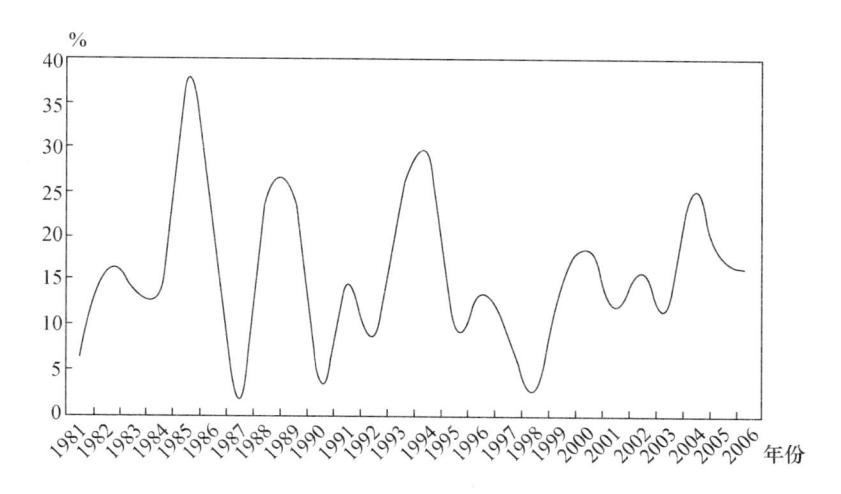

图 8 辽宁省地方政府教育投资的增长率时序

均出现降幅，1981 年（28.57%）、1985 年（58.33%）、1995 年（47.92%）又出现了区间内的极值高点。但是，近几年来这一投资支出增长幅度较为稳定。从该项投资中具体结构来看，辽宁省已经从经济转轨初期的以"抚恤支出"为主要比重转向经济转轨中后期的以"社会福利救济费"为主要比重的结构特征。

（3）辽宁省地方政府投资于行政管理的费用支出情况。地方行政费用是地方财政用于地方各级权力机关、行政机关、审判机关等行使其职能所需要的费用支出。辽宁省该项支出绝对额已经从 1978 年的 2.4 亿元大幅上涨至

2006 年的 109.5 亿元,其支出增长率在样本多数年份中维持在 10%—30%,在 1983 年(25.81%)、1989 年(23.81%)、1996 年(38.27%)、2001 年(48.07%)达到样本区间内的极值高点,并在经济转轨时期中(样本区间是 1978—2006 年)年平均增长速率达到 3.10%,这主要是我省行政机构和规模日益庞大的结果。

1. 经济转轨时期辽宁地方政府投资的补偿性用途支出项目情况

辽宁省地方政府用于补偿性用途的支出主要是指对企业的挖潜改造的财政支出。这一部分支出在辽宁省及其他省份中所占的比例均较少。其支出绝对额增长规模也较小,辽宁省从 1978 年的 2.3 亿元增长至 2006 年的 38.5 亿元。从其该项投资增长率来分析,1980 年(40.43%)、1988 年(66.67%)、1991 年(96.15%)、1992 年(190.20%)、1993 年(81.76%)、2004 年(49.68%)、2005 年(60.43%)是达到增长率较高的突出年份,另外,在该样本区间内,1981 年(-51.52%)、1985 年(-45.83%)、1986 年(-30.80%)、2000 年(-25.84%)、2002 年(-46.2%)则是该投资下降幅度较明显的年份。

表 2　　　　辽宁省地方政府投资企业挖潜改造项目的绝对投资额　　单位:亿元

年份	1979	1980	1981	1982	1983	1984	1985	1986	1987	1988	1989	1990	1991	1992
企业挖潜改造	4.7	6.6	3.2	2	2	2.4	1.3	0.9	0.9	1.5	2	2.6	5.1	14.8
年份	1993	1994	1995	1996	1997	1998	1999	2000	2001	2002	2003	2004	2005	2006
企业挖潜改造	26.9	30	36.7	36	40.6	36.1	35.6	26.4	26.4	14.2	15.7	23.5	37.7	38.5

三　经济转轨时期辽宁地方政府投资与产业增长耦合的模型研究

(一) 模型构建方法阐释

依据上述所分析辽宁省地方政府投资统计数据的绝对指标和相对指标的时序规律,应当继续构建相应模型来深入研究和检验辽宁省地方政府投资与其对产业增长贡献力的协同效应和耦合效应,即我们并不能简单地停留于判断投资规模越多越好、投资增速越快越好、投资比重越高越好,因为产业的增长也具有承载力,政府投资对产业发展的功效也有适度性,因而,我们应当研究经济转轨历年来地方政府投资规模与投资增速的升降是否能够带动辽宁省产业的增长和发展,借助耦合模型来更深度地检验两者的互动性和演化性，从而才可以有效地为辽宁省的地方政府投资与产业政策献计献策。

本文采用"灰色系统评价理论"中的"速率关联"评价模型来分析辽宁地方政府投资与产业增长的动态演进性，探索该省地方政府投资对产业发展的贡献价值。我国学者邓聚龙于1982年提出灰色系统评价理论，该评价方法可以忽略样本数量的多寡以及样本分布规律的差异，因而是一种处理贫信息系统较为成熟的评价方法。作为"灰色关联评价"中的"速率关联"评价模型，其模型机理是先确定两列时间序列：一列是被比较时间序列（母序列），另一列是比较时间序列（子序列），而后，该模型即是评价两列时间序列在动态演化过程中相对变化速率的关联程度，从而判断出两列数列所代表的两种变量的耦合互动关联度。

本文以经济转轨历年（1979—2006）的各产业的产业增加值作为被比较数列，用 x（k）表示；以对应年份的辽宁省地方政府各种具体项目投资额作为比较数列，用 y（k）表示，则这两种变量的速率关联模型是：

$$\xi(k) = \frac{1}{1 + \left| \frac{\Delta x(k)}{x(k) \Delta k} + \frac{\Delta y(k)}{y(k) \Delta k} \right|} \quad (k = 1, 2, \cdots, N)$$

$\Delta x(k) = x(k+1) - x(k), \Delta y(k) = y(k+1) - y(k), \Delta k = (k+1) - k = 1$

则该两种变量的速率关联度为：

$$r = \frac{1}{N-1} \sum_{i=1}^{N-1} \xi(k)$$

（二）模型评价结果

根据辽宁省地方政府投资与产业增长的该"速率关联"评价模型的测算结果得出，在辽宁省经济转轨过程中，用于基本建设的地方政府投资对辽宁省第一产业增加值的贡献关联度是 0.4123，对辽宁省第二产业增加值的贡献关联度则为 0.4001，对其第三产业增加值的贡献关联度达到 0.5476。如果考虑辽宁省财政投资用于农业的支出，其对第一产业产值增长并不特别高，关联度仅为 0.4016，对第二、三产业的产值增长贡献则略高一些，分别为 0.4559、0.5199。从科教文卫事业费地方政府投资来看，这一项地方政府投资对提升产业发展的力度较强，因为其对三次产业增加值的关联度分别达到 0.4674、0.5153、0.6526。在这一投资用途中，作为地方政府的教育投资的产出效果和作用机制也十分突出，地方政府的教育投资与三次产业产值的耦合关联度分别为 0.4472、0.4965、0.6297。在辽宁省抚恤和社会救济项目的政府支出上，其投资对第一产业贡献效应很弱，为 0.3985，与第二、三产业增加值速率关联度分别是 0.4087、0.5512。辽宁省地方财政行政管理费用支出规模历年不断扩大，这也确实在该模型中证明了其支出份额增大的重要性和有效性，它对第一产业产值增长的贡献关联度是 0.4732，对第二产业产值增长的贡献关联度是 0.5123，对第三产业产值增长的贡献关联度是 0.6409。

从这些结果可以看出，在总体上，辽宁省地方政府各项投资均有效地提升了我省产业结构的高度化和产业结构的升级，特别是促进了第三产业的发展。产业结构是调整和修正经济结构中的重要内容，它是指国民经济各产业、各部门之间的比例和联系。一方面，经过模型检验已证明，辽宁省地方政府投资及其引致的民间投资，能够发挥提供产业发展的长期供给作用，是优化产业结构的重要积累因素。另一方面，辽宁省地方政府投资结构本身也具有自我调节特质，它在传承现有产业结构布局的同时，也对现有产业结构不合理的环节进行调整。根据国际经验和特殊需求的膨胀，在工业化中后期，第三产业蓬勃而兴，将会逐渐根据生产力发展规律占据产业结构中的高端地位。因此，辽宁省地方政府各项投资，从整体上看，能够在产业结构调整的大方向上起到基本的导向作用。但是，这种指导性作用程度尚需继续提高，因为，本模型数据结果显示，辽宁省地方政府投资对产业增长的贡献关联度均低于 0.7 水平之下（该灰色评价模型在理论上存在绝对性的关联度是 1，但现实中通常小于 1 或接近于 1），其中最高的关联度水平也仅为 0.6526，由此看出，突破与提高的空间还很大，所以现有的地方政府投资还不能充分聚焦本省自然禀赋优势，还不能更有力地提升多元生产要素融合的经济效果，从而导致产业结构高度化缓慢、产业转型滞后以及产业素质不高。

另外，在该模型数据结果里，有一个十分值得重视的投资症结，即各种地方政府投资项目均对第一产业发展，主要是农业的发展贡献力度很弱，其贡献关联度水平均在 0.5 水平以下（基本建设投资项目是 0.4123，支援农业投资是 0.4016，科教文卫事业费支出是 0.4674，教育投资是 0.4472，抚恤和社会救济项目支出是 0.3985，行政管理费用支出是 0.4732）。辽宁省既是工业大省，更是农业大省。根据《中国农业全书》（辽宁卷）记载："辽宁农业具有悠久历史，考古遗址发掘表明，早在六七千年前，一些地区的种植业、畜牧业和渔业生产就已具有一定的规模和水平。在清代前期，辽宁曾是全国重要的粮食出口基地之一。"辽宁拥有较为雄厚的自然生产资源优势。它位于著名的"玉米种植黄金带"上，是全国重要的玉米生产大省，也是中国重要的粳稻、优质大豆、优质花生、特色杂粮等有机食品和绿色食品的优势生产区。辽宁省也是著名的果品之乡，辽宁水果总体生产规模居北方落叶果树栽培区的第 5 位，是全国苹果优势生产区域之一。辽宁省的蔬菜种植力量也很雄厚，全省有 22 个县（市、区）纳入全国黄淮海与环渤海设施蔬菜优势带基地县与核心县，7 个县纳入沿海出口优势带基地县与核心基地县。从其他与地质资源相关的产业来看，辽宁也具有很多十分突出的优势。它已成为全国球根花卉种球繁育基地和鲜切花生产基地。辽宁省生产的滑子菇、香菇、金针菇、白灵菇、双孢菇等食用菌在全国销路较好，五味子、辽细辛、龙胆草等中药材种植面积和产量也位居全国前列①。作为工业大省，农业更加成为辽宁的基础性产业以及对工业等其他产业的重要支柱。与全国其他几个农业内陆省份比较，第一产业在辽宁具有与众不同的资源优势和发展潜力。因为，辽宁省不仅具有丰富的地产资源，而且也拥有其他农业大省所缺乏的海洋产业。"2008年全省海洋渔业总产值310亿美元，已位居全国第5位。全省海水增养殖面积46万公顷，养殖产量264万吨。虾夷扇贝、刺参、裙带菜、海蜇养殖面积全国最大，鲍鱼、海胆等品种养殖居全国前列。海水产品加工企业840家，出口创汇16亿美元，占全省农业出口创汇的48%。"②

新中国成立60年来，辽宁省农业生产力水平已经发生了巨大的提高。根据相关资料，"截至2008年全省农林牧渔业总产值达到2477亿元，是新中国成立初期的150倍；2008年全省主要粮食、蔬菜、水果、水产品产量分别是2167.1万吨、2438.3万吨、591.6万吨和494.9万吨，分别是新中国成立初期的5倍、40倍、49倍和72倍，畜产品产量是726.1万吨，是改革开放之初的12倍；1990—2008年，辽宁的农民人均纯收入水平在全国一直居于前10名，截至2008年辽宁省农民人均收入达到5576元，是改革开放之初的30倍；农村固定资产投资在2008年达到1137.1亿元，是20世纪80年代初的223倍；农产品出口额由1979年的3.9亿美元上升至2008年的33.5亿美元，增长了759%；畜牧业由传统家庭副业上升为支柱产业，2008年畜牧业产值为1052.4亿元，是新中国成立初期的1000多倍；2008年全省肉类、蛋和奶产量分别为376万吨、230万吨和120.1万吨，分别比改革开放之初增长了7.4倍、19.2倍和17.5倍；2008年饲料产量达到870万吨，在全国饲料行业排名跃居到第4位；畜产品加工业也不断做大做强，有86家企业是省级农业产业化重点龙头企业，其中13家为国家级农业产业化重点龙头企业，固定资产投资额达到5000万元以上的畜产品加工龙头企业52家。辽宁省的农产品加工业成绩亦毫不逊色，截至2008年，全省农产品加工业实现增加值1158.02亿元，占全省GDP的8.6%，占规模以上工业增加值的17.5%，规模以上农业产业化重点龙头企业销售收入达到1921亿元，省级以上农业产业化重点龙头企业发展到269户，龙头企业带动农民达到360万户，农民人均从产业化链条内获得收入达到1630元。"③

---

① 关于辽宁省主产农业、花卉业、果业等产业情况引自新华网《辽宁农业60年成就斐然，农业农村经济实现质越》（2009年9月11日，http://www.ln.xinhuanet.com/ztjn/2009-09/11/content_17668169.htm）。

② 关于辽宁省海洋产业的统计数据及其翔实资料引自新华网《辽宁农业60年成就斐然，农业农村经济实现质越》（2009年9月11日，http://www.ln.xinhuanet.com/ztjn/2009-09/11/content_17668169.htm）。

③ 有关辽宁省农业60年成就的相关报道和数据资料引自新华网《辽宁农业60年成就斐然，农业农村经济实现质越》（2009年9月11日，http://www.ln.xinhuanet.com/ztjn/2009-09/11/content_17668169.htm）。

尽管新中国成立以来60年间，辽宁省的第一产业发展取得了瞩目的成绩，但是，当前，面临经济全球化和经济关联性越来越强的世界经济形势之下，第一产业的经济效益、社会效益、世界效益已经是各个国家所不容忽视的，产业发展模式必须要走持续性发展道路。辽宁省当前也面对一些发展性难题，比如第一产业内部结构的升级和调整问题，包括第一产业内部重点发展产业和多产业均衡发展的平衡难题，农业劳动力的流动问题，既包括农业剩余劳动力的转移，也包括经济危机导致的农民工返乡问题，农业实现现代化、产业化、集约化、规模化发展问题，农村土地产权改革问题，农民增收困难问题、自然气候恶劣及其自然灾害对第一产业生产和效益实现的补偿问题，林业产权改革问题，农、林、牧、渔产品的流通难题，农村水利、机耕等农业基础设施和经济投资不足问题，农、牧、畜、渔产品的质量安全难题，农村居民生活保障、社会保障、医疗保障力度不足，农业教育投入欠缺，县域经济的扩权改革问题，第一产业与第二、三产业联合发展问题，等等。这一系列的农业性时代难题，也必然把辽宁省地方政府致力于其第一产业发展的主要经济职能和任务推上了更重要的位置，此时，地方政府投资对于第一产业发展的调整和导向作用越来越不容小觑。地方政府投资是有限的，如何运用有效的投资资源去缓解或解决上述时代难题的实证研究是十分重要的。

四 当前辽宁省地方政府投资与产业增长耦合的政策建议

（一）构建辽宁省地方政府投资与产业增长匹配的联动机制

1. 建设辽宁省中长期地方政府投资与产业投资规模的预警机制

"预警"即"预先告警"。在以市场经济为主体的混合经济中，产业投资规模预警机制的建设主要是依托两个领航者。首先，针对国家、政府重大产业投资项目，政府是主要的领航者。政府需要建立重点产业项目投资建设的长效管理体系，尤其要凭借网络资源建立项目的动态监测与预警信息系统。该系统包含对产业项目建设周期、年度投资规模、在建投资规模、统计汇总、宏观分析等内容的动态监测、动态稽查和动态预警。其次，在市场经济的完善阶段中，投资决策日趋分散化、市场化，投资管理日益宏观化，政府的微观管理行为需要进一步释放。由此，区域行业组织、中介组织就是产业投资规模预警建设的另一个领航者，它要承担政府和企业所不能担负的职能，建立真实、动态的行业投资总量信息的采集、统计、发布的机制和渠道，给现有企业和准备进入某产业的企业以警示，以区域内部产业总体情况和各种基础数据为平台，实现对市场价格、上下游行业、在建项目规模、拟建项目规模等内容的跟踪，通过预警系统反馈，及时了解市场的产业变化趋势，建立快速反应机制，为行业企业的生产、经营、投资、定价等策略提供帮助，弱化信息不对称。这样，客观上可以促进区域产业适度投资规模的形成，保证区域产业的持续增长。

2. 建立辽宁省地方政府产业投资规模和产业投资结构的联动调控机制

产业投资规模是投资提升产业增长的"量"，产业投资结构是投资促进产业发展、经济结构优化的"质"。各产业部门间存在着产品生命周期、商业生命周期、建设周期、技术水平的差异，因此产业部门间的利润率和生产能力边际增量存在着差别，各产业部门占国民经济的比例呈现非均衡状态，各自所需的投资量和投资周期均不同。所以，辽宁省地方政府产业投资规模要视产业投资结构的短线或长线调整时机而有所侧重。扩张或压缩区域产业投资规模时，必须要考虑当时的区域产业投资结构状况，既要保证"瓶颈产业"、"主导产业"和"支柱产业"的投资规模需求，又要顾及产业投资结构的合理化和高度化的路径，同时，也要斟酌"区域"的产业区情和地方经济发展的情况，防止盲目调整投资规模而引发的投资结构的逆合理化和经济结构的紊乱。在当前市场经济中，产业投资规模和产业投资结构都是宏观调控的对象，所以宏观调控层面必须要考虑把区域的规模和结构的调整结合起来，防止顾此失彼。

3. 完善我省财政政策调控产业投资规模的手段和能力

财政政策是为实现社会的期望值而对市场失灵和缺陷的弥补，其"政府投资"政策工具最终形成外部效应很大、产业关联度很高、具有示范和诱导作用的基础性产业、公共设施建设、主导产业群等固定资产投资。周晓乐（2004）认为："通过财政政策调整政府投资规模可以有效影响固定资产投资规模，财政政策在长期内的效力更加明显。"政府投资的作用机理是复杂的。首先，政府投资产生需求效应，包括引致效应和挤出效应，根据把对外贸易和资本流动引入希克斯—汉森 IS—LM 模型和芒德尔—弗莱明模型，边际消费倾向、边际税率、投资的利率敏感度、货币需求的收入弹性、利率弹性、边际进口倾向、净出口对实际汇率的敏感度、实际汇率对利率的敏感度都将影响政府投资的需求效应。此外，放松模型预设条件后，资本存量调整速度、预期利润、税收政策等变量也是政府投资需求效应的决定因素，所以最终都影响引致的投资总需求和挤出的私人投资规模。其次，区域财政手段需要把握投资规模的阶段性和数量性调控，在政策调整过程中，应当建立长期目标指标、中期中介指标、短期操作指标，以利于及时预测和调整。

4. 强化我省地方政府投资产业项目的市场化衡量

一般来说，投资大项目、重点项目在一定程度上是地方政府政绩观偏好的产物，真实地反映了产业实际发展的市场效用机制缺失。地方政府亟待转变投资项目的"审批制"与"包办制"，向"备案制"与"核准制"职能路径迁移。为了提高投资效率，尊重市场配置资源的能力，政府不应当替代企业的理性自主行为——核准投资项目的效益是企业的自主决策、自担风险的能力。产业投资项目的市场化衡量和政府宏观调控的有机结合不可或缺。在"备案制"中，减弱政府的限制和控制的欲望，加强政府与企业间的双向联动和互动机制，提高企业的自愿性。在"核准制"中，政府应当科学判断和界定企业投资项目的类型和投资主体的性质，根据不同情况开展核准制管理，既不越权也不放权。另外，还要注意准确界定政府的投资范围。按照建立公共服务型政府的要求，逐步将政府投资重点由经济建设领域转移到社会发展领域，从经营性投资领域转向非经营性、公益性的公共投资领域。政府投资应主要用于政权建设、科技、教育、医疗、文化、社会福利和生态环境保护领域的投资项目，切实满足社会不断增长的对政府提供充分、优质、高效公共服务的迫切需求。

（二）继续完善产业投资环境的各种建设

1. 加大地方政府投入物流、交通等产业投资硬环境的建设

辽宁省地方政府应当加大对包括水力、电力、道路、交通等在内的具有极强外部性公共产品的投资力度，这将在产业投资环境的建设中，起到一种产业投入的生产力的"倍增器"作用，它不仅激发其他投资主体投资各项产业的热情，也同时将有助于产业投资其他软环境的提高。

2. 加强重点产业、支柱产业规划和扶持政策建设，提高产业投资环境的长效制度激励

产业投资是一种交易行为，要降低交易成本，不合理的制度限制就亟待消除；要激励投资者，就必须设计合理的制度激励机制。

（1）关于投资产权的制度激励。具体表现在对投资产权的独立性、投资收益权、投资所有权、转让权等的有效保护。如果投资产权界限不清晰、多重归属、产权非独立和非保护都将引致资源利用的非效率。投资产权是投资交易中责、权、利的基础，也是当前我国产权制度的重要组成部分。从政府职能角度看，必须摒弃原有的产权干预行为，集中精力投向于产权的界定职能，包括不同主体的产权转让，保证产权主体自主决策、自由交易、自负盈亏、自担风险的市场化运作，同时应当进一步成立产权中介机构的自律性协会，建立行为规范和约束机制，推进东北产权市场的规范发展。

（2）关于多样化的投资经济类型的制度激励。首先，破除市场壁垒和市场准入的限制。在产业投资系统中，民间投资与国有投资、非公有制经济与公有制经济，都是不可或缺的。东北有必要改变国有投资集中的历史沿承，减少对外资、非国有投资进入产业的限制，充分调动多种投资经济类型的灵活性，提升产业绩效。其次，优惠政策的趋弱。在某一经济发展阶段，政府往往为了实现某个目标而对某种经济类型采取鼓励政策，这就必然导致经济类型的等级制度，例如引入外资的优惠政策，客观上干预了内资的市场选择。

伴随边际投入递减规律的作用，外资的产业效率贡献逐渐弱化，趋利的外资将逐渐流出，而被给予了"低等级"的内资投入的积极性又不强，这样，优惠政策反而致使均衡效率下移。可见，政府的优惠与保护很可能是导致长期产业投资非效率得以存在的一个原因。

3. 扩大公共事业投入的覆盖面，以此拉动产业投资环境的完善度

教育、医疗、卫生等公共项目是一个社会的经济可持续发展的重要社会性支撑。以辽宁省农村经济为例，其教育、卫生条件比较落后，固定资产投资投向教育、卫生等公共事业比较小，为了改善这种现状，政府应当相应地推动社会公众资源向农村倾斜、公共设施向农村延伸、公共服务向农村覆盖、城市文明向农村辐射，力求在制度层面上起到有效的约束作用，促进各投资主体加大对农村教育、卫生、文化设施建设的投入的力度。特别要加大建设标准化的乡镇卫生服务中心和农村社区卫生服务站，购置先进医疗卫生设备，推进新型农村合作医疗步伐，实施农村饮水安全工程，加大改水改厕力度，加快形成有利于农村公共事业发展的新机制，提高农村生活质量和社会保障水平，缩小城乡发展差距，为广大农村居民参与经济发展过程，分享经济发展成果创造条件。更为主要的是可以改善固定资产投资的投向的问题，加大对农村教育、卫生等领域的固定资产投资。目前，辽宁省于2009年5月5日在辽宁省政府网站公布了《辽宁省深化户籍管理制度改革若干规定》，其中明确指出，全省取消农业户口、非农业户口性质的划分，统一登记为"居民户口"，这次"一元制"的户籍登记管理制度创新将提升我省的产业投资的动力。

4. 完善我省的金融动力体系

"金融"是资金短缺者和资金盈余者的沟通桥梁，凭借其蓄积分散资金的聚敛功能、调配资金的配置功能、调控宏观经济的调节功能、经济形势的反映功能，成为现代经济的核心机制，也是产业投资环境建设中的重要环节。

（1）构建我省统一的信用评估和维护平台。充分联合政府、企业、银行、中介组织，使政府、企业与个人的社会信用信息公开、公正、透明，奖惩机制明显。

（2）多种模式减少和化解东北沉淀资本。政策性融资与国有企业经营不善是东北地区包括辽宁的银行持续高比例不良贷款产生的主要原因（中国人民银行沈阳分行课题组，2005）。高度集中的政策干预锁定了单一的贷款企业，从而导致高度集中的沉淀贷款。当前，各国有商业银行总行已经把东北视为高风险地带，在信贷政策上采取"增存限贷"（中国人民银行沈阳分行课题组，2005）。如此的恶性循环使得东北包括辽宁省众多企业尤其是民营企业、中小企业的间接融资渠道断裂。因此，必须创新沉淀资本的化解模式，按实际情况采取财务重组、政企合作等模式，同时要提高政府在贷款拖欠投诉案件中的司法效率。

（3）提升资本市场的契约性、监管性和创新性。债券市场、股票市场、

投资基金市场极大地影响着政府、企业、个人的投资需求。由于资本市场交易是建立在合约基础之上的交易形式，所以必须保证其政策的连续性、信息披露阳光化、低廉的交易成本和内控强化机制，防止人为化操作。不断开发和创新促进产业发展、具有避险功能的多种衍生金融工具，诸如农产品期货投资。大力发展机构投资者作为资本市场的主要角色，尤其是 QFII 的引入，将达到降低中小投资者风险和稳定股市的双重功能。鼓励资本市场的新形态——投资基金的成长，尤其是产业投资基金的发展，包括创业投资基金、企业重组投资基金和基础设施投资基金三种类型。辽宁省应以新技术产业、高增长产业、经济支柱产业作为产业投资基金的投资对象，建立投资与回收的有效链接，形成稳定的产业投资资金来源。

（三）以辽宁省地方政府投资带动产业聚群区域效应

产业聚群区域是可以跨行政界线的经济地域中某些产业的联系和集中，是提高产业竞争力的一般化模式。在投资过程中，资源的市场规模效应更不容忽视。产业投资一般密集于已经形成规模优势和体现市场潜力的整合要素产业地带，因此应当在我省依托地方政府投资的导向作用，而形成产业聚群区带，有机整合集聚成群的专业化劳动力、专业化的外溢信息、专业化的辅助产业发展的公共产品和服务、专业化的中间产品市场等强化的产业配套能力，促进成本节约和效益潜力的发挥。具体统筹如下几个方面：一是具有辽宁现代农业、现代装备制造业、现代农产品加工业、现代医药制造业、海洋产业等主导产业区域品牌。二是借助本土优势，整合全省的生产者、销售者、消费者、研究者、服务者，形成交叉有致的交易、交流的平台和完善的产业链接网络。三是除了本省的互动和交流，还要走向省外，进行产业的渗透和联结，实现从"优势产品的流出"转向"优势产业的流出"，提升产业外向度。四是促进各种要素依赖专业化路径。专业化在空间集聚能够有效促进产业的增长（M. 波特，1990）。专业化产生持续累积效应和学习效应，使域内企业不断创新和新生，使域外企业不断被引进和吸纳。五是构建我省地方特色的企业集群。企业集群是强调内生力量的区域经济发展模式（孟韬，2004），体现在围绕主导产品而延伸的产业链条上不同位置的大、中、小型企业的协作与交融，是产业集聚区带的培植动力和滋生环境。

另外，辽宁省要抓住国家重点开发环渤海地区的战略发展机遇，加快辽宁省沿海经济带的建设。要集中各种资源重点开发建设大连长兴岛、营口沿海产业基地、辽西锦州湾、丹东临港产业基地和庄河花园口工业园，通过"五点一线"大开发，来形成沿海与内地互动的经济联动性格局。同时，按照辽宁省"十一五"发展规划，要大力发展以石化、钢铁、大型装备和造船为重点的临港工业，大力发展加工贸易，大力发展物流、金融、信息等现代服务业，从而形成产业特征明显和竞争力强的临港产业集聚区。

在发挥辽宁省地方政府投资的产业聚群效应时，应当做到以下几个方面：第一，把政府有限投资投入到产业链条较长、产业辐射效应和产业滚动效应较强的产业。要改变以往仅注重产业层次升级和技术升级的传统思路，应在财政上积极支持产业链条较长的产业升级，进而激励我国制造业、重工业等产业从控制低端产业链条向中上游各环节升级，在产品链、供应链、销售链、物流链、信息链、研究开发链、需求链上形成产业积聚，从而形成产业的辐射需求效应。产业链中某一产业的供给需求变化，都将通过产业间的关联关系而对其他产业发生波及作用。因此，选择前向关联或前、后向关联都很密切、对其他产业依赖程度很高的产业，其波及效果、辐射效应都会很强，对国民经济增长的拉动效果也会很大。第二，把辽宁省政府有限投资投入到消费需求滚动性强的产业。完成能源、交通、水利、通信、农业、环保、医疗保健等基础产业的投资重担，既强化了地区间的多元化经济联系和合作，更能形成滚动的原料采购、物流运输、订单处理、批发零售等多元消费需求。第三，辽宁省地方政府投资要关注日益演进的民生需求新变化及其发展的可持续性。根据著名的"马斯洛需求层次理论"，随着技术的进步和生产的发展，人类需求会逐渐从较低层次的生存需要、安全需要向更高层次的社会享受、社会尊重转变。

（四）加速辽宁省与其他东北省份区域创新和科技创新的步伐

一个区域只有在产业链上具备持续创新的能力，才有机会掌控经济利益博弈的主导权。区域创新体系是国家创新体系的子系统，是地理位置相邻、产业层次相近的区域整合共有的创新要素而形成的网络系统。辽宁省已经和东北其他省份启动了创新体系的联合机制雏形。2004年年初联合签署旨在建立三省科技联合与创新的协调机制的协议书。但是，辽宁省及其东北区域创新体系的发展仍然任重道远，企业创新能力不足、经济发展不平衡、优势产业的核心自主创新技术缺失、产业结构雷同等瓶颈亟待"区域创新体系"的消除，而符合本省实际情况的创新模式和发展模式又亟待寻觅和建立。

（1）破除区域科技资源分离、分割、分散的瓶颈。东北省份之间有着地域的联结和文化、意识、产业的相似度，所以应当破除省界隔阂，有效地加强沟通协作机制，形成"科技资源共享、科技联合攻关"的联动网络，促进企业、大学、研究机构、中介机构之间的合作关系，建立共同学习与研究的机制，使知识与技术的传播和扩散提速。

（2）实现大连、沈阳、长春、哈尔滨等中心城市的带动辐射机制与作用，逐步形成"点、线、面"相结合的区域创新网络。首先应在中心城市建立研究开发中心和技术创新基地，作为技术创新的源头，逐渐形成示范作用和学习氛围，以推动东北整体的创新力量。

（3）逐步推进企业核心技术的自主创新和自主制造，形成自己的名牌产品和独立制造能力。自主创新与制造不是一蹴而就的，需要沿着技术的学习与集成、渐进的自主技术创新与制造和突破性自主技术创新与制造等路径顺次推进。

（4）坚持把区域创新的主战场放在优势产业和产业集群上，培育东北的农业科技创新、医药科技创新、装备制造自主创新等特色产业集群。区域创新体系是在国家创新体系内结合区域经济发展模式与速度而构建的，决不能创建成国家创新体系的简单缩影，必须融入区域的产业特色与优势。同时，产业集群已经是公认的区域创新的有效载体，它凭借集群效应和示范效应引领和带动知识集群与技术集群，促进多学科的交叉与互补以及知识的传播与扩散，从而推动创新集群的产生和发展。因此，区域特色与产业集群的结合将是东北区域创新的主导方向。

（5）地方政府是区域创新的管理者和服务者。东北三省的地方政府职能定位必须准确妥当，地方政府应当建立包括技术创新基础设施、知识流动能力、企业技术创新能力、创新的经济绩效等多层次的区域创新能力评估体系，管理和协调各类创新资源，制定维护创新权利和成果的法律制度，最大限度地释放企业、市场、社会的内在创新潜能，弥补市场失灵，不干扰市场配置资源的正常机制，提高东北区域对信息、知识、技术、人才、资金、设备等创新资源的聚集能力。

参考文献

1. Boex, L. F. Jameson, Jorge Martinez – Vazquez&Robert M. 2000, McNac. Multi – year Budgeting: A Review of International Practices and Lessons for Developing and Transitional Economies. *Public Budgeting and Finance*, 20（2）.
2. Giavazzi F. , Japelli T. , Pagano M. 2000, Searching for Non – linear Effects of Fiscal Policy: Evidence from Industrial and Developing Countries. NBER Working Paper, No. 7460.
3. Porter, M. 1990, *The Competitive Advantage of Nations*, Free Press.
4. Etsuro Shioji . 2001, Public Capital and Economic Growth: A Convergence Approach. *Journal of Economic Growth*, Vol. 6.
5. Rosemary, Rpssiter. 2002, Structural Cointegration Analysis of Public Expenditure. *International Journal of Business and Economics*.
6. 郭庆旺、贾俊雪：《政府公共资本投资的长期经济增长效应》，《经济研究》2006年第7期。
7. 张建辉：《转型期地方政府投资行为与经济增长》，《经济体制改革》2008年第1期。
8. 孟韬：《企业集群战略：东北老工业基地振兴的新探索》，《城市经济、区域经济》2004年第8期。
9. 中国人民银行沈阳分行课题组：《改善东北老工业基地金融生态环境若干问题研究》，《中国人民银行沈阳分行金融研究报告》2005年第1期。
10. 周晓乐：《运用财政政策与货币政策调控固定资产投资规模的有效性分析》，《统计与决策》2004年第7期。

中国反垄断法纵向实施机制研究[*]

张　嫚　高小磊

内容提要　《中华人民共和国反垄断法》迄今已实施两年时间，作为竞争政策核心内容的反垄断法在规范市场竞争秩序、保护消费者利益方面的职责在逐步落实。但作为"经济宪法"，反垄断法的落实还有待于完善的横向与纵向实施机制的设计。目前，反垄断法及其配套规章对横向机制的制度规定相对明确，但关于纵向实施机制的制度规定还很不清晰，由于中央一级执法机构的资源相对有限，反垄断法的实施急需建立与理顺中央与地方在法律实施间的纵向分工与合作关系，以确保反垄断法的真正落实。本文对反垄断法纵向实施的含义、效率内涵进行探讨，以期为完善中国反垄断法的纵向实施机制提供理论支持。

关键词　反垄断法　纵向实施　执法效率　执法机构

一、引言

随着《中华人民共和国反垄断法》的正式出台，被西方国家称为"经济宪法"的反垄断法逐渐成为规范我国市场竞争秩序的有力武器，而其功能的有效发挥离不开一个高效运行的实施机制。目前，关于反垄断法实施机制的许多研究都是围绕如何在中央政府层面上构建有效的反垄断法实施机构和机制问题，而对于地方机构在反垄断法实施中所应起的作用及纵向实施机制的战略设计问题所受到关注相对较少。伴随我国市场经济的不断发展，涉及市场垄断的行为将会越来越多，以维护竞争自由为目标的反垄断执法机构在规范市场秩序时必然会遇到越来越多的困难与不便，为了能够实现高效执法，中央政府必然会寻求地方执法机构的协助，在反垄断执法环节上授予地方执法机构一定的权力也势在必行，但目前我国的反垄断纵向执法却遇到重重阻

---

[*] 基金项目：辽宁省教育厅人文社会科学研究创新团队项目（2007T045），教育部人文社会科学重点研究基地重大项目（2007JJD630002）。

作者简介：张嫚，博士、教授，东北财经大学产业组织与企业组织研究中心，东北财经大学经济学院；高小磊，东北财经大学产业经济学专业硕士研究生。

隔。因此，研究我国反垄断法的纵向实施机制具有重大的现实意义。

根据国际惯例，《反垄断法》的实施过程中，地方政府在中央政府的反垄断法律框架下有各自独立制定本级政府反垄断法实施办法、实施细则的权力。这种地方性立法在实践中可能会产生的问题是：由于各地方政府制定的实施办法可能在管辖范围、执法力度、法律豁免等方面有所差异。这时，某一地方政府的反垄断执法行为可能会对其他地方政府产生正向的溢出效应，在竞相攀比的情况下，反垄断执法标准可能会处于最为宽松的一种均衡状态。但这时，又由于具有占优地位的企业可能在本区域内滥用优势地位而导致市场竞争被削弱、消费者福利受损失。

地方反垄断执法的溢出效应与如何避免企业优势地位滥用之间的权衡是反垄断执法可能面临的两难困境。基于这种两难困境的存在，本文将基于地方实践来考察反垄断执法的溢出效应形成机制与影响因素，并对存在溢出效应情况下，地方政府反垄断实施细则的制定及执法力度的策略性选择问题进行深入分析，为实现地方经济竞争力与良好市场竞争秩序有机融合的局面提供理论与政策依据。

基于我国在反垄断纵向授权上面临的以下三个主要的问题，即反垄断执法人力资源匮乏及执法者执法能力欠缺、地方执法机构权责尚未明晰、中央与地方反垄断执法的分工与合作关系未明确。为了能全面地分析我国当前的反垄断纵向实施机制的执法效率，本文从反垄断三个核心实体领域的特点出发，即经营者集中、垄断协议、滥用市场支配地位，通过对比中央统一执法反垄断与中央授权地方执法，以及比较中央授权地方执法模式下执法环节授权与个案授权，对中央授权地方执法反垄断的效率进行了研究。在结合我国国情、经济发展阶段及政体的基础上得出从总体上讲，我国采用中央授权地方的执法模式更有执法效率。随后本文对中央授权地方执法模式下三部委的授权方式进行了对比，得出商务部应当采用执法环节授权的模式；国家工商总局和国家发改委宜采用个案授权的执法模式，但在目前这种授权模式下，地方执法机构在案件调查、案件处理的环节存在一定的执法效率偏低。最后，在结合国外发达国家相对成熟的反垄断纵向实施机制设置经验的基础上，本文提出了改善目前我国纵向授权体系的三条建议，即应当采取普遍授权的地方执法模式，明确地方执法机构的法律地位；改革现有的执法机构设置，建立具有高度独立性的地方机构；确立可行的监督管理机制，加强中央与地方在反垄断执法中的协调与合作。

二 反垄断法的纵向实施机制

世界各国在反垄断的纵向执法设置上各有不同，从整体而言，有的国家是单一的反垄断执法机构，有的则实行双轨执法制度；有的与竞争执法机构合二为一，有的国家则是各司其职；有的国家以司法机构为核心行使反垄断权，有的则采取以行政机构执法为主。但在设立的级次上，大体都分为中央和地方两级，如美国、德国的联邦和州反垄断两级体制，总体而言，世界大多数国家主要采用中央授权地方执法的反垄断执法模式，实行中央统一执法模式的国家相对较少。

（一）反垄断的纵向执法模式

根据反垄断执法机关的纵向机构设置、执法机构间的纵向关系及执法的程序，我们将反垄断的纵向执法模式分为两类：一类是中央统一执法模式；另一类是中央授权地方执法模式。根据具体的中央授权地方执法的方式不同，本文将其分为具体环节授权与个案授权两种主要的授权形式。

1. 中央统一执法

所谓中央统一执法，是指在反垄断的实施过程中，仅由单一的中央反垄断执法部门执法，不涉及权利的下放，即不存在地方执法的情况，但中央执法部门可以在全国设立地区级的处事机构，负责日常事务的处理。中央统一执法的模式带有很强的统一性和一致性。

中央统一执法反垄断有其自身的优越性，具体表现为以下几个方面：

首先，中央统一执法的反垄断执法模式有利于提高执法效率。对于一些案件由中央统一执法比分散执法权力更有利于案件的处理，由于中央执法机构是执行反垄断法的主要机构，其在全国范围内享有很高的威信，其无论从执法人员组成、机构设置还是执法能力上都远远优于地方部门，由中央统一受理、调查和处决垄断案件，有利于中央执法机构内部执法效率的提高。而且中央统一执法的模式可以在一定程度上减少授权地方执法时所造成的授权成本、地方部门搜寻信息的成本等。

其次，中央统一执法的模式使得反垄断执法更加具有独立性和权威性。在此模式下，中央执法机构掌管着反垄断法各项条款的执行，在执行过程中独立享有行政、司法的权利。中央执法部门统一对经济活动进行一般的行政管理，包括根据反垄断法和附属法规的认可事务、申报的受理以及基于其他经济法规的部门在执法时与中央部门协调而发生的同意、协议、处分的请求、报告通知的受理等。同时，中央执法部门也独立享有对违法行为的调查权。此外，中央执法部门享有对违反反垄断法行为和状态的审判裁决权，并有权采取相关措施中止违法行为、责令赔偿并使其消除影响，这使得反垄断执法具有很强的权威性。

当然，中央统一执法的模式也有一定的局限性，在经济高速发展的时代，涉及垄断行为的案件不断增多，由中央单一机构处理所有大大小小的案件势必会给中央部门带来很大的压力，其执法效率也难以得到保障。

2. 中央授权地方执法

中央授权地方执法是指中央反垄断执法部门将发生在某一行政区域或主要发生在该区域的反垄断案件的执法权力交由该区域的执法部门执法，采取中央到地方的层级实施机制，地方执法部门享有对案件的受理、调查等权利。欧洲等许多国家均采用这种执法模式。中央授权地方执法其主要特点是执法形式的多样性，根据案件影响范围或案件涉及领域的不同，不同的执法机构享有相应的受理调查及处罚权，这种分散执法及执法的多样性使反垄断执法得以有序进行。

中央授权地方执法的模式可以有效地缓解中央执法机构的工作压力，便于利用地方机构的人力与物力，有利于提高执法效率。

首先，授权地方执法反垄断可以解决中央部门因人力资源紧缺所带来的效率低下问题，有助于缓解中央执法机构的工作压力。在此模式下，根据垄断行为所造成的影响范围和程度，或根据案件涉及的领域，将反垄断的执法权交由地方或中央受理、调查、处决，这种分工执法的模式体现了一定的效率，相比单一由中央统一执法的模式，在垄断行为发生频繁的地区和领域，这种执法模式更有利于提高执法反垄断的效率。

其次，经授权的地方部门在执法时，因其自身的资源优势有能力有效执行反垄断法。由于地方部门更了解本地企业的相关信息且拥有一定的执法经验，因此在反垄断执法时，地方部门能够充分利用自身的优势，对于地方型企业涉及的垄断行为，由地方部门执法可以减少一定的搜寻信息的成本，相比，由中央执法成本则过高，执法效率也明显低于授权地方执法的模式。

但是，目前地方执法机构在对反垄断法的解读上会出现偏差，因此中央与地方执法的一致性有待提高。另外，地方机构在组织设置上的不同也会对反垄断的执法带来不同的效果。

（二）反垄断纵向授权执法的形式

1. 个案授权

个案授权是指中央反垄断执法机构依据垄断案件本身的特点、性质等将反垄断的执法权力完全授予地方执法部门，由地方负责全权处理垄断案件，地方执法部门享有对案件的受理、调查和处决的权力，在这种授权体系下，中央与地方之间建立了一种类似企业股东与经理的委托—代理关系。个案授权根据授权的普遍程度也可以划分为一次性授权和普遍授权两种模式。

例如，国家工商总局在实行反垄断法时即可采用个案授权。依据我国《关于禁止垄断协议行为的有关规定》和《关于禁止滥用市场支配地位行为的有关规定》的有关规定：国家工商总局"可以授权有关省级工商部门对某一垄断行为立案调查，或者委托有关省级、副省级市或计划单列市的工商部门进行案件调查工作"。

2. 具体环节授权

本文所定义的具体环节授权是指在中央授权地方执法反垄断时，中央根据需要依法授予地方执法部门反垄断执法某一具体环节的执法工作，以协助中央部门的执法。这一环节包括案件受理、案件调查与案件处罚三个环节中的一个或两个，而不包括全部。经授权的地方部门根据有关法律法规依法履行职责，行使反垄断的执法权力。具体环节授权体现了很强的不固定性，即随反垄断领域的不同，所授权的具体环节也会有所不同。

例如，对于经营者集中行为的反垄断执法，中央执法机构可根据需要授权地方执法机构一定的调查权，由地方机构负责依法调查参与集中的经营者其相关市场的市场份额、市场集中度、集中对市场竞争结构的影响等方面的问题，并将调查结果上报中央部门，由中央部门根据调查结果对集中行为进行决定。

经营者集中、垄断协议和滥用市场支配地位这三个反垄断核心的实体领域因其各自的特征不同，因此在反垄断执法上也需要差别对待，应当根据其相应的特征采取不同的执法方式。但是，总体上看，无论对这些领域采取哪种具体的执法方式，反垄断执法效率的提高都依赖于中央与地方执法机构的有效配合，依赖于有效的纵向授权，以促进有效执法。

对经营者集中行为的反垄断审查是反垄断法预防垄断宗旨的体现，也是反垄断审查中较为复杂、综合的构成部分。对经营者集中的反垄断审查通常包括申报前商谈（书面非必需）、申报、初步审查（立案）、进一步审查与做出审查决定（结案）等阶段。在初步审查与进一步审查过程中需要对经营者集中行为进行实质性分析（或称为经济分析），这是经营者集中反垄断审查的核心内容，在进行实质分析过程上，通常需要经历如下程式化的过程，即：界定市场、认定介入相关市场的企业及其市场份额、认定合并产生的潜在的不利后果、市场进入难易程度的分析以及可能产生的效率的认定（效率辩护）。而这一系列过程的完成是需要投入大量资源的，在中央执法资源比较有限的情况下，就需要通过一定的纵向机制设计来保证这一过程的有效完成，在市场基础调研、需求状况分析、同行业竞争者、上下游企业、消费者和社会舆论反响的强烈程度等，常常需要地方执法部门的协助调查，因此，为经营者集中反垄断审查的有效进行，需要授予地方部门一定的权力以提高执法效率。

垄断协议主要涉及一些排除、限制竞争的协议、决定或者其他的协同行为。例如排他性协议。以独家交易为例，这种协议规定销售商在一段时间内仅仅从供应商那里购买产品或服务，或禁止销售商从供应商的竞争者那里购买这种产品或服务。对于垄断协议，各国的反垄断法一般采取本身违法原则，但随着经济与竞争状况的变化，反垄断监管机构对部分传统上以本身违法原则来审理的垄断协议也采取合理推动原则进行审理。但无论采取何种原则，垄断协议的发现、调查取证与后期的实质分析都需要投入较多资源来得以完成。历史上诸如国际赖氨酸卡特尔、钻石卡特尔等一些跨国的垄断协议的有效惩处都是在巨大的资源投入前提下得以完成的,在过程中各个国家中央与地方反垄断执法机构的有效配合也是必要的条件。行政执法机构和法院往往根据一定的标准来判定垄断协议是否违法,但大致都要考察在存在这种协议的情况下其竞争的充分性(竞争的实质影响)、协议履行的时间、当事人在市场上的经济力量,考虑这些因素的前提也是要对相关市场做出界定,对于这些因素的考证,中央执法机构难以在短时间内独自完成,而授权地方执法调查可以降低中央搜寻信息的成本,有利于提高执法的效率。

滥用市场支配地位涵盖的内容较广,依据欧洲和欧盟竞争法的理论,滥用行为被分为剥削性滥用行为和排斥性滥用行为。前者包括独占价格、歧视、搭售或者强加无偿条件(imposition of onerous conditions)。后者包括支配企业的垂直或水平合并、拒绝供应、忠实折扣(fidelity rebates)以及独家的或者有选择的销售制度。在考察企业是否存在以上的市场行为时,认定其是否存在市场支配地位是十分关键的环节,这往往要考虑经营者的相关市场份额、竞争状况,经营者控制销售市场或者原材料采购市场的能力,经营者的财力和技术条件以及其他经营者对该经营者在交易上的依赖程度,等等。对于这些因素的认定离不开地方执法部门的支持,由于地方部门其本身的资源优势,因而授予地方执法部门一定的受理、调查甚至处决的权力,有利于充分利用地方资源,具有一定的合理性。

3. 反垄断纵向授权的环节

根据垄断行为领域的不同,所采取的授权方式也会有所不同,但大体的授权都包括了受理环节授权、调查环节授权、处罚环节授权这三个主要方面。

(1)受理环节授权。受理环节即所谓的立案环节,对一个涉嫌垄断或限制竞争的案件发动程序时,首先应当对其进行立案。立案的方式有两种:一种是由中央执法机构自行调查进行立案;另一种是根据他人的申请进行立案。

基于中央执法机构自行调查的立案,由中央执法机构对反垄断案件进行初步的调查程序,如果经中央执法机构调查认定,涉案企业确实存在违法行为,就应当立案审理。其中,中央执法机构对案件有着较为充分的自由裁量权,即对于那些有重大影响的案件,中央执法机构有必要进行调查,而对于一些影响范围较小或者微不足道的垄断行为,中央可以不立案,在这种情况下,中央执法机构也可以授权地方机构进行处理,由地方机构进行调查取证以确定案件是否值得立案审理。这样,一方面减少了中央执法机构的工作压力,另一方面也避免了在立案问题上的争议。

依据他人申请进行的立案在西方国家比较常见,投诉人有权对垄断行为或限制竞争行为进行投诉,投诉人是与这一被投诉的行为有着相关合法利益的自然人、法人等,在投诉人的申请立案中说明所投诉的行为其违反的相关内容,还应说明由于这个可能的违法行为给自己带来的损害。在这种情况下,中央和地方机构都有义务受理该案件，并对案件进行初步调查以确定是否立案。当然，这种申请也可能是可能造成损害影响的企业自己进行的，这主要根据反垄断的不同领域而定。例如，对于经营者集中行为，目前世界大多数国家都采用经营者自行申报的方式，对于达到国家规定申报标准的经营者集中行为，参与经营者应当上报中央部门进行审查，在这种情形下，中央执法机构也可以在决定是否批准经营者集中行为时授予地方机构调查相关事项的权力，协助中央执法，以提高执法的效率。

（2）调查环节授权。调查环节是反垄断执法的主要环节，是确认行为是否违法的核心程序。调查环节往往涉及大量的信息收集，因此，在调查环节上，中央执法机构有必要授权地方机构一定的权力协助执法。

在对受理案件进入正式调查阶段后，执法机构可以根据法律所赋予的调查权从事案件的调查工作。执法机构有权责令相关企业报告其经济状况；查阅企业的章程、协议、决议及有关营业资料；搜查行为人、嫌疑人的住所或其他相关场所；扣押有证据价值的物品等。执法机构还可以根据案情的需要进行广泛的市场调查和相关的经济分析。在具体的执法调查时，由于需要调查的内容较广，显然中央执法机构无力全部自行完成，因此在调查的环节，中央执法机构往往会授予地方执法机构相应的执法调查权，以求通过地方执法机构的协助调查取证取得审理案件所需的信息。

通常情况下，经授权的地方执法机构享有进入企业或企业协会的各种场所、工地及交通工具的权力，有权检查以各种载体记录的账册及其他商业记录，要求企业或企业协会的代表或职员对与调查的主题和目的相关的事实或文件作出解释，并对他们的回答做出记录。此外，在必要的情况下，执法机构还可以进入企业董事长、经理或者其他人员的住宅。

对于这些为取得信息而采取的现场检查、记录，单独由中央执法机构去履行此类职责很明显难以实施，中央执法机构无论是在人力还是物力上都无法胜任这样的工作，授权地方机构一定的调查权不仅能充分地利用地方机构的执法优势，而且可以有效地提高反垄断执法效率。

（3）处罚环节授权。如果执法机构在调查和审理的基础上，已经清楚了案件的是非曲直，而且在决定之前也充分听取了当事人、原告以及其他人的陈述，就可以对案件进行结案，结案时所作的决定通常有两种：一种是制止违法行为的决定，另一种是否定违法行为的决定。

关于制止违法行为的决定，如果被指控违法的企业没有在听审中驳倒执法机构的指控，那么就可以认定该企业的行为是限制竞争的，应当予以停止。鉴于一些行为有着严重的和不可弥补的损害之紧急情况，执法机构有权基于对违法行为所掌握的初步材料，通过决定采取某些临时的措施，这些措施只适用于特定的时期，且在必要情况下可以进行适当的调整。制止违法行为，一方面会责令相关企业停止违法行为；另一方面也会对违法企业进行处罚，给予一定的罚款,这种处罚的规定对违法企业有很大的威慑力,从而一定程度上影响了企业的行为。

涉嫌垄断行为的案件多种多样,处罚金额有高有低,影响范围有大有小,通常情况下,中央执法机构会在案件的处罚环节授予地方机构一定的执法权,授权地方机构履行对违法行为的罚款、后续的处罚决定的执行等环节的义务。例如,对反垄断法规定的对受害者的民事损害赔偿,在具体的赔偿过程中,地方执法机构需要对赔偿的相关事宜进行监督以确保其正常进行,在处以罚金方面,地方机构也可以根据国家的法律法规对违法行为进行处罚,这些具体的处罚层面无需中央执法机构完全亲自执行。

三 中国反垄断法的纵向实施机制

总体上,我国目前反垄断法执法实行的是横向统分、纵向合作的执法模式。横向统分是指国务院反垄断委员会统一负责组织、协调和指导反垄断工作,商务部履行委员会的日常工作职责。对具体的反垄断执法工作,则分别由商务部、国家工商总局、国家发改委进行。其中商务部负责对"经营者集中"的执法,国家工商总局负责对"滥用市场支配地位"、"垄断协议"和行政垄断的执法,国家发改委则负责对价格垄断行为的执法。纵向上实行中央与地方的合作执法,即国务院反垄断执法机构根据工作需要,可以授权省、自治区、直辖市人民政府相应的机构,依据反垄断法及配套规章负责有关的反垄断执法工作。

具体来说,在纵向执法上,商务部采取对地方的环节授权体系;国家工商总局和国家发改委采取对地方执法部门的个案授权制度。例如,2009年4月27日,国家工商总局制定的两部《反垄断法》执法细则的草案——《关于禁止垄断协议行为的有关规定》和《关于禁止滥用市场支配地位行为的有关规定》,该草案规定,任何单位和个人有权向工商部门举报涉嫌垄断行为。省级以下工商部门收到举报材料后,应当进行登记并向省级工商部门报送,后者审查后再报国家工商总局。对于正式立案的案件,由国家工商总局启动正式调查,同时可以授权有关省级工商部门对某一垄断行为立案调查,或者委托有关省级、副省级市或计划单列市的工商部门进行案件调查工作。国家工商总局依职权主动发现涉嫌垄断行为的,可以立案调查;地方工商部门主动发现的案件,应当由省级工商部门向国家工商总局书面报告。对于行业协会涉嫌违法的,全国性行业协会的垄断行为由国家工商总局负责查处,经授权的省级工商部门则负责本行政区。在处罚方面,经授权执法的省级工商部门,应当在作出行政处罚决定前报国家工商总局,并在处罚后将调查终结报告、行政处罚决定书报总局备案。对于重大反垄断案件,国家工商总局在处罚前应报告国务院反垄断委员会。

(一) 中央反垄断执法机构

1. 反垄断委员会

根据《中华人民共和国反垄断法》有关规定，国务院成立反垄断委员会。其主要职责是：研究拟定有关竞争政策；组织调查、评估市场总体竞争状况，发布评估报告；制定、发布反垄断指南；协调反垄断行政执法工作等。

反垄断委员会的功能就是组织、协调和指导工商总局、发改委和商务部的执法，并不具体进行执法方面的操作。反垄断委员会聘请法律、经济等方面的专家组成专家咨询组，对委员会需要研究的重大问题提供咨询。反垄断委员会根据《国务院反垄断委员会工作规则》召开委员会全体会议、主任会议和专题会议履行职责。

2. 商务部

2003年3月10日，第十届全国人民代表大会第一次会议通过了国务院机构改革方案，决定组建商务部主管国内外贸易和国际经济合作。具体来说，就是拟定国内外贸易和国际经济合作的发展战略、方针、政策，拟定规范市场运作和流通秩序的法律法规和政策，深化流通体制改革，建立健全统一、开放、竞争、有序的市场体系，宏观指导全国利用外商投资工作，组织开展国际经济合作和对外援助，负责组织和协调反倾销、反补贴、保障措施及其他与进出口公平贸易相关的工作，组织产业损害调查，负责处理多双边经贸事务，承担中国与世界贸易组织相关的事务等。

2003年，商务部制定了《外国投资者并购境内企业暂行规定》（简称《暂行规定》），并于2006年8月进行了修订。其中，第五十二条规定："外国投资者并购境内企业涉及本规定第五十一条所述情形之一，商务部和国家工商行政管理总局认为可能造成过度集中、妨碍正当竞争、损害消费者利益的，应自收到规定报送的全部文件之日起90日内，共同或经协商单独召集有关部门、机构、企业以及其他利害关系方举行听证会，并依法决定批准或不批准。"第五十三条规定："境外并购有下列情形之一的，并购方应在对外公布并购方案之前或者报所在国主管机构的同时，向商务部和国家行政管理总局报送并购方案。商务部和国家工商行政管理总局应审查是否存在造成境内市场过度集中、妨碍正当竞争、损害消费者利益的情形，并做出是否同意的决定……"

2005年，商务部成立了"反垄断调查办公室"，将外资并购的反垄断审查作为其主要职能之一。2008年8月1日，《中华人民共和国反垄断法》正式开始实施，并委派商务部负责对"经营者集中"的执法，商务部成立反垄断局，享有以下职能：（1）起草经营者集中相关法规，拟定配套规章及规范性文件。（2）依法对经营者集中行为进行反垄断审查；负责受理经营者集中反垄断磋商和申报，并开展相应的反垄断听证、调查和审查工作。（3）负责受理并调查向反垄断执法机构举报的经营者集中事项，查处违法行为。（4）负责依法调查对外贸易中的垄断行为，并采取必要措施消除危害。（5）负责指导我国企业在国外的反垄断应诉工作。（6）牵头组织多双边协定中的竞争条款磋商和谈判。（7）负责开展多双边竞争政策国际交流与合作。（8）承担国务院反垄断委员会的具体工作。

3. 国家工商总局

在我国反垄断法正式实施以前，国家工商总局就一直作为我国反垄断领域的重要执法机构，早在1993年，国家工商行政管理局受全国人大委托，完成了《反不正当竞争法》草案的起草任务，并迎来了《中华人民共和国反不正当竞争法》的出台和实施。《反不正当竞争法》制定了若干反垄断条款，其中包括"公用企业或者其他依法具有独占地位的经营者"滥用市场支配地位的行为（第六条），经营者"以排挤对手为目的，以低于成本的价格销售商品"之滥用市场支配地位的行为（第十一条），经营者"违背购买者意愿搭售商品或者附加其他不合理的条件"滥用市场支配地位的行为（第十二条），以及经营者串通投标达成垄断协议的行为（第十五条）。此外，《反不正当竞争法》中禁止政府及其所属部门滥用行政权力的规定（第七条），在《反垄断法》中发展、充实为一章（第五章）。工商行政管理机关十多年《反不正当竞争法》的执法经验，无疑会对《反垄断法》的实施发挥积极作用。

自2008年8月1日我国《反垄断法》实施以来，国务院规定国家工商行政管理总局的主要职责之一是：负责垄断协议、滥用市场支配地位、滥用行政权力排除限制竞争方面的反垄断执法工作（价格垄断行为除外）。同时，"三定"方案规定国家工商行政管理总局内设反垄断与反不正当竞争执法局，具体负责拟订有关反垄断、反不正当竞争的具体措施、办法；承担有关《反垄断法》执法工作；查处市场中的不正当竞争、商业贿赂、走私贩私及其他经济违法案件，督查督办大案要案和典型案件。据此，国家工商行政管理总局将负责：除价格卡特尔（即价格垄断协议）之外的大部分垄断协议的禁止和查处工作，除价格垄断行为之外的大部分滥用市场支配地位行为的禁止和查处工作，滥用行政权力排除限制竞争行为的有关执法工作。

4. 国家发改委

我国《价格法》第五条规定："国务院价格主管部门统一负责全国的价格工作。国务院其他有关部门在各自的职责范围内，负责有关的价格工作。县级以上地方各级人民政府价格主管部门负责本行政区域内的价格工作。县级以上地方各级人民政府其他有关部门在各自的职责范围内，负责有关的价格工作。"因此，国家发改委作为我国在价格管理领域的主要执法部门，自1997年《价格法》通过以来，一直致力于负责有关的价格工作。

国家发改委在价格管理方面设置价格司与价格监督监察司，其中，价格监督监察司负责相关的反垄断执法工作。《反垄断法》实施后，国务院规定：

依法查处价格违法行为和价格垄断行为属于国家发展和改革委员会的一项职责。按照"三定"方案规定，国家发展和改革委员会内设价格监督检查司，负责依法查处价格垄断行为等工作。

（二）地方反垄断执法机构

1. 地方机构参与反垄断执法的法律依据

《反垄断法》第十条第二款规定：国务院反垄断执法机构根据工作需要，可以授权省、自治区、直辖市人民政府相应的机构，依照本法规定负责反垄断执法工作。可以认为，这是关于地方反垄断执法机构的规定。地方反垄断执法机构的产生具有以下三个特点或条件：（1）经国务院反垄断执法机构授权。授权可由国务院反垄断执法机构直接行使，无需再得到授权，只要工作需要即可。（2）授权限于省一级的机构。今后产生的地方反垄断执法机构只能产生于省、自治区、直辖市这一层次。（3）授权只能在相应机构内进行。即：国家工商行政管理总局授权省级工商行政管理局，国家发展和改革委员会授权省级发展和改革委员会，商务部授权省级商务局（厅）。

2. 省级商务局（厅）

省级商务局（厅）作为商务部授权的地方部门，在处理经营者集中方面也承担有一定的责任。省级商务局（厅）可以在商务部的授权范围内对本地方进行经营者集中行为的反垄断审查；可以负责受理经营者集中反垄断磋商和申报，并开展相应的反垄断听证、调查和审查工作；负责受理并调查向反垄断执法机构举报的经营者集中事项，查处违法行为；承担国务院反垄断委员会的具体工作。

3. 省级工商局

工商总局在各地方设地方工商局和工商分局，实行垂直领导。各地方的工商行政管理部门负责本地方的反垄断执法工作。根据《反不正当竞争法》的规定，县级以上地方工商部门有权在其行政管理范围内执行反垄断法。各地方根据自身情况各自确定具体负责反垄断执法工作的部门，尚无统一的标准。有些地方设置经济检查处（如北京），有些地方则设公平交易处（如上海、重庆）。地方工商部门的职责主要是：研究拟订制止垄断和不正当竞争的规章制度、措施办法并组织实施；组织查处市场交易中的垄断、不正当竞争、商业欺诈等违法违章案件。在县一级的工商部门主要为工商分局，有些地方设置公平交易科，在职权范围内研究拟定制止垄断和不正当竞争的规章制度、措施办法并实施。

2009 年 7 月 1 日，作为反垄断法的两个配套规章，《工商行政管理机关查处垄断协议、滥用市场支配地位案件程序规定》和《工商行政管理机关制止滥用行政权力排除、限制竞争行为程序规定》开始实施，其中规定国家工商行政管理总局对下列垄断行为可以授权省级工商行政管理局负责查处：

（1）该行政区域内发生的。（2）跨省、自治区、直辖市发生，但主要行为地在该行政区域内的。（3）国家工商行政管理总局认为可以授权省级工商行政管理局管辖的。并且，授权以个案的形式进行。被授权的省级工商行政管理局不得再次向下级工商行政管理局授权。其中涉及管辖的方面主要有：案件受理、案件调查、案件处罚。

（1）案件受理。《工商行政管理机关制止滥用行政权力排除、限制竞争行为程序规定》中第六条规定：国家工商行政管理总局和省级工商行政管理局负责举报材料的受理。省级以下工商行政管理机关收到举报材料的，应当在5个工作日内将有关举报材料报送省级工商行政管理局。第七条：省级工商行政管理局应当对主要发生在本行政区域内涉嫌垄断行为的举报进行核查，并将核查的情况以及是否立案的意见报国家工商行政管理总局。省级工商行政管理局对举报材料齐全、涉及两个以上省级行政区域的涉嫌垄断行为的举报，应当及时将举报材料报送国家工商行政管理总局。

（2）案件调查。《工商行政管理机关制止滥用行政权力排除、限制竞争行为程序规定》中第九条规定：国家工商行政管理总局对自己立案查处的案件，可以自行开展调查，也可以委托有关省级、计划单列市、副省级市工商行政管理局开展案件调查工作。省级工商行政管理局对经授权由其立案查处的案件，应当依据本规定组织案件调查等相关工作。

（3）案件处罚。《工商行政管理机关制止滥用行政权力排除、限制竞争行为程序规定》中第二十二条规定：工商行政管理机关对涉嫌垄断行为调查核实后，认定构成垄断行为的，应当依法作出行政处罚决定。第二十三条：国家工商行政管理总局对重大垄断案件，在作出行政处罚决定前应当向国务院反垄断委员会报告。经授权的省级工商行政管理局应当依法作出中止调查、终止调查或者行政处罚决定，但在作出决定前应当向国家工商行政管理总局报告。省级工商行政管理局应当在做出决定后10个工作日内，将有关情况、相关决定书及案件调查终结报告报国家工商行政管理总局备案。

4. 省级发改委

省发展和改革委员会是综合研究拟定国民经济和社会发展政策，进行总量平衡、指导全省经济体制改革的省政府组成部门。

我国《反垄断法》实施以前，在地方一级，负责价格垄断行为的是县级以上物价局，实行的也是垂直领导。县级以上地方各级人民政府价格主管部门负责本行政区域内的价格工作。其主要职责是对商品和服务价格、经营者和中介组织的价格行为实行监督检查，规范价格行为，维护公平竞争的价格秩序，对各类价格违法行为实行行政处罚和行政强制性措施。

《反垄断法》实施以后，省级发展和改革委员会在承担反垄断执法上的主要职责有：（1）组织拟订全省综合性产业政策并监督其实施；监督国家价格政策和有关法律法规的贯彻执行，组织研究全省性的重大价格政策措施。

(2) 组织开展市场价格行为监管工作，调查、认定和处理重大的不正当价格行为和案件；负责市场价格异常波动监督检查应急工作。(3) 负责反价格垄断执法工作，调查、认定和处理价格垄断行为和案件。(4) 承担国家发改委交办的具体反垄断执法事项。

四 中国目前反垄断法纵向实施机制存在的问题

自2008年8月1日，《中华人民共和国反垄断法》正式实施以来，我国反垄断领域的法律法规不断出台，一系列的配套规章标志着我国在反垄断立法方面正在逐渐趋向成熟。但是，由于《反垄断法》的生效时间仅仅二年，期望在如此短暂的时间内，明确该法在诸方面的适用细则是不现实的。在对我国目前反垄断纵向实施机制的执法效率进行一定的分析，并考虑影响执法效率的根本原因之后，我们得出制约我国反垄断纵向执法的三个主要方面是：(1) 授权体制的法定性问题；(2) 所授权的地方机构的独立性问题；(3) 中央与地方的纵向合作关系问题。这三方面的具体表现如下：

（一）授权体系的法定性不强

目前，我国的《反垄断法》规定了中央的反垄断执法部门，而地方部门的授权执法却没有明确的法律条文说明。另外，我国地方反垄断执法部门的执法究竟采用一次性授权还是普遍授权也处于探讨之中。根据现有法律，地方商务局（厅）没有普遍调查经营者集中行为的权力，地方部门通常只是在接到中央反垄断执法部门的授权时才进行反垄断的执法。地方工商局与地方发改委沿袭了在反垄断法出台前执法垄断案件的权力，但其执法的权力也受到限制，中央并未授予地方工商局与地方发改委普遍的执法权，在某些垄断行为的处理上，须由中央反垄断部门斟酌处理。这种授权体系导致了地方执法机构一定程度上缺乏对反垄断法的解释权，也使得地方部门的权威性大打折扣，在处理垄断案件时也缺乏说服力。

另外，我国这种对地方执法机构执法反垄断"可有可无"的规定，使得地方机构在反垄断执法方面的执法力量非常薄弱，中央执法机构"根据需要可以授权"的判定标准难以定夺，其直接影响就是地方执法机构预算上的不确定，进而使地方机构执法积极性受到削弱，其执法的效率可想而知。

（二）地方反垄断机构独立性受到制约

世界各国的反垄断法都赋予反垄断执法机构独立的地位，独立性使其能够独立地执行国家的反垄断法和竞争政策，在执法过程中不受其他政府部门的干扰，确保执法的公正性、独立性和政策连续性。

相对独立的执法机构由于其执法的目标明确——执行反垄断法及相关法

律，因此执法机构不会受到政策（产业政策、贸易政策等）的牵制，在执法时也更有权威，更有时效。另外，机构独立使其不受任何机关或首长的干涉，也不会受到各种利益集团的干扰和影响，例如美国的联邦贸易委员会以及日本的公正交易委员会都是在相关反垄断法规定下非常独立的执法机构。

我国目前的行政执法模式，中央授权地方执法的体系并没有确保地方反垄断执法部门的独立性，而其存在的隐患也非常明显。地方执法能否摆脱政府部门的束缚积极执法是一个备受关注的问题。以工商行政管理部门为例，依据相关规定，省级工商行政管理局应当对主要发生在本行政区域内涉嫌垄断行为的举报进行核查，那么当此类垄断行为与政府挂钩时，如何能保证执法的公正与公平？

地方执法部门对地方政府的依附性使得反垄断法不能有效实施，正如上文中提到的，在处理滥用市场支配地位或垄断协议的违反行为时，地方工商局能否秉公执法？在案件的调查与处罚环节，能否真正做到依法调查、依法处罚？在处理行政垄断时，上级机关能否确实纠正行政违法行为？我国的地方执法部门由于受到一定的干扰，因此其执法所产生的综合效率很低。如果不能确保地方执法机构的相对独立，那么中央授权地方执法非但达不到预期的效果，提高执法效率，反而会降低执法效率，进而对整个市场的经济造成损害。

（三）中央与地方的纵向合作不完善

首先，我国的反垄断纵向授权体系缺乏合理的分工。目前主要采用的是集权的形式，即由中央部门统一处理，中央认为有必要时才授权地方执法部门进行个案执法或环节授权执法。这种纵向授权体系导致反垄断执法有很大的不确定性，由于"有必要"缺乏一定的判定标准，对于中央在何种情况下会考虑授权地方执法也没有相关的法律规定，因此反垄断机构在执法上偏于随意，缺乏一定的秩序。

其次，中央与地方执法机构间缺乏有效的合作。我国相关的法律仅仅规定了纵向授权的执法模式，但是对于执法的效果却缺乏明晰的回馈与监督管理机制。反垄断的执法工作包含了从授权执法到监督执法的一系列环节，而不仅仅是单方授权，如果反垄断执法机构不对执法环节进行监督，那么反垄断法就会成为一纸空文，授权地方执法也会毫无意义。

总之，集权的模式虽然在一定程度上可以保证执法标准的统一，避免地方执法尺度宽严不一，但是，这种模式也使得反垄断执法缺乏分工，单一授权的模式使得地方执法机构只负责履行中央交付的"任务"，地方机构缺乏独立的处理垄断案件的权力使得地方与中央在反垄断执法的合作关系上也有所欠缺。对于地方执法机构间有可能存在的竞争执法问题，中央部门也缺少监督与回馈机制，竞争执法导致的严重的综合效率的损失是非常巨大的，它不仅造成了资源的严重浪费也使市场环境进一步恶化。这种机制设置的不完善使得反垄断执法效率低下，执法力度也大打折扣。

五 反垄断法纵向实施机制的效率分析

（一）反垄断执法模式的效率含义与目标定位

建立有效的纵向实施机制的直接目标在于提高反垄断执法效率，最终目标在于抑制垄断行为及其影响，纠正市场失灵，提高资源配置效率。不同的纵向实施机制对效率的影响会有差异，在建立与完善纵向实施机制的过程中首先需识别出效率的构成与影响因素，在此基础上再加以利弊权衡。

因此，根据上述直接目标与间接目标的划分，我们可以相应地细化纵向反垄断执法机制的成本与收益的含义与影响因素，以便于为评价不同的实施机制提供依据，如表1所示。

表1　　　　　　　　　反垄断执法的成本与收益评价

执法成本		执法收益
执法显性成本（执法会计成本）	执法隐性成本（间接成本）	（对垄断行为的有效预防与制止）
行政与文书成本	企业的遵循成本	对垄断行为识别的及时性与有效性
监督成本	管理关注转移与对生产的干扰	对垄断行为的恰当分析
保障实施成本	消费者福利的损失	对垄断行为的恰当处理

反垄断执法效率的含义是：在反垄断执法收益固定情况下，从垄断行为被识别至最终结案过程中所发生的成本。这种成本包括执法过程中发生的直接成本，也包括由于执法所带来的间接成本，这是一种隐性成本，通常并不能直接反映在反垄断执法部门的账面上，但却是由反垄断执法所引致的。

反垄断执法的收益通常可通过有效控制了市场中的垄断或限制竞争行为为社会所带来的收益进行衡量，可能表现为消费者福利的改善，如表现为商品价格的下降、商品种类的增加等。可通过垄断行为是否被有效识别、分析与处理等角度来进行判断。

（二）中央授权地方执法模式的运行效率

中央授权地方执法的效率可分成运行效率与综合效率两部分。中央授权地方执法模式的运行效率，即中央在采取地方授权执法的过程中需要的成本及带来的收益。在中央授权地方执法时，其纵向执法的成本包括实施反垄断法所耗费的人力及物力资源。在执法的成本中最主要的是搜寻信息的成本，对反垄断的执法工作，收集涉案企业的相关信息是非常关键的组成部分，信息的完整与否、信息是否真实都会对反垄断的执法结果带来很大影响，中央统一执法会加大收集、分析信息的成本，而中央授权地方执法虽然可以降低信息成本，却反而带来一些新的成本，例如代理执法的代理成本等。所谓中央授权地方执法带来的收益，是指因规范市场而带来的社会福利增加，这种福利的增加可以简单地由两个部分来表示，一是消费者福利的增加；二是执法对象的利润增加。

这里涉及的成本包括：（1）授权成本。即中央在授予地方执法反垄断过程中给自身带来的成本增加，比如，制定地区执法规章细则的成本，在与地区执法部门就垄断等违法行为进行磋商的成本等。（2）执法成本。执法成本是反垄断执法部门为了实施和维护反垄断法的运行而付出的成本。它包括中央执法成本和地方执法成本两部分。中央执法成本即中央执法部门（商务部、国家发改委、国家工商总局）对案件受理、调查、处决的成本。地方执法成本是指地方执法部门在经中央部门的授权下查处反垄断案的执行成本。（3）其他成本。除授权成本以及执法成本之外，我国目前反垄断的纵向实施机制中还存在其他成本，比如对机构人员进行素质培训的成本、纵向监督管理成本、经授权的地方执法部门在执法中与现存其他执法部门间的协调分工合作的成本等。

（三）中央授权地方执法模式的综合效率

中央授权地方执法模式的综合效率是指此模式的采用对执法反垄断的影响，亦即在反垄断执法上实施此种模式的机会成本与收益，也就是说，采取这种执法模式虽然在某些方面提高了执法效率，规范了相关市场，但又在其他方面造成了对本市场或者该地区其他市场或领域的损害，阻碍了整体经济的发展，影响了经济的平衡。

这种损害包括的方面很多，例如，在中央授权地方执法反垄断时，地方政府或地区性的部门为了保护本地区经济的发展往往对地方部门施压，影响地方执法机构对有利于本地区经济发展的垄断行为做出积极的反应，进而导致执法效率的逆向结果。中央执法机构本希望通过授权地方利用地方资源以增进执法的效率，而地方政府或地方部门的干扰则导致这一效率的损失，对反垄断的执法工作带来了障碍。再如，竞争执法导致的效率损失。在中央授权地方执法情况下，由于涉嫌垄断行为本身的不确定性，对此类行为的处理常常涉及多部门的共同管辖，因此，在执法时部门间竞争执法也就在所难免，这种竞争执法不仅导致部门间的冲突，也使得反垄断执法效率低下，增加了中央执法机构监管地方执法的成本。

六　结论与对策建议

鉴于目前我国的反垄断授权机制仍然存在诸多问题，因此借鉴国外发达市场经济国家与地区反垄断纵向执法机构的设置经验，为了避免地方反垄断执法机构缺乏权威性、出现地方保护主义及竞争执法的问题出现，我国可尝试在以下几个方面进行机制改进，以建立有效的反垄断纵向实施机制。

（一）明确地方执法机构的法律地位

为了能保证地方反垄断执法机构的权威性，将其执法地位以法律的具体形式加以规定是十分有必要的。德国的州卡特尔局由于《反限制竞争法》明确规定了其地方执法的法律地位，因而在执法过程中具有很强的权威性，能够独立执法而不受其他因素干扰。我国采用类似德国执法模式的行政执法体系，由于这种模式的实施刚刚起步，各项规章都不齐全，地方机构在执法反垄断中的作用也并未在法律中得以体现，因此，为了能有效地开展反垄断的执法工作，使行政执法模式有效运转，我们需要明确地方执法机构的法律地位。

我国目前的反垄断纵向实施机制应当赋予地方反垄断执法部门明确的法律地位，以保证反垄断案件的有效执法。我国《反垄断法》的配套法律应以法律条文的形式规定地方反垄断执法部门的法律地位，明确执法机构的人员组成、经费开支、办公地点、职权范围等，明确地方执法机构在处理反垄断案件中的作用，授予地方执法部门一定权威的执法权力，包括以法律的形式规定的地方机构的受理权、调查权以及一定程度的裁决权等。

（二）扩大地方执法机构的授权地方执法模式，建立配套的资金与编制保障

在某些案件的处理上，中央反垄断执法机构应当采取普遍授权的地方执法模式，明确地方执法，改变现有模糊的授权体系。在处理经营者集中行为时，商务部在案件调查环节应当给予地方商务局（厅）普遍的调查权而非一次性的调查权力。在处理滥用市场支配地位、垄断协议时应当以法律明文规定地方工商局的受理、调查与审查和裁决权。在处理价格垄断行为时，也应明确地方发改委的相关法律职权。

在明晰了事权分配的基础上，建立必要的资金与人事编制保障制度，使事权和财权能有效匹配，使地方机构有义务、有能力、有积极性参与反垄断执法。

（三）建立具有较高独立性的地方反垄断执法机构

我国现有的反垄断纵向机构设置使地方机构在执法反垄断时具有很大的局限性，由于地方机构在设置上的不合理导致反垄断纵向实施遇到了极大的困难。我国目前沿袭了《反垄断法》出台前的地方执法模式，即由原有的地方工商部门处理该区域内的垄断行为，这在反垄断的执法中具有很大的弊端，缺乏独立性的执法机构是我国在纵向层级设置上面临的主要问题。

目前，地方反垄断执法部门并不能保证其地位的独立性，地方执法部门对于地方政府的依赖使反垄断执法遭遇瓶颈，在处理与地方经济牵连较大的垄断行为时，地方执法部门难以独立的行使反垄断法及相关法律，因而形成地方保护及地区封锁，严重影响了经济的有效运转。因此，我们需要改革现有的机构设置，重新建立具有高度独立性的地方反垄断执法机构。

依据世界各国的反垄断机构纵向设置经验，结合我国的国情，笔者认为，应当建立区域性的地方反垄断执法机构。例如，以地理区域进行划分，在我国东北、华北、华中、华南等地设立地区性执法机构，其人事编制与财务由中央反垄断部门及国务院管辖，经费由国家财政编入预算，不与地方政府及各利益集团挂钩。这种区域性的地方执法机构负责处理该区域内产生的影响较小的垄断行为，重大影响的则由中央反垄断部门统一处理。这种设置模式并不影响反垄断的纵向实施，反而能有效地避免或者减少地方保护和地区封锁。另外，现有地方执法机构由于执法范围广泛，其执法的专业性也难以保障，设立区域性的执法机构保证其执法的专一性，专门从事反垄断的执法工作有利于其形成较完善的执法体系，执法效率也会逐步提高。

（四）确立可行的监督管理机制，加强纵向执法机构间的协调与合作

针对管辖权交叉及竞争执法的问题，笔者认为，除了应将诸如工商局与发改委共有管辖权的垄断行为进行更细致的法律规定外，建立一个监督协调机构也是非常有必要的，我国的反垄断委员会应当在监督此类问题时发挥作用。

就目前的形式看，我国反垄断委员会除了拟定相关竞争政策、制定和发布指南外，应当在协调组织各部门执法这一环节发挥其应有的作用。具体来说，反垄断委员会应当建立专门的监督协调机构负责对共有管辖权的垄断行为的执法进行监督，由于部门间对垄断案件的理解时常会出现偏差，加之现在我国地方的反垄断执法人员专业性不强，因此对于那些既有滥用支配地位又涉及价格的垄断行为容易产生判定标准的不统一，这种认识上的偏差也进而产生了部门间的竞争执法或互不执法。因此，反垄断委员会需要对此进行监督和管理，协调此类垄断行为的处理，以保证执法的实效，必要的可以建立相应的回馈机制，比如，对于共有管辖权的垄断行为的处理，部门间如果

不能达成一致意见,则应上报反垄断委员会,由其决定处理权的归属,对于均不进行垄断行为处理的,由监督部门上报反垄断委员会,决定处理权。另外,执法部门在处理结果发布前应上报反垄断委员会,由反垄断委员会进行审核。

同时,虽然根据目前的现状,商务部、发改委和工商行政管理总局均有反垄断执法的部分职能,但在国务院未能设立统一的反垄断执法机构的情况下,由商务部对企业并购统一行使审查审批权是较为适宜的,但在未来仍旧需要设立一个统一的反垄断执法机构。

(五) 加强地方反垄断执法机构人员的专业执法能力建设

反垄断执法是具有较强专业性的执法领域,要求执法者除具备法律相关知识与技能外,还要具有经济分析能力。反垄断问题毫无疑问是一个法律问题,但其本质上却属于经济学问题,需要对垄断、竞争这样的经济现象有深入的洞察与理解,才能有效地进行反垄断案件的审理,这也是反垄断执法的专业性的体现。尽管可以利用外部的经济学家资源在一定程度上解决反垄断执法对专业知识的需求,但这并不能替代监管者本身对专业知识的掌握。在目前情况下,地方执法机构反垄断执法人员的思想意识、知识结构与从业背景距离专业执法的要求有较大差距,难以有效地担当在纵向反垄断执法中需承担的职责。因此,为保证有效地建立与落实纵向反垄断实施机制,对现有的存量部分的地方反垄断执法人员进行竞争与反垄断意识的培养,加强有关反垄断法律与经济分析能力的专业培训,提高其执法能力。同时,在未来扩充执法队伍的过程中,要增加对反垄断法律与经济分析专业人才的选用,以从根本上解决地方机构执法过程中可能面临的人才匮乏问题,同时可以从更根本的层面上缓解纵向反垄断实施机制对专业执法人才的紧缺需求状况。

参考文献

1. 孔祥俊:《反垄断法原理》,中国法制出版社 2001 年版。
2. 李国海:《反垄断法实施机制研究》,中国方正出版社 2006 年版。
3. 尚明主编:《主要国家(地区)反垄断法律汇编》,法律出版社 2004 年版。
4. 季晓南:《中国反垄断法研究》,人民法院出版社 2001 年版。
5. 刘宁元主编:《中外反垄断法实施体制研究》,北京大学出版社 2006 年版。
6. 游劝荣主编:《反垄断法比较研究》,人民法院出版社 2006 年版。
7. 郑舒玉:《德国反垄断法立法和执法的启发思考》,《中国工商研究》2004 年第 7 期版。
8. 胡明生:《对德国反垄断机制的思考》,《工商行政管理》2001 年第 22 期。
9. 王先林:《关于中国反垄断执法机构的设置与职责问题的探讨》,《中国行政管理》2000 年第 8 期。

10. 聂昆：《反垄断执法机构研究》，硕士学位论文，西南政法大学，2005 年。

11. 赵新华：《中国反垄断法实施问题研究》，硕士学位论文，2007 年。

12. 张杰军：《美日反垄断法执法机构及权限比较研究》，《河北法学》2002 年第 1 期。

13. Harry First, Delivering Remedies: The Role of the State in Antitrust Enforcement. *George Washington Law Review*, October/December, 2001.

14. American Bar Association, *Antitrust Federalism: The Role of State Law*, Monograph No. 15. 1988.

15. M. Albert Vachris, Federal Antitrust Enforcement: A Principal - Agent Perspective, *Public Choice*, Vol. 88, No. 3/4 (1996), pp. 223 - 238.

16. Barry E. Hawk, Laraine L. Laudati, Antitrust Federalism in the United States and Decentralization of Competition Law Enforcement in the European Union: A Comparison. *Fordham International Law Journal*, November, 1996.

17. James D. Fry, Struggling to Teethe: Japan's Antitrust Enforcement Regime. *Law and Policy in International Business*, Summer 2001.

18. Richard A. Posner, Federal Trade Commission 90th Anniversary Symposium: The Federal Trade Commission: A Retrospective. *Antitrust Law Journal*, 2005.

19. Marc Winerman, The Origins of the FTC: Concentration, Cooperation, Control, and Competition. *Antitrust Law Journal*, 2003 Issue 1.

中国垄断产业垄断程度的测度：
基于 OECD 规制指数方法的研究[*]

范合君　戚聿东

内容提要　本文利用 OECD 测度垄断产业规制指数的方法，测度得到了我国电力、电信、民航、铁路、邮政、燃气、公路 7 个产业的规制指数以及我国垄断产业垄断程度的总指数，并与 OECD 主要国家进行了比较，为推进并深化我国垄断产业改革提供借鉴。

关键词　垄断产业　规制指数　测度

一　测度垄断产业垄断程度的重要性

垄断产业是国民经济的基础设施产业，在国民经济中处于不可替代的地位。垄断产业大都与居民的生活息息相关，关系民众福祉与和谐社会的建设。同时，垄断产业改革也是公众评价政府执政能力和管理水平的重要内容之一，直接影响政府形象。因此，推进并深化垄断产业改革是建立并完善我国社会主义市场经济体制、进一步转变经济发展方式、构建和谐社会的必然要求。为此，党的十七大报告提出了深化垄断产业改革的要求。同时，学者、政府官员、居民也对垄断产业改革充满了期待。

在过去 30 年的改革中，中国在经济领域的改革取得了巨大成就。1979—2008 年，GDP 年增长率高达 9.8%。但是，改革主要集中在竞争性领域，垄断产业改革很少涉及甚至一度被忽略。目前，垄断产业改革已经严重滞后于整个改革进程，改革停滞不前甚至出现倒退与回潮现象（匡贤明、倪建伟，2008）。垄断产业已经制约了我国经济领域活力的进一步释放，成为制约经济发展方式转变的障碍，成为制约经济持续、快速发展的障碍。在中国（海

---

[*]　基金项目：国家社科基金重大项目《贯彻落实科学发展观与深化垄断行业改革研究》（批准号：07&ZD016）、北京市属高等学校"高层次人才资助计划"项目以及北京市优秀人才培养资助项目《北京市垄断产业放松规制改革与机制设计研究》（批准号：2009D005019000002）。

作者简介：范合君，首都经济贸易大学工商管理学院博士、讲师；戚聿东，首都经济贸易大学工商管理学院院长、博士、教授、博士生导师。

南）改革发展研究院进行的"2008 中国改革问卷调查报告"中发现,"垄断部门与市场部门相互冲突"已成为我国社会经济结构性弊端中最重要的表现形式。60.66% 的专家认为垄断产业改革基本没有进展,16.07% 的专家认为垄断产业改革有所倒退。垄断产业的改革滞后产生了诸多不利影响。因此,垄断产业改革势在必行,刻不容缓。垄断产业将成为下一个 30 年的改革重点,成为拉动我国下一个 30 年经济增长的重要引擎。届时,人民将会共享垄断产业改革带来的巨大红利。

垄断产业的改革与发展如此重要,为什么改革却无法有效推进与深化呢? 一个重要的原因就在于,垄断产业改革本身是一个复杂的系统工程,牵扯到方方面面,需要全面、系统的研究与评价,但是目前学术界的研究还不够深入,研究仍处于定性研究阶段,出现了不同学者在评价垄断产业改革进程、改革措施、改革效果时无法达成共识,甚至观点相互冲突与矛盾,出现了严重分歧。更有甚者,部分学者的个人喜恶超过了客观分析,人为制造混乱。这对政府制定科学的垄断产业改革政策产生极大干扰甚至误导（Hahn and Tetlock,2008;白让让,2009)。最终导致垄断产业改革停滞不前,甚至出现了倒退或回潮。为了顺利地推进并深化垄断产业改革,全面、系统地评价我国垄断产业改革的现状,系统地研究影响、制约我国垄断产业改革的因素,设计推进、深化垄断产业改革与发展的政策与机制就成为当务之急。

有鉴于此,国内外部分学者与研究机构开始采取定量方法研究垄断产业的改革。康韦、雅诺德和尼科莱特（Conway, Janod and Nicoletti, 2005, 2006）建立管制指数（ETCR Indicator System）测度 OECD 主要国家垄断产业管制改革情况。目前,该数据库已经更新包含了 30 个国家 1975—2007 年间的数据。OECD 管制指数包括电力、燃气、铁路、公路、民航、电信、邮政 7 个产业。每个产业从进入壁垒、公共所有权、市场结构、纵向一体化、价格规制等一个或多个方面进行评价。该指数通过客观评价法对各个指标进行赋值,即根据各国统计数据或相关法规确定指标的数值大小。数值在区间 [0,6] 之间,数值越大,表明管制越严格,越不利于竞争;反之亦然。除极少数指标的权重进行调整外,各指标权重的大小采用算术平均法进行确定。该研究还对权重进行了灵敏度检验,发现结果对权重是稳健的。虽然康韦、雅诺德和尼科莱特（2005、2006）的研究比较系统和全面,但是也存在一些不足。该研究主要关注发达国家,对发展中国家与新兴市场经济国家的情况没有涉及。随后,有些研究就开始专门研究了发展中国家与新兴市场经济国家垄断产业改革的进展。其中最著名的研究当属欧洲复兴银行（EBRD）与世界银行学者瓦尔斯登（Wallsten）的研究。欧洲复兴银行（EBRD,2009）建立结构改变指数（Structural Change Indicators）与转型指数（Transition Indicators）测度欧洲 29 个转型国家在 1989—2008 年间垄断产业的改革进展。垄断产业包括电信、电力、铁路、公路、自来水与污水处理 5 个产业。EBRD 研究比较简单，主要从三个方面进行评价：其一，对各产业改革总体进展进行打分，分值分别是 1、2、3、4、4⁺，分值越大，表明改革越充分。其二，评价各产业是否存在独立管制机构，结果分为完全独立、部分独立与不独立三种情况。其三，评价各国垄断产业《特许法》的质量，结果分为很高、较高、一般、较低、很低五种情况。EBRD 的数据来源于 EBRD 研究员对各国垄断产业改革情况的主观打分。但是总体来看，EBRD 的研究比较简单、粗略，不能全面评价垄断产业的改革进程、措施与效果。世界银行的瓦尔斯登等（2004）通过问卷调查的方式，研究了 45 个发展中国家电信产业的改革以及 18 个发展中国家电力产业的改革。该研究的显著特点是全面系统。其中电信产业的问卷调查设计了 164 个问题，电力产业的问卷调查设计了 177 个问题。美中不足的是该研究只局限于电信与电力产业，没有包含铁路、民航、邮政等其他垄断产业。我国部分研究机构与学者也开始通过问卷调查方式研究我国垄断产业改革进程。中国（海南）改革发展研究院（2005—2009）从 2005 年起在每年的"中国改革评估报告"中邀请专家对"垄断行业进展"进行评价。中国企业家调查系统（2006—2009）从 2006 年起每年邀请企业家对"垄断性行业改革成效"进行评价。但是这两项调查研究仅仅设计 1 个问题，无法系统、全面地反映我国垄断产业改革状况。

为了便于进行国际比较，本文参考 OECD 测度垄断产业规制改革的方法，系统、科学地测度电力、电信、民航、铁路、邮政、燃气、公路等产业在进入规制、市场结构、运营模式等方面的力度，评价我国垄断产业规制改革的进度与效果，为进一步推进我国垄断产业改革提供指导与借鉴。

二 OECD 对垄断产业垄断程度的测度方法

从 2005 年起，康韦、雅诺德和尼科莱特开始建立规制指数测度 OECD 主要国家垄断行业改革进度。目前，该数据库包含了 1975—2007 年间 30 个国家在电力、电信、民航、铁路、邮政、燃气、公路 7 个产业的数据。本文简单介绍一下 OECD 规制指数的研究框架、测度方法以及研究结果。

（一）研究框架

OECD 规制指数包括电力、燃气、铁路、公路、民航、电信、邮政 7 个产业。每个产业从进入壁垒、公共所有权、市场结构、纵向一体化、价格规制等几个方面进行评价。其中，电力产业从进入壁垒、公共所有权、垂直一体化三个维度进行评价；燃气产业与铁路产业从进入壁垒、公共所有权、市场结构、垂体一体化四个维度进行评价；民航产业与邮政产业从进入壁垒、公共所有权两个维度进行评价；公路产业从进入壁垒与价格规制两个方面进行测度。

（二）测度方法

OECD 通过对各个指标赋值的方法进行评价。其中赋值的确定采用客观评价法，即根据各国统计数据或相关法规确定赋值的大小[①]。数值在区间 [0，6] 之间，数值越大，表明规制越严格，越不利于竞争；数值越小，表明越有利于竞争。权重大小是决定规制指数是否科学的重要因素。OECD 根据不同产业的特点，对各产业规制指标制定了不同的权重。

（三）研究结果

OECD 测度了 1975—2007 年间 30 个国家的规制指数。1975 年规制指数平均为 5.3，2007 年规制指数平均为 2.08。具体数据如表 1 所示。从表中可以看出，各国规制指数呈现出明显的下降趋势。

表 1　　　　　OECD 主要国家规制指数（1975—2007）

国家	1975 年	1980 年	1985 年	1990 年	1995 年	2000 年	2005 年	2007 年
澳大利亚	4.1	4.1	4.1	4.0	3.2	1.9	1.5	1.4
奥地利	5.1	5.1	4.9	4.4	4.0	3.1	1.9	1.7
比利时	5.5	5.5	5.5	5.5	4.2	3.0	2.0	1.8
加拿大	4.4	4.4	4.1	2.8	2.5	2.2	2.0	2.0
捷克共和国	6.0	6.0	6.0	6.0	4.9	4.0	2.1	2.0
丹麦	5.7	5.7	5.7	4.8	3.5	2.4	1.2	1.2
芬兰	5.5	5.4	5.3	4.6	2.9	2.6	2.3	2.3
法国	6.0	6.0	6.0	5.2	4.9	3.9	2.4	2.2
德国	5.4	5.4	5.3	4.7	3.9	2.2	1.3	1.1
希腊	5.7	5.7	5.7	5.7	5.5	5.0	3.4	3.2
匈牙利	5.9	5.9	5.9	5.9	5.1	4.2	2.7	1.8
冰岛	—	—	—	—	—	3.0	2.2	2.1
爱尔兰	5.6	5.6	5.6	5.6	5.2	3.7	3.1	2.7
意大利	5.8	5.8	5.8	5.8	4.9	3.9	2.0	2.0
日本	5.1	5.1	5.1	3.7	3.4	3.0	2.2	2.2
韩国	—	—	—	—	—	4.1	3.1	3.1

---

① 尼科莱蒂和普赖尔（Nicoletti and Pryor，2006）分析了主观评价与客观评价法的优劣。客观评价法比主观评价法得到的数据更具一致性。因此便于不同国家之间，不同年份之间的比较。

续表

国家	1975年	1980年	1985年	1990年	1995年	2000年	2005年	2007年
卢森堡	—	—	—	—	—	3.5	2.5	2.4
墨西哥	—	—	—	—	—	4.0	3.7	3.4
荷兰	5.4	5.4	5.4	5.4	3.6	2.3	1.8	1.6
新西兰	5.2	5.2	4.6	3.7	2.8	1.9	1.9	1.9
挪威	5.5	5.5	5.1	4.6	3.5	2.9	2.3	2.0
波兰	5.9	5.9	5.9	5.9	5.9	4.1	2.4	2.3
葡萄牙	5.9	5.9	5.9	5.3	4.8	3.6	2.7	2.4
斯洛伐克共和国	6.0	6.0	6.0	6.0	—	—	2.2	1.9
西班牙	5.0	5.0	5.0	4.8	4.3	2.9	1.6	1.6
瑞典	4.8	4.8	4.8	4.6	3.2	2.3	1.8	1.7
瑞士	4.2	4.2	4.2	4.2	4.0	3.3	2.6	2.4
土耳其	6.0	6.0	6.0	5.9	5.9	4.5	3.9	3.5
英国	4.7	4.7	4.3	3.0	1.7	1.2	0.9	0.9
美国	3.4	2.9	2.7	2.5	2.1	1.9	1.9	1.8

三 中国垄断产业垄断程度的测度

为了充分利用 OECD 的数据库进行国际比较，本文按照 OECD 的方法，对我国电力、电信、民航、铁路、邮政、燃气、公路 7 个产业在进入规制、市场结构、运营模式等方面的改革进行评价，测度各产业的垄断程度，并加总得到我国总体的规制指数。

（一）电力产业

电力产业有 6 个问题，每个问题的得分如下（见表 2）：问题 1（第三方接入输电网络需要哪些条件）得分为 3。虽然电监会对输电价格有明确规定，但是在电力传输过程中，许多发电企业还是受到一些不公平待遇，需要与输电企业进行协商才能利用输电网络把电力卖给消费者。问题 2（是否存在自由的电力批发市场）得分为 6。我国目前还没有建立真正自由的电力批发市场。问题 3（消费者自行选择电力供应商的最小消费门槛）得分为 6。虽然 2004 年电监会就出台了《电力用户向发电企业直接购电试点暂行办法》的文件，但是这项政策却一直没有很好地推进下去。问题 4（最大的电力生产、传输、分配、销售企业的所有权结构）得分为 6。我国五大发电企业、两大电网公司都是国有企业。问题 5（生产与传输的纵向分离的程度）得分为 0。从 2002 年开始，我国就进行了网电分离的改革，电力生产与传输进行纵向分离的程度。问题 6（电力产业垂直一体化的总体程度）得分为 3。虽然发电与输电进行了分离，但是输电、配电、售电仍然是一体化的。通过加总，得到我国电力产业规制指数为 4.15。

表 2　　电力产业规制指数问卷及评价

问题	分值（P_i）	权重（w_i）	$P_i w_i$
第三方接入输电网络需要哪些条件（规制型的第三方接入为 0 分，协商型的第三方接入为 3 分，没有第三方接入为 6 分）	3	1/9	0.33
是否存在自由的电力批发市场（是为 0 分，否为 6 分）	6	1/9	0.66
消费者自行选择电力供应商的最小消费门槛（没有门槛为 0 分，小于 250 兆瓦为 1 分，在 250 兆—500 兆瓦为 2 分，在 500 兆—1000 兆瓦为 3 分，大于 1000 兆瓦为 4 分，消费者没有选择权为 6 分）	6	1/9	0.66
最大的电力生产、传输、分配、销售企业的所有权结构（私人为 1 分，私人为主为 1.5 分，混合为 3 分，国有为主为 4.5 分，完全国有为 6 分）	6	1/3	2
生产与传输的纵向分离的程度（完全分离为 0 分，会计分离为 3 分，一体化为 6 分）	0	1/6	0
电力产业垂直一体化的总体程度（分离为 0 分，混合为 3 分，一体化为 6 分）	3	1/6	0.5
合计	—	1	4.15

（二）燃气产业

燃气产业有 12 个问题，每个问题的得分如下（见表 3）：问题 1（第三方接入传输网络需要哪些条件）得分为 6。我国目前燃气产业没有第三方接入的规定。问题 2（零售市场对消费者开放的程度）得分为 6。我国燃气零售市场对消费者不开放。问题 3（是否存在对燃气生产环节竞争者数量的限制）得分为 6。我国在燃气生产环节存在严格的竞争者数量限制。问题 4—6（最大的燃气生产、传输、分配企业国有化程度）得分均为 6。我国最大的燃气生产企业、燃气传输企业、燃气分配企业都是国有企业。问题7—9（燃气生产、分配、销售等各环节之间纵向分离程度）得分均为6。燃气生产、燃气传输、燃气分配、燃气销售等各环节之间仍未纵向一体化。问题10—12（最大的燃气生产、销售、分配企业的市场份额）得分均为6。最大的燃气生产企业、传输企业、销售企业的市场份额都大于90%。通过加总，得到我国电力产业规制指数为6。

表3　　　　　　　燃气产业规制指数问卷及评价

问题	分值（P_i）	权重（w_i）	P_iw_i
第三方接入传输网络需要哪些条件（规制型的第三方接入为0分，协商型的第三方接入为3分，没有第三方接入为6分）	6	1/12	0.5
零售市场对消费者开放的程度［（1－市场开放百分比）×6］	6	1/12	0.5
是否存在对燃气生产环节竞争者数量的限制（没有限制为0分，部分市场存在限制为3分，所有市场都存在限制为6分）	6	1/12	0.5
最大的燃气生产企业国有化程度（没有国有产权为0分，部分国有产权为3分，完全国有产权为6分）	6	1/12	0.5
最大的燃气传输企业国有化程度（没有国有产权为0分，部分国有产权为3分，完全国有产权为6分）	6	1/12	0.5
最大的燃气分配企业国有化程度（没有国有产权为0分，部分国有产权为3分，完全国有产权为6分）	6	1/12	0.5
燃气生产与其他环节之间纵向分离程度（所有权分离为0分，会计分离为3分，一体化为6分）	6	1/8	0.75
燃气销售与其他环节之间纵向分离程度（所有权分离为0分，会计分离为3分，一体化为6分）	6	3/40	0.45
燃气分配与销售环节之间纵向分离的程度（所有权分离为0分，会计分离为3分，一体化为6分）	6	1/20	0.3
最大的燃气生产企业的市场份额（小于50%为0分，50%—90%之间为3分，大于90%为6分）	6	1/12	0.5
最大的燃气传输企业的市场份额（小于50%为0分，50%—90%之间为3分，大于90%为6分）	6	1/12	0.5
最大的燃气销售企业的市场份额（小于50%为0分，50%—90%之间为3分，大于90%为6分）	6	1/12	0.5
合计	—	1	6

(三) 铁路产业

燃气产业有9个问题,每个问题的得分如下(见表4):问题1与问题2(进入客运、货运市场的法律条件)的得分都是6。我国在客运与货运市场都是1家企业特许经营。问题3(最大的路轨运营企业国有化程度)得分为6。最大的路轨运营企业是国有企业。问题4与问题5(最大的客运、货运企业国有化程度)得分为6。最大的客运与货运企业都是国有企业。问题6(国家是否在铁路商业企业中拥有股权)得分为6,国家在铁路商业企业中拥有很高的股权比例。问题7与问题8(在同一地区运行的客运、货运企业的最大数量)得分为6,在同一地区运行的客运与货运企业的最大数量为1。问题9(路轨与客货运之间的纵向分离)得分为6,我国路轨与客货运之间没有纵向分离。通过加总,得到我国铁路产业规制指数为6。

表4　　　　铁路产业规制指数问卷及评价

问题	分值(P_i)	权重(w_i)	$P_i w_i$
进入客运市场的法律条件(自由进入为0分,特许几家企业经营为3分,特许1家企业经营为6分)	6	1/8	0.75
进入货运市场的法律条件(自由进入为0分,特许几家企业经营为3分,特许1家企业经营为6分)	6	1/8	0.75
最大的路轨运营企业国有化程度(没有国有产权为0分,有部分国有产权为3分,完全国有产权为6分)	6	1/16	0.375
最大的客运企业国有化程度(没有国有产权为0分,有部分国有产权为3分,完全国有产权为6分)	6	1/16	0.375
最大的货运企业国有化程度(没有国有产权为0分,有部分国有产权为3分,完全国有产权为6分)	6	1/16	0.375
国家是否在铁路商业企业中拥有股权(没有为0分,有6为分)	6	1/16	0.375
在同一地区运行的客运企业的最大数量(大于1为0分,等于1为6分)	6	1/8	0.75
在同一地区运行的货运企业的最大数量(大于1为0分,等于1为6分)	6	1/8	0.75
路轨与客货运之间的纵向分离(所有权分离为0分,法律分离为3分,会计分离为4.5分,没有分离为6分)	6	1/4	1.5
合计	—	1	6

（四）民航产业

民航产业有 4 个问题，每个问题的得分如下（见表 5）：问题 1（贵国是否与美国签署开放领空的协议）与问题 2（贵国是否加入了地区民航协议）得分都为 0。我国一定与美国签署开放领空的协议，并加入亚洲与国际民航协议。问题 3（国内航空是否有完全放开了民营企业的进入）得分为 0，我国已经放开了民营企业的进入。从 2005 年已有春秋、奥凯、鹰联、东星、吉祥等多家民营航空公司进入[①]。问题 4（最大航空企业国有化的程度）得分 6。我国最大的航空企业是国有企业。通过加总，得到我国民航产业规制指数为 3。

表 5   民航产业规制指数问卷及评价

问题	分值（P_i）	权重（w_i）	P_iw_i
贵国是否与美国签署开放领空的协议（是为 0 分，否为 6 分）	0	1/40	0
贵国是否加入了地区民航协议（是为 0 分，否为 6 分）	0	1/40	0
国内航空是否有完全放开了民营企业的进入（是为 0 分，否为 6 分）	0	9/20	0
最大航空企业国有化的程度（国有股比重×6）	6	1/2	3
合计	—	1	3

（五）公路运输产业

公路运输产业有 7 个问题，每个问题的得分如下（见表 6）：问题 1（开办全国的商业运输企业是否需要政府的执照）得分为 6。开办全国的商业运输企业是否需要政府的执照。问题 2（除技术、资本、公共安全因素外，开办运输企业是否还有其他标准需要满足）得分为 6，除技术、资本、公共安全因素外，开办运输企业是否还需要满足一些其他标准。例如，出租车行业就有严格的进入限制。问题 3（规制机构是否有能力决定运营企业的数量）得分为 6，规制机构有能力决定运营企业的数量。问题 4（专业机构或者商业代表机构是否能够影响或执行进入规制）得分为 6，专业机构或者商业代表机构能够影响或执行进入规制。问题 5（专业机构或者商业代表机构是否能

---

① 到 2009 年年底，这些新进入的民营航空公司已经有 3 家被国有航空公司兼并不复存在。

够影响或执行价格指导或价格规制）得分为 6，专业机构或者商业代表机构能够影响或执行价格指导或价格规制。问题 6（价格是否受政府的规制）得分为 0，价格不受政府规制。问题 7（政府是否向运营企业提供价格指导）得分为 6，政府向运营企业提供指导价格。通过加总，得到我国公路运输产业规制指数为 4.5。

表 6　　　　　　　　　　公路货运产业规制指数问卷及评价

问题	分值（P_i）	权重（w_i）	$P_i w_i$
开办全国的商业运输企业是否需要政府的执照（否为 0 分，是为 6 分）	6	1/12	0.5
除技术、资本、公共安全因素外，开办运输企业是否还有其他标准需要满足（否为 0 分，是为 6 分）	6	1/12	0.5
规制机构是否有能力决定运营企业的数量（否为 0 分，是为 6 分）	6	1/12	0.5
专业机构或者商业代表机构是否能够影响或执行进入规制（否为 0 分，是为 6 分）	6	1/8	0.75
专业机构或者商业代表机构是否能够影响或执行价格指导或价格规制（否为 0 分，是为 6 分）	6	1/8	0.75
价格是否受政府的规制（否为 0 分，是为 6 分）	0	1/4	0
政府是否向运营企业提供价格指导（否为 0 分，是为 6 分）	6	1/4	1.5
合计	—	1	4.5

（六）邮政产业

邮政产业有 6 个问题，每个问题的得分如下（见表 7）：问题 1 与问题 2（政府是否对经营全国信件、包裹服务的企业数量有限制）得分均为 3，政府对经营全国信件与包裹服务的企业数量有一定限制。新的《邮政法》规定同城快递 50 克以下、异地快递 100 克以下归邮政专营。问题 3（政府是否对经营区域快递企业的数量有限制）得分 6，政府对经营区域快递企业的数量有限制。问题 4 与问题 5（最大的全国信件、包裹服务企业国有化程度）得分 6，最大的全国信件与包裹服务企业是国有企业。问题 6（区域快递企业国有化程度）得分 6，区域快递企业中政府至少控制 1 家。通过加总，得到我国邮政产业规制指数为 4.5。

表 7　　邮政服务产业规制指数问卷及评价

问题	分值（P$_i$）	权重（w$_i$）	P$_i$w$_i$
政府是否对经营全国信件服务的企业数量有限制（没有为0分，在部分市场有限制为3分，在所有市场有限制为6分）	3	3/20	0.45
政府是否对经营全国包裹服务的企业数量有限制（没有为0分，在部分市场有限制为3分，在所有市场有限制为6分）	3	3/20	0.45
政府是否对经营区域快递企业的数量有限制（否为0分，是为6分）	6	4/20	1.2
最大的全国信件服务企业国有化程度（完全民营化为0分，部分民营化为3分，完全国有化为6分）	6	3/20	0.9
最大的全国包裹服务企业国有化程度（完全民营化为0分，部分民营化为3分，完全国有化为6分）	6	3/20	0.9
区域快递企业国有化程度（完全民营化为0分，政府至少控制1家为3分，政府控制重要企业为6分）	3	4/20	0.6
合计	—	1	4.5

（七）电信产业

电信产业有8个问题，每个问题的得分如下（见表8）：问题1—3（法律对进入固话、长途、移动电话市场的限制）得分均为3，我国在固话、移动、国际电话方面特许3家企业运营。问题4（公共电信运营企业国有化情况）得分为6，公共电信运营企业都是国有企业。问题5（最大的移动通信企业国有化情况）得分为6，最大的移动通信企业是国有企业。问题6—8（新进入固话、国际长途电话、移动通信市场企业的市场份额）得分均为6，不存在新进入固定电话、移动电话、国际电话市场的企业。通过加总，得到我国电信产业规制指数为4.98。

由此，我们得到我国7个垄断产业规制指数：电力产业规制指数为4.15，燃气产业规制指数为6，铁路产业规制指数为6，民航产业规制指数为3，公路产业规制指数为4.5，邮政产业规制指数为4.5，电信产业规制指数为4.98。通过算数平均数加总得到我国垄断产业总体的规制指数为4.73。同时，可以计算得到我国在各项改革措施方面的规制程度：进入规制改革方面规制指数为4.3，公共所有权方面规制指数为5.8，市场结构方面规制指数为6，纵向一体化方面规制指数为4.5，价格控制方面规制指数为3（见表9）。

表 8　　　　　　　　　电信产业规制指数问卷及评价

问题	分值（P_i）	权重（w_i）	P_iw_i
法律对进入固定电话市场的限制（没有限制为 0 分，特许 2 家或多家企业经营为 3 分，特许 1 家企业经营为 6 分）	3	1/12	0.25
法律对进入长途电话市场的限制（没有限制为 0 分，特许 2 家或多家企业经营为 3 分，特许 1 家企业经营为 6 分）	3	1/12	0.25
法律对进入移动电话市场的限制（没有限制为 0 分，特许 2 家或多家企业经营为 3 分，特许 1 家企业经营为 6 分）	3	1/6	0.5
公共电信运营企业国有化情况（国有股比重×6）	6	1/9	0.66
最大的移动通信企业国有化情况（国有股比重×6）	6	2/9	1.32
新进入固定电话市场企业的市场份额（超过25%为0分，10%—25%为3分，低于10%为6分）	6	1/12	0.5
新进入国际电话市场企业的市场份额（超过25%为0分，10%—25%为3分，低于10%为6分）	6	1/12	0.5
新进入移动电话市场企业的市场份额（超过25%为0分，10%—25%为3分，低于10%为6分）	6	1/6	1
合计	—	1	4.98

表 9　　　　　　　　我国与 OECD 主要产业规制指数比较

		电力	燃气	铁路	民航	公路	邮政	电信	平均
中国	总体评价	4.15	6	6	3	4.5	4.5	4.98	4.73
	进入规制	5	6	6	0	6	4.2	3	4.3
	公共所有权	6	6	6	6		4.8	6	5.8
	市场结构		6	6				6	6
	纵向一体化	1.5	6	6					4.5
	价格控制					3			3
OECD	总体评价	1.98	2.37	3.48	1.37	1.24	2.76	1.33	2.08
	进入规制	0.9	1.1	3.1	1.2	2.1	1.5	0.1	1.4
	公共所有权	3.6	2.4	4.9	1.7		4.1	1	2.9
	市场结构		3.7	3.5				2.8	3.3
	纵向一体化	1.4	3.2	3.1					2.5
	价格控制					0.6			0.6

四 我国与 OECD 国家垄断产业垄断程度的比较

（一）改革总体水平的比较

从总体水平来看，我国垄断产业规制指数平均为 4.73。而同期 OECD 主要国家的规制指数平均为 2.08，两者相去甚远。事实上，我国垄断行业规制指数与 OECD1987 年的水平相当，1987 年 OECD 主要国家的规制指数为 4.78。由此可以判断，我国垄断行业改革滞后于 OECD 主要国家近 20 年。

（二）具体产业改革状况的比较

从 7 个产业具体情况来看，我国电力、燃气、铁路、民航、公路、邮政、电信 7 个产业的改革均滞后于 OECD。其中电力产业的规制程度与 1999 年 OECD 主要国家规制水平相当，大约滞后 OECD 平均水平 10 年。铁路产业的规制程度与 1991 年 OECD 主要国家规制水平相当，大约滞后 OECD 平均水平 20 年。民航产业的规制程度与 1995 年 OECD 主要国家规制水平相当，大约滞后 OECD 平均水平 15 年。公路运输产业的规制程度与 1983 年 OECD 主要国家规制水平相当，大约滞后 OECD 平均水平 25 年。邮政产业的规制程度与 1991 年 OECD 主要国家规制水平相当，大约滞后 OECD 平均水平 20 年。电信产业的规制程度与 1992 年 OECD 主要国家规制水平相当，大约滞后 OECD 平均水平 20 年。

另外，我国各垄断产业之间的规制程度也存在明显差异。其中民航产业规制改革力度最大，规制程度最弱，规制指数为 3。而燃气产业、铁路产业的规制改革最为滞后，规制指数为 6，在竞争、运营、产权、规制等方面的改革基本上还处于停滞状态，没有任何推进。目前，电力、电信、邮政、公路运输等产业已经进行了一定的改革，初步形成了一定程度的竞争。有意思的是，技术经济并不复杂的公路运输、邮政等产业的改革力度比技术经济十分复杂的电力产业改革要滞后。

（三）改革措施的比较

在进入规制、公共所有权、市场结构、纵向一体化、价格控制等方面的改革，我国与 OECD 主要国家也存在差异。我国在进入规制方面的得分为 4.3，而 OECD 在 2007 年的得分只有 1.4；我国在公共所有权改革方面的得分为 5.8，而 OECD 在 2007 年的得分只有 2.9；我国在市场结构改革方面的得分为 6，而 OECD 在 2007 年的得分只有 3.3；我国在纵向一体化改革方面的得分为 4.5，而 OECD 在 2007 年的得分只有 2.5。由此可以看出，OECD 在进入规制方面改革力度最大，而我国在这方面的改革却相对比较落后，特别是对民营企业的进入仍然存在很多限制。在市场结构改革方面虽然有所推进，但是主导企业的市场势力仍然过强，竞争性市场结构并没有真正建立起来。另外，我国产权改革推进力度不尽如人意，远远落后于OECD平均水平。至于纵向一体化方面的改革，我国与OECD国家的差距相对较小。

五 结论、建议与研究展望

本文参照OECD的方法测度了我国7个垄断产业的规制指数，研究发现我国垄断产业规制指数比OECD要高得多，各产业的规制指数也比OECD的要高得多。同时，在进入规制改革、所有权改革、市场结构改革、运营模式改革等措施方面也与OECD平均水平存在很大差距。由此可以得出结论：我国垄断产业垄断程度过高，需要进一步放松规制，引入竞争机制。中国垄断产业改革的重要方向就是要顺应世界潮流而放松规制，制止目前强化规制的倾向（戚聿东、范合君，2009）。

在过去的30年里，中国在经济领域的改革取得了巨大的成就。1979—2008年，GDP总量增长率15.43倍，GDP年增长率高达9.8%。但是，在这30年波澜壮阔的改革中，我们的改革主要集中在竞争性领域，垄断产业改革很少涉及甚至一度被忽略。目前，垄断产业改革已经严重滞后于整个改革进程，已经成为进一步释放我国经济领域活力的障碍。目前，我国垄断产业仍然是传统计划经济体制的延续，政企合一、政监合一、政事合一现象仍很普遍。垄断产业已经成为制约我国经济持续、快速发展的一个障碍。在中国（海南）改革发展研究院进行的"2008中国改革问卷调查报告"中发现"垄断部门与市场部门相互冲突"已经成为我国社会经济的结构性弊端中最重要的表现形式。其中有60.66%的专家认为垄断产业改革基本没有进展，16.07%的专家认为垄断产业改革有所倒退。事实上，对垄断产业的规制会产生许多不利影响：规制导致企业的低效率，不利于经济增长与国际竞争力的提高；规制导致行政垄断、造成巨大经济损失。根据胡鞍钢（2000）的估计，我国垄断产业的垄断租金大得令人发指，约为1300亿—2020亿元，约占国内生产总值的1.7%—2.7%；规制导致垄断产业员工的过高收入，不利于社会稳定；规制导致产品价格高而质量低，加重了居民特别是贫困居民负担。因此，我国垄断产业改革的方向是放松规制而不是加强规制。加强规制是与世界潮流背道而驰的，而且也与我国国情与现实矛盾不符。

在下一个30年的改革中，我国经济领域必须启动第二次改革，而垄断产业改革则是第二次经济改革的重点。垄断产业改革将成为拉动中国下一个30年经济增长的重要引擎。据测算，垄断产业改革每年能使GDP提高1个百分点（范合君，2010；范合君、戚聿东，2010）。如果今后我国GDP每年能够持续增长8%的速度，那么垄断产业改革的贡献率高达1.25个百分点，将成为拉动经济增长的新动力。因此，我们有理由相信，在党中央、国务院的领导下，我国垄断产业的改革一定能够逐步地推进、不断地深入。垄断产业放松规制的改革必将成为拉动我国下一个 30 年经济增长的重要引擎，人民将共享垄断产业改革带来的巨大红利。

当然，本文的研究也有一定的缺陷。由于，我国垄断产业改革与国外发达国家在改革动因、改革初始条件、改革阶段、改革目标、改革重点、改革难点等方面存在很大的差异。因此，简单地移植、照搬 OECD 研究框架来测度、评价我国垄断产业改革还有一些不足与不适。事实上，我国垄断产业改革是一个系统工程，垄断产业改革是与国有经济布局调整、国有企业改革、政府管理体制改革等多方面联系在一起的，是包含运营模式改革、竞争模式改革、规制模式改革、产权模式改革、治理模式改革的"五位一体"的"整体渐进式改革"（戚聿东、柳学信，2008）。今后，我们将根据我国垄断产业具体情况，从运营模式、竞争模式、规制模式、产权模式、治理模式五个维度入手，构建全面反映我国垄断产业改革特点的评价体系，从定量角度跟踪评价我国垄断产业改革进展、改革措施、改革效果，全面评价各垄断产业在运营模式、竞争模式、规制模式、产权模式、治理模式等方面的改革进展，研究制约垄断产业发展的因素，选择合适的改革模式与最优改革路径，并进行改革机制与政策设计，为进一步推进并深化垄断产业改革提供系统理论指导，同时为规制经济学发展提供翔实的数据支持。

参考文献

1. Conway, P., V. Janod and G. Nicoletti, Product Market Regulation in OECD Countries: 1998 to 2003 [R], OECD Economics Department Working Paper, 2005, No. 419.

2. Hahn R. W. and P. C. Tetlock, Has Economic Analysis Improved Regulatory Decisions? [J], *Journal of Economic Perspectives*, 2008, Vol. 22 (1): 67 – 84.

3. Nicoletti, Giuseppe & Pryor, Frederic L., 2006, Subjective and Objective Measures of Governmental Regulations in OECD nations [J], *Journal of Economic Behavior & Organization*, 2006, Vol. 59 (3): 433 – 449, March.

4. Wallsten, Scott, George. Clarke Luke, Haggarty, Rosario Kaneshiro, Roger, Noll, Mary, Shirleyand Lixin, Colin Xu, New Tools for Studying Network Industry Reforms in Developing Countries: The Telecommunications and Electricity Regulation Database [J], *Review of Network Economics*, 2004, Vol. 3, No. 3: 248 – 282.

5. 白让让：《规制经济学理论研究与政策实践偏离的若干思考》，《反垄断与政府管制：理论与政策》，经济管理出版社 2009 年版。

6. 范合君：《垄断行业放松规制对经济增长影响的理论与实证研究》，工作论文，2010 年。

7. 范合君、戚聿东：《加快推进垄断行业改革预期收益与政策思路》，工作论文，

2010年。

8. 胡鞍钢、过勇：《从垄断市场到竞争市场：深刻的社会变革》，《改革》2002年第1期。

9. 匡贤明、倪建伟：《抓住时机，着力推进垄断行业改革——"价格制度与垄断行业改革"高层论坛综述》，《中国海南改革发展研究院简报》总第699期，2008年10月7日。

10. 戚聿东、范合君：《放松规制：中国垄断行业改革的方向》，《中国工业经济》2009年第4期。

11. 戚聿东、柳学信：《深化垄断行业改革的模式与路径：整体渐进改革观》，《中国工业经济》2008年第6期。

产业网络资源扩散研究与实证*

张丹宁　唐晓华

内容提要　产业网络是产业经济学领域的前沿问题，是产业组织的创新。产业网络的主要功能就是协助企业获取各种资源，尤其是稀缺性的关键资源。产业网络内涵的界定，包括知识、信息等资源扩散的经济学模型分析，并运用复杂网络传播动力学理论对沈阳汽车产业网络资源扩散效率和效率提升的策略进行了实证研究。

关键词　产业网络　资源扩散　复杂网络　传播动力学

一　引言

20 世纪 90 年代以来，从网络角度研究产业内部及产业之间的关系及其对经济主体的影响已经成为产业组织理论重要的研究内容。产业内部不同的行为主体之间或者不同产业主体之间形成的网络统称为"产业网络"（Industrial Network），它是一种新型的组织协调方式，是一种产业组织的创新，是介于市场和企业层级组织之间的一种企业合作组织形态，具有市场和企业双重性质。随着全球经济一体化和网络经济的深入发展，企业的外部环境和生产的组织形式发生了重大的变化，比如，快速多变的客户和市场需求促使企业之间纵向和横向非一体化网络关系有序地发展起来；整合外部资源，以求低成本、高效益、高技术一致性的核心优势成为企业获得竞争力的重要条件；全球范围产业分工的深化使得经济系统的共振性日趋加强等，这些趋势和特征都要求以新的范式来研究产业组织中企业之间的关系，产业网络分析范式正是适应这一背景而产生的。

"资源"作为经济活动中最关键的要素之一，其稀缺性与需要的无限性

---

* 基金项目：国家社科基金重大项目《我国先进装备制造业发展路径研究》（08&ZD040）、中国博士后基金第 48 批面上项目《复杂网络视角下装备制造点集群的发展路径及实证研究》、辽宁大学"211"工程项目《管理创新与大企业竞争力》和辽宁省社科规划基金《沈阳铁西装备制造业集群发展路径研究》。

作者简介：张丹宁，博士，辽宁大学商学院讲师；唐晓华，辽宁大学商学院院长、教授、博士生导师。

构成经济运动发展的最基本矛盾。产业网络的一个核心特征在于行为主体之间形成的紧密的互动联系。在产业网络主体采取各种层面行为策略的同时也伴随了各种资源的流动和扩散,产业网络的形成资源的传播与共享提供了途径。因此,产业网络的主要功能就是协助企业获取各种资源,尤其是稀缺性的关键资源。企业如果通过非网络化联系(如市场购买等渠道)获取这些稀缺资源就需要负担很高的成本(如搜寻成本、交易成本等),而且还缺乏成功的保障与交易的可持续性进行,而嵌入产业网络中的企业主体可以通过紧密的网络互动,彼此之间建立相对稳定的关系,尤其是与相关资源拥有者之间建立了关系,就可以拥有优先获得资源的可能。

二 产业网络与资源扩散的经济学模型

(一) 产业网络

产业网络的节点包括单个企业或一个企业群,而在更广泛的范围上还包括政府、教育和科研机构、中介组织以及金融机构等。因而,本文将产业网络的节点划分为两大类:一类是基于价值链而紧密联系的具有一定产业关联的企业群,称为"价值链主体"[①];另一类是对企业提供各种服务和支持的组织和机构,称为"产业生态主体"。

根据产品实体在价值链中各个环节的流转程序,企业的价值活动可以被分为"上游环节"和"下游环节"两大类。在企业的基本价值活动中,材料供应、产品开发、生产运行可以被称为"上游环节";成品储运、市场营销和售后服务可以被称为"下游环节"。在一个企业众多的"价值活动"中,并不是每一个环节都能创造价值,即企业所创造的价值实际上来自企业价值链上的某些特定的价值活动;这些真正创造价值的经营活动,就是企业价值链的"战略环节"。企业在竞争中的优势,尤其是能够长期保持的优势,说到底,是企业在价值链中某些特定战略价值环节上的优势,因此,本文将产业网络的"价值链主体"界定为既包括处于不同生产链环上的紧密合作的上下游企业,即纵向的"价值链主体网络";同时还包括处于同一生产链环之上的同业竞争企业,即横向的"价值链主体网络",由纵向和横向交互融合而形成的"价值链主体网络"可被视为产业的生产系统。

借鉴"生态学"的思想,生物的生存、活动、繁殖需要一定的空间、物质与能量。企业的生存与发展也同样需要从外界环境中汲取各种物流、质流、能量流及信息流,即企业的生存也存在一个外部的产业生态系统,这个系统

[①] "价值链主体"在某种意义上等同于"企业网络",很多学者将企业网络就等同于产业网络,但是本文将企业网络视为产业网络的一个组成部分,即产业网络是企业网络与产业环境的有机融合。

由众多非企业主体构成,不断地实现企业与外部环境的物质流动及能量交换。本文将产业网络的"产业生态主体"界定为:为协助生产企业,不断地为其提供各种资源以提升企业竞争力的组织机构系统。产业生态主体包括:提供政策支持的政府;提供知识技术和人力资源教育和培训的教育和科研机构;提供资金的金融机构以及提供各种信息和技术的行业协会和科技中介等,比如生产力促进中心、科技咨询机构、创业中心等。产业生态主体是企业生存外在环境的重要组成部分,产业生态主体越健全、越完善,就越能够为企业提供有力的支持和服务。

因此,产业网络可以被视为是产业生产系统与产业生态系统的有机融合,如图1所示。

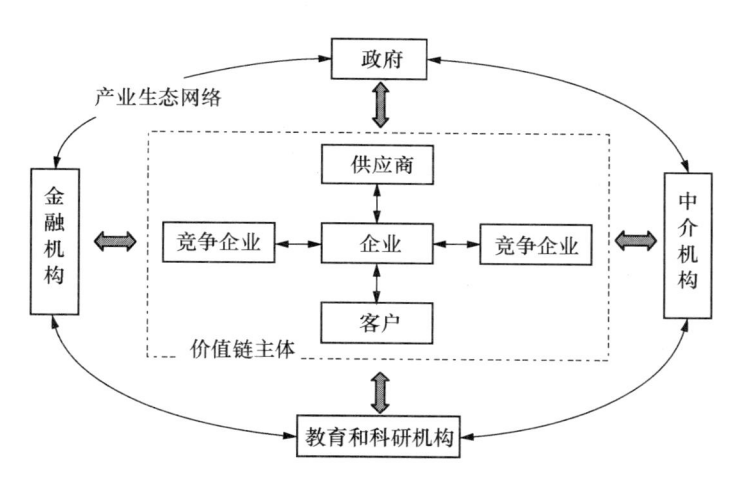

图1 产业网络主体耦合

(二) 产业网络资源扩散的经济学模型

产业网络中扩散和共享的资源不仅包括企业生产经营过程中的资金、原材料等各种硬资源,同时也包括信息、知识等软资源。产业网络通过主体之间频繁地交往,能够加速硬性和软性资源在整个产业网络内的传播和共享,尤其是非编码化知识和信息的传递,这些资源的传播只能在频繁而紧密的非正式交往而形成的网络关系中进行有效率地传递。同时,产业网络的功能发挥还取决于其网络结构。不同密度的产业网络的资源获取功能不同,紧密的产业网络有助于企业获取资源,强联结的企业之间通过反复的经济交易和社会交往产生相互信任和默契,简化交易过程,降低交易成本,并形成互惠互利的稳定的合作关系,有利于企业间资源的交换。例如,产业网络密度大的网络系统就特别有利于敏感信息和隐含知识的传播,网络成员的关系越是密切,非正式的信息交流就越多,网络成员也更愿意共享信息。

下面给出产业网络上资源扩散和共享的一个简洁模型。

设企业 i 原有的资源为 a_i，a_i 越高，说明企业原有的资源基础越雄厚。当企业从产业网络中获取资源时，会出现资源存量的增加，模型如下：

（Ⅰ）在每个资源扩散与共享阶段，随机选择企业 a_i，通过产业网络获取外部资源后，企业 i 的资源总量发生改变

$$a'_i = a_i + \Delta_i \tag{1}$$

其中，a'_i 为企业 i 在获取资源后的资源总量，Δ_i 是具有均值 λ 的指数分布随机变量，即 $p(\Delta) = e^{-\Delta/\lambda}/\lambda$。

（Ⅱ）设 r_i 表示任一企业 i 在产业网络中实现资源扩散与共享的期望净收益，则资源实现在产业网络的扩散要满足下述条件

$$r_i = d_i \{ \Delta_i + [C_{nin} - C_{in}(k_i)] \} - C_a \tag{2}$$

其中，d_i 是企业 i 进行资源扩散的倾向，d_i 是 $[0,1]$ 上的随机变量，表示企业愿意通过产业网络接受资源扩散与共享的倾向，$d_i = 0$ 表示企业 i 完全拒绝接受资源的扩散和共享；$d_i = 1$ 表示企业 i 完全乐于接受资源的扩散与共享；$0 < d_i < 1$ 表示企业 i 对资源扩散与共享的愿望程度介于极端乐观与极端悲观之间。由于企业之间对于资源扩散与共享的决策是互不影响的，则 d_i 是相互独立的。C_{nin} 表示企业不通过产业网络获得资源所要付出的成本，$C_{in}(k_i)$ 表示企业通过产业网络获得资源所付出的成本，C_{in} 是产业网络中企业主体 i 的度 k 的函数，k_i 越大，说明企业拥有越多的网络资源，获取资源的成本就越低；反之亦然。所以通常有 $\frac{dC_{in}}{dk} < 0$。$[C_{nin} - C_{in}(k_i)]$ 为两种成本的差额，表示企业通过产业网络这种组织形式而获得的一种"机会收益"①，如果 $[C_{nin} - C_{in}(k_i)] > 0$，则企业在网络环境中获取资源是经济的、有效率的，而该判断是符合实际情况的。C_a 表示企业获取到资源后进行消化吸收的成本，比如企业获取新知识和新技术后打算进行技术创新而进行的投资。

（Ⅲ）根据产业网络内扩散资源的种类分为两种情况：

（1）如果在产业网络上扩散和共享的是资金或设备等硬资源，则可设 $d_i \equiv 1$，即每一个企业都愿意从产业网络内获得这些硬资源。同时，$C_a = 0$（或忽略不计），即企业获得硬资源后可以马上投入生产，而不需要进行吸收和消化。

（2）如果在产业网络上扩散和共享的是技术或知识等软资源，则设 $C_a > 0$，即企业获得新知识或新技术后，需要为吸收消化这些资源而进行技术升级所必须付出的代价。此时，通常 $0 \leq d_i \leq 1$，即企业存在"需要权衡技术升级

---

① 类似于经济学上的"经济成本"，本文所说的机会收益主要是指产业网络内的企业同产业网络外部企业相比能够利用产业网络组织获取资源而节省的成本。

的成本收益后进行技术创新"的倾向。

（Ⅳ）根据上述变量，可以得到以下几种情况：

（1）如果 min $\{r_i\}$ >0，表示网络中能力最弱的企业都可以通过参与资源扩散与共享得到收益，则每个企业的参与是必然的。其过程是：自局部某个节点（企业）开始，邻接的企业会根据（2）式做理性判断，而后承接"资源的扩散与共享"。相似的情况会不断地重复，整个环节中资源就如同一个个承先启后的闪电一样，从网络的一点遍及周身。本文将该现象称为"网络连锁反应态"。"网络连锁反应态"是一种理想的资源扩散及共享状态，是对"网络机能"的充分最优发挥。

（2）如果 max $\{r_i\}$ ≤0，表示网络中能力最强的企业都不能通过资源扩散与共享得到收益，则其他企业获取收益的可能性及数量都很少。这种状态下，整个产业网络中获取资源的成本过大，则大规模的产业网络资源扩散和共享将因缺乏继起性而终止，这也是一种群体的理性选择，本文将该状态定义为"网络死寂态"。

以上"min$\{r_i\}$ >0"及"max$\{r_i\}$ ≤0"是两种极端的情形，而"min$\{r_i\}$ ≤0 及 max$\{r_i\}$ >0"的情况更为普遍。那么，如何使得网络中资源扩散与共享趋向于"网络连锁反应态"而避免走向"网络死寂态"成为核心问题。观察（2）式，并将网络资源扩散与共享看成是一个动态的过程，则在网络功能的培育中，需要注意构建"学习与共享"的文化以提升 d_i 值。此外，需要通过加强节点间的连接强度与广度降低 $C_{in}(k_i)$，亦即提高 $[C_{nin} - C_{in}(k_i)]$ 之间的差额；显然，上述行为会最终增加企业的期望净收益 r_i。从系统的角度看，"文化—倾向—效益"三者之间是相互作用、不断强化、循环支撑的过程，任一方面的改善都会长期、持续地改善网络的整体功能，最终使参与其中的各企业受益。

因而，要想提高资源在产业网络中的传播速度和共享效果，最直接有效的方式是需要通过提高产业网络的密度，降低企业吸收资源的成本来推动产业网络资源扩散能力的提升。

三　复杂网络传播动力学

人类生活的日益网络化极大地加快了传染病的扩散速度，比如非典型性肺炎（SARs）疫情的快速蔓延；禽流感、甲型 H1N1 病毒引起的急性传染病的大范围爆发等都给全球带来了巨大的生命及财产损失。与生物病毒相比，计算机病毒的传染性是计算机病毒最基本的特性，病毒的传染性是病毒赖以生存繁殖的条件，计算机病毒借助庞大的互联网大肆侵袭全球的计算机系统。对网络上扩散阈值的研究主要是基于著名的传染病模型 SIS 和 SIR。在典型的传播模型中，种群（population）内的个体被抽象为几类，每一类都处于一个典型状态。其基本状态包括 S（susceptible）——易染状态[①]（healthy state）；I（infected）——感染状态；R（removed 或 recovered）——被移除状态[②]。通常用这些状态之间的转换过程来命名不同的传染模型。当易染群体被感染，然后恢复健康并具有免疫性，称为 SIS 模型；若易染群体被感染后，又返回到易染状态，则称为 SIR 模型。

资源在产业网络中的扩散和共享机制同病毒的传播具有极为相同的性质。可以将资源假定为在网络组织中传播的"善意病毒"，这种"善意病毒"具备像任何一类传染病原都具有的较强传播性和扩散性，对产业网络中的每一个节点发起"善意攻击"，与传染病病毒不同的是，这种"善意病毒"不仅不会对网络节点的机体带来损害，反而会提升这些节点的知识基础和创新能力。所以，相对于对传染病毒的防御和扩散抑制来讲，每一个产业网络中的节点都是应该积极地去感染这种"善意病毒"。同样的，产业网络中的节点也具备"易染状态"、"感染状态"和"被移除状态"，这些节点的性质也决定了它们对于产业网络中传播资源的接收和消化能力，即越容易感染的企业越会在资源扩散中受益。因此，传染病 SIS 和 SIR 模型就同样适用于资源在产业网络中的扩散与共享的研究。

传统的理论认为，只有当有效传播速率超过一个正的临界值时，大规模的扩散才有可能发生，而 Pastor - Satorras 和 Vespignani 等人的研究表明，当网络规模无限增大时，无标度网络的临界值趋近于零，这意味着即使是微小的传染源也足以在庞大的网络中蔓延。目前，由于网络拓扑结构的差异性，复杂网络传播临界值的研究也覆盖了均匀网络、非均匀网络、关联和无关联网络等众多的网络类型。因而，对于产业网络资源扩散的研究也需要建立在对网络拓扑结构进行准确判定的基础之上。

四 沈阳汽车产业资源扩散的实证研究

（一） 网络拓扑结构判定

目前，沈阳市的汽车产业已经形成了以轿车——轻型车为发展重点—以大中型客车——专用车—汽车发动机等整车零部件为骨干产品，具有一定整车制造和零部件配套能力的生产体系。2008 年整车产销量可达 45 万辆。目前，沈阳市共有整车生产企业 6 家，专用车制造 19 家，摩托车生产企业 1 家，汽车发动机生产企业 5 家，其他主要零部件及相关配套生产企业 100 余家，如图 2 所示。

---

① 通常称为健康状态。
② 也称为免疫状态或恢复状态。

产业网络资源扩散研究与实证　　　　　　　　　　　　　　　　　　　　　　　　99

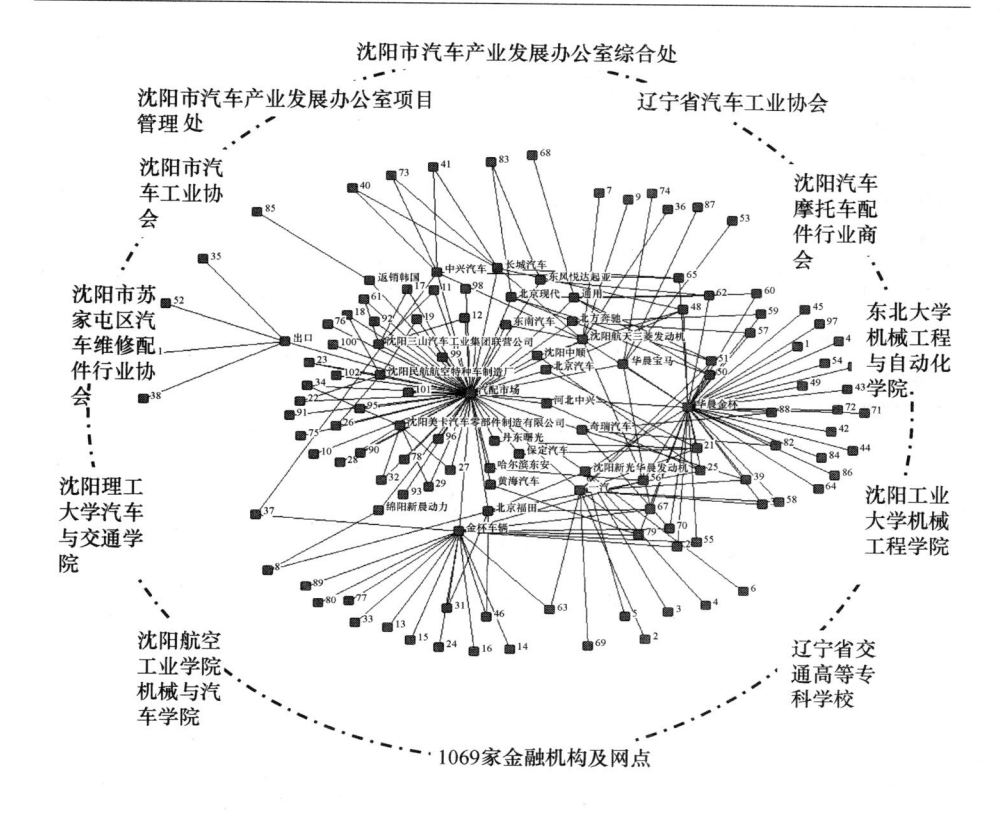

图2　沈阳汽车产业网络

注：在该产业网络图中，虚线圆圈表示的是包括政府、教育和科研机构、中介组织和金融机构在内的"沈阳市汽车产业生态网络"；而处于虚线圆圈内的是基于价值链关系而绘制的"沈阳市汽车产业价值链网络"，在"价值链网络"中，共包括节点131个，其中用数字1—102标注的是沈阳市汽车产业中的零部件企业，由于具体企业的名称对于产业网络的复杂性分析没有必然的影响，所以就不对这102家企业进行一一说明了。

经计算，沈阳汽车产业网络的平均度 $\langle k \rangle = 3.099$，平均路径长度 $L = 2.79$，聚类系数 $C = 0.232$。通过对存在于不同领域的大量实际网络的拓扑特征进行研究，常见的复杂网络拓扑结构主要包括规则网络、随机图、无标度网络和小世界网络等。这些复杂网络的统计特性如表1所示。

通过选取"欧式距离"和"马式距离"的判别方法进行拟合可以发现，沈阳汽车产业网络的拓扑结构最趋近于"BA（m=2）无标度网络"。

（二）传播临界值计算

经过判定，沈阳汽车产业网络的拓扑结构最趋近于"BA（m=2）无标度网络"，所以可以抛开网络均匀性假设，定义相对密度 $\rho_k(t)$ 是一个度为 k 的节点被感染的概率。它的"均场方程"为

表 1　　　　　　　　　　六种复杂网络的统计特性

	平均度	平均距离	聚类系数
BA（m = 1）	1.9847	3.9746	0.0000
BA（m = 2）	3.8626	3.1225	0.1182
BA（m = 3）	5.6183	2.7664	0.1241
WS 小世界	4.0000	3.8208	0.0843
NW 小世界	98.9466	1.2389	0.7610
随机图	32.5038	1.7517	0.2817

$$\frac{\partial \rho_k(t)}{\partial t} = -\rho_k(t) + \lambda k[1 - \rho_k(t)]\Theta(\rho_k(t)) \tag{3}$$

考虑单位恢复速率并且忽略高阶项（$\rho_k(t) \leqslant 1$）。$\Theta\rho_k(t)$ 表示任意一条给定的边与一个被感染节点相连的概率。记 $\rho_k(t)$ 的稳态值为 ρ_k。令（3）式右端为零，可求得

$$\rho_k = \frac{k\lambda\Theta(\lambda)}{1 + k\lambda\Theta(\lambda)} \tag{4}$$

这表明节点的度越高，被感染的概率也就越高。在计算 Θ 时必须考虑到网络的非均匀性。对于无关联的无标度网络，即不同节点的度之间是不相关的无标度网络，由于任意一条给定的边指向度为 s 的节点概率可以表示为 $sP(s)/\langle k \rangle$，可以求得

$$\Theta(\lambda) = \frac{1}{\langle k \rangle}\sum_k kP(k)\rho_k \tag{5}$$

联立（4）式和（5）式，可在 Θ 充分小的情形下，对于任意无标度分布，近似求得 ρ_k 和 $\Theta(\lambda)$。传播临界值 λ_c 必须满足的条件是：当 $\lambda \geqslant \lambda_c$ 时可以得到 Θ 的一个"非零解"。由（4）式和（5）式可以得到

$$\Theta = \frac{1}{\langle k \rangle}\sum_k kP(k)\frac{\lambda k\Theta}{1 + \lambda k\Theta} \tag{6}$$

（6）式有一个平凡解 $\Theta = 0$。如果该方程要存在一个非平凡解 $\Theta \neq 0$，需要满足如下条件：

$$\frac{d}{d\Theta}\left(\frac{1}{\langle k \rangle}\sum_k kP(k)\frac{\lambda k\Theta}{1 + \lambda k\Theta}\bigg|_{\Theta=0}\right) \geqslant 1, 既有 \sum_k \frac{kP(k)\lambda k}{\langle k \rangle} = \frac{\langle k^2 \rangle}{\langle k \rangle}\lambda \geqslant 1$$

从而得到无标度网络的传播临界值 λ_c 为

$$\lambda_c = \langle k \rangle / \langle k^2 \rangle \tag{7}$$

经过（7）式，求得沈阳汽车产业网络的传播临界值为 0.06304，大于 0。对于无标度网络而言，只要传播临界值大于零，就说明病毒能够在网络中传播，即无标度网络对抵抗病毒传播的脆弱性。因此，通过求得的传播临界值

可以判定，沈阳汽车产业网络能够实现包括资本、原材料、知识、技术和信息在内的资源的传播和扩散。但是也必须认识到，对于无标度网络的传染病模型而言，传播临界值 λ 越接近于零，说明网络中病毒的传播速度就越快，所以应该尽力去提高临界值 λ。相反，对于产业网络而言，知识、技术和信息等"善意病毒"的传播速度和效率应该是越快越好。所以，对于产业网络而言，临界值 λ 应该是越小越好。从 0.06304 这个数值来看，沈阳汽车产业网络虽然存在资源的扩散，但是扩散的效率并不太高，应该努力去降低临界值 λ，以促进资源在沈阳汽车产业网络中的有效传播、扩散和共享。

（三）资源扩散效率提升策略

由于临界值 λ 是网络"度"的减函数，所以，要想降低沈阳汽车产业网络的临界值 λ，就必须通过增大网络"度"的方式来实现，主要两种途径：一种是"整体增加度"策略，即将产业网络中所有的节点视为"平等的"，资源均匀地提供给每个节点，即不管节点在产业网络中的影响力如何，都可以获得相同的度的增加量；另一种是"局部增加度"策略，即对产业网络中的节点实行"差别化"待遇，将资源倾斜性地供应给个别节点，也是根据节点的度的大小，或者是节点在整个产业网络中的影响力从而优先提升某些"集线器"节点的度，以降低临界值 λ。

1. 整体增加度策略

本文将对沈阳汽车产业网络中的所有节点进行"1—15"的度增加检验，结果如表 2 所示。

表 2　所有网络节点度增量从 1—15 时沈阳汽车产业网络临界值 λ 表

度增量	临界值 λ	度增量	临界值 λ
0	0.06304	8	0.068199
1	0.072735	9	0.065068
2	0.077783	10	0.062039
3	0.079463	11	0.059155
4	0.078921	12	0.056437
5	0.077024	13	0.053890
6	0.074370	14	0.051513
7	0.071348	15	0.049298

根据表 2，可以绘制出沈阳汽车产业网络中整体节点度增量后临界值 λ 的变化趋势，如图 3 所示。

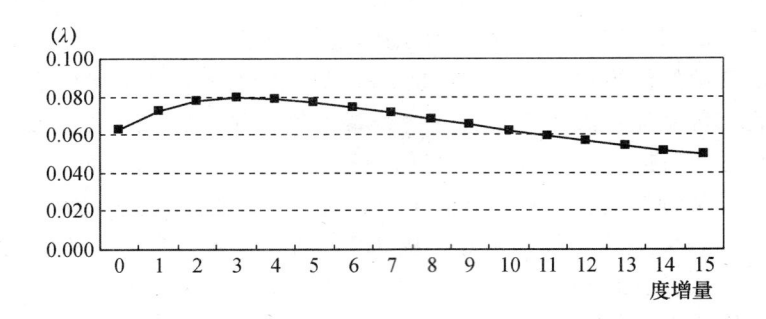

图3 沈阳汽车产业网络中整体节点度增量1—15后临界值 λ 的变化趋势

从图3中可以看到一个明显的趋势：即在沈阳汽车产业网络所有的节点度都获得1—15的度增量时，在度增量为"3"之前的初级阶段，反而会出现临界值 λ 增加的趋势，即度的增加不仅没有提高资源的传播速度，反而降低了这些资源的传播效率。这个现象出现的原因可能在于，由于所有节点的度都获得了一个均等的增量，使得产业网络偏离了原有的均衡态，这种结构的暂时性混乱状态是导致在度增加的情况下反而出现临界值 λ 增加的"反常规状态"。但是，从长远趋势来看，当"度增量"超过"3"之后，沈阳汽车产业网络的临界值 λ 处于平稳地下降趋势，这说明，随着全体节点"度增量"的增加，必然会引致临界值 λ 减少的趋势，从而提升资源在产业网络中的传播、扩散和共享效率。这充分说明沈阳的汽车产业需要深度合作，促进产业共赢。

2. 局部度增量策略

当面临资源约束时，通过"局部增加度策略"就可以通过"倾斜性"的扶持政策来增加在产业网络中最具影响力的某些节点的度，从而实现"以点带面"地提升整个产业网络的度，进而降低产业网络的临界值 λ。

本文将依次按照度的降序排列对居于前5位的节点，即汽配市场、华晨金杯、金杯车辆、一汽和沈阳航天三菱发动机等分别进行"1—15"的度增量测验；对于具有相同度的节点群体采取抽样的方式进行测验：本文选取了节点度为"7"和"6"的代表性节点"中兴汽车"和"民航特种车辆制造厂"分别进行"1—15"的度增量测验；同时还选取了节点度为"2"和"1"两个节点分别进行"1—15"的度增量测验。

根据对这9个节点的度增量而引起的沈阳汽车产业网络的临界值 λ 的变化趋势进行汇总，如表3和图4所示。

从表3和图4中可以看出，在初期时，通过对"集线器"企业增加度是非常有效率的，可以持续快速地降低沈阳汽车产业网络的临界值 λ，但是，随着节点度逐渐地降低，对个别节点度增量的效果就开始下降。所以在资源受到约束的初期发展阶段，可以通过对"集线器"企业增加度的方式来提升资源在沈阳产业网络中的传播、扩散和共享效率。

表3　9个节点度1—15增加引起的沈阳汽车产业网络的临界值λ的变化

名称	汽配市场	华晨金杯	金杯车辆	一汽	沈阳航天三菱发动机	中兴汽车	沈阳民航航空特种车制造厂	某度为2的节点	某一度为1的节点
原始度	58	40	20	11	9	7	6	2	1
基期效果增量	0.000972	0.000630	0.000245	0.000070	0.000031	-0.000008	0.000000	-0.000106	-0.000126
	0.001929	0.001263	0.000505	0.000158	0.000081	0.000003	-0.000028	-0.000193	-0.000232
	0.002870	0.001898	0.000781	0.000265	0.000149	0.000033	-0.000036	-0.000259	-0.000318
	0.003795	0.002536	0.001072	0.000391	0.000237	0.000083	-0.000025	-0.000306	-0.000385
	0.004704	0.003175	0.001378	0.000534	0.000343	0.000151	0.000005	-0.000334	-0.000431
	0.005598	0.003814	0.001697	0.000695	0.000468	0.000239	0.000055	-0.000341	-0.000458
	0.006476	0.004454	0.002030	0.000873	0.000610	0.000344	0.000124	-0.000329	-0.000466
	0.007338	0.005093	0.002375	0.001067	0.000769	0.000468	0.000211	-0.000298	-0.000453
	0.008186	0.005731	0.002732	0.001278	0.000946	0.000609	0.000316	-0.000248	-0.000422
	0.009018	0.006368	0.003101	0.001505	0.001139	0.000768	0.000440	-0.000178	-0.000371
	0.009834	0.007003	0.003481	0.001747	0.001348	0.000944	0.000581	-0.000091	-0.000302
	0.010636	0.007635	0.003870	0.002004	0.001573	0.001136	0.000740	0.000016	-0.000213
	0.011423	0.008265	0.004269	0.002275	0.001813	0.001344	0.000915	0.000140	-0.000106
	0.012196	0.008892	0.004678	0.002560	0.002068	0.001568	0.001107	0.000282	0.000018
	0.012954	0.009515	0.005094	0.002858	0.002337	0.001807	0.001315	0.000441	0.000161

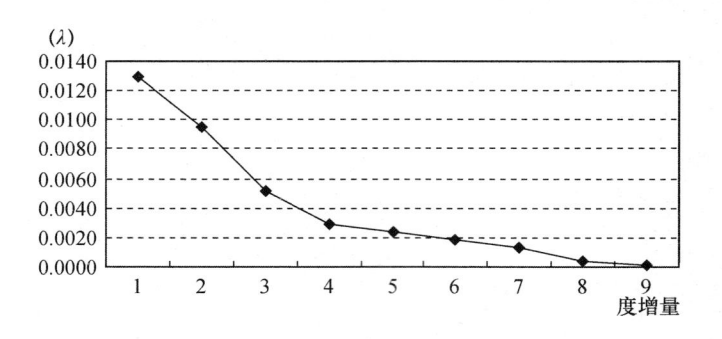

图4　9个节点度1—15增加引起的沈阳汽车产业网络的临界值λ的变化

综上所述，要想提高沈阳汽车产业网络的资源传播效率，就可以通过"整体度提升"和"局部度提升"这两种方式来降低产业网络的临界值λ。"整体度提升"由于会在度增加的初期出现临界值λ的同样增加，而在以后的阶段就会出现平稳的下降趋势，这说明"整体度提升"更适用于产业网络资源传播、扩散和共享效率提升的长远战略选择；与此相对应的是"局部度提升"会在初期时收到非常明显的效果，即随着对集线器企业度的增加，会很快降低沈阳汽车产业网络的临界值λ而提升资源的传播效率。但是，当到对某些度相对小的节点进行度增量操作时，临界值λ就开始出现"先升后降"的趋势，而且度越低，这种趋势越明显，所以"局部度提升"更适用于产业网络资源传播、扩散和共享效率提升的初期的战略选择。因此，要想提升沈阳汽车产业网络资源传播效率，就应该循序渐进地采用"局部度提升—整体度提升"的螺旋发展式提升策略。上述结论也印证了系统理论家阿希贝关于组织的产生划分的观点，即组织从无到有和从差到好的演化过程需要经历两个阶段："局部网络化阶段"和"普遍网络化阶段"。前者是指产业网络首次出现的过程，其根本的标志是企业与企业在小范围内初步形成稳定的合作关系；后者是指局部网络化在新经济时代发生了变化，即由虚拟企业、外包、下包、战略联盟和由物流企业等众多主体参与构造的复杂产业网络化生产方式。

参考文献

1. 盖翊中、隋广军：《基于契约理论的产业网络形成模型：综合成本的观点》，《当代经济科学》2004年第9期。
2. 陈伟、刘希：《基于价值链管理的成本竞争优势研究》，《经济师》2002年第4期。
3. ［美］迈克尔·波特：《竞争优势》，陈小悦译，华夏出版社2006年版。
4. 张丹宁、唐晓华：《产业网络组织及其分类研究》，《中国工业经济》2008年第2期。

5. 李守伟、钱省三、沈运红：《基于产业网络的创新机制研究》，《科研管理》2007年第4期。

6. Bailey, N. T. J., *The mathematical Theory of Infectious Diseases and Its Application* [M]. New York: Hafner Press, 1975.

7. Anderson, R. M., *Infectious Disease in Humans* [M]. Oxford: Oxford University Press, 1992.

8. Diekman, O., Heesterbeek, J. A. P., *Mathematical Epidemiology of Infectious Diseases: Model Building, Analysis and Interpretation* [M]. New York: John Wiley & Son Publisher, 2000.

9. Pastor – Satorras, R., Vespingnani, A., Epidemic Spreading in Sacale – free Networks. Phys. Rev. Lett., 2001, 86 (4): 3200 – 3203.

10. Albert, R., Barabasi A – L, Statistical Mechanics of Complex Networks [J]. *Reviews of Modern Physics*. 2002, 74 (1): 47 – 97.

11. Newman, M. E. J., The Structure and Function of Complex Networks [J]. *SIAM Review*, 2003, 45: 167 – 256.

12. 汪晓帆、李翔、陈关荣等：《复杂网络理论及其应用》，清华大学出版社2006年版。

制度环境对不同产业外商直接投资的影响：
基于美国海外直接投资的实证研究[*]

胡 超 张 捷

内容提要 制度环境会对外商直接投资产生影响，但是，不同的产业有着不同的制度密集型特征，制度环境对不同产业外商直接投资的影响是否一样，现有文献还没有就此进行过研究。本文基于美国海外直接投资的数据，实证研究了制度环境对美国投资于海外金融、专业科学技术服务、食品和机械四类产业的影响。制度环境对金融、专业科学技术服务等高端服务产业外商直接投资的影响要远大于食品、机械等制造产业。根据研究结论，并结合我国正面临的由出口导向型的制造经济向内需驱动的服务经济转型现实，文章最后得出了一些有益的启示。

关键词 制度环境　外商直接投资　制度密集型　制度距离

一 文献综述及问题的提出

制度被认为是决定一国经济发展的重要影响因素（OECD，2001）。大量的研究表明，不同的制度环境（institutional climate）往往会导致国家间悬殊的经济发展绩效，尤其是在经济增长速度、人均收入差距以及生产率等方面（IMF，2003；Acemoglu et al.，2002）。人均收入高的国家往往有着良好的制度环境，因为有效的产权制度、经济自由以及法治能够有效地促进私人投资，减少腐败，进而带来更高的经济增长率[①]。资本是生产过程中不可或缺的要素，在经济全球化进程中，资本的趋利性使得 FDI（foreign direct investment）在全球范围内展开。对广大发展中国家而言，FDI 能够有效地弥补资本稀缺，

---

[*] 基金项目：教育部社科重大攻关项目（批准号：08JZD0014）、国家社科基金重点项目（批准号：09AZD015）和国家社科基金青年项目（批准号：08CMZ13）。

作者简介：胡超，暨南大学国际贸易专业博士生，广西民族大学商学院讲师；张捷，暨南大学经济学院院长、教授、博士生导师。

[①] 也可能是为了保持较高的收入水平而提高制度水平，即收入水平解释了制度质量。霍尔和琼斯（Hall and Jones，1999）在研究过程中通过利用地理作为制度的工具变量对这一问题进行了处理。考夫曼和克拉伊（Kaufmann and Kraay，2002）证实制度促进了收入水平的提高，而不是反向关系。

以及通过外溢效应促进东道国生产率的提高和企业生产技术的进步（UNCTAD，2004）。近年来，有大量的文献从不同角度研究 FDI 区位选择的决定因素等问题。由于制度对经济行为的重要影响及新制度经济学的兴起，从制度方面分析 FDI 的区位选择自然成为一个新的视角。制度之所以会对 FDI 的区位选择产生影响，一是良好的制度环境是保证 FDI 发挥作用的前提，具有良好制度环境的国家往往具有较高的生产率，因而对外国投资者具有更大的吸引力。二是糟糕的制度，比如腐败会给 FDI 带来额外的成本（Wei，2000）。三是由于 FDI 具有较高的沉没成本，因此 FDI 对东道国的任何不确定性十分敏感，比如，政府低效率引致的不确定性、政策的变更及透明度、弱的产权保护以及糟糕的法律体系等（Bénassy‐Quéré et al.，2005）。

卢卡斯（Lucas，1990）较早间接地从制度角度考虑过 FDI 的区位选择问题。根据传统的要素禀赋理论，资本丰裕国家的资本要素回报率要相对低于资本稀缺国家的回报率，因此资本会从丰裕国家流向稀缺国家（Macdougall，1960）。但卢卡斯指出，在世界范围内，只有在资本/劳动之比，以及工资和资本收益相等时才出现资本从发达国家（资本丰裕国）流向发展中国家（资本稀缺国）。他考虑了许多可能解释的因素，如技术进步使资本在发达国家的生产率更高，同时，他也从制度层面提出了应当考虑东道国的制度环境因素。卢卡斯认为具有明确政策（explicit policy）的国家会成为 FDI 的目标国，对内资产生消极影响的政策同样会对国家间资本流动产生不利影响。总之，卢卡斯的基本观点就是认为在分析国际资本流动时，不能仅仅从资本和劳动要素稀缺的角度去考虑，还应考虑制度的影响，但其并未就此进行深入的研究。

随后，关于制度对 FDI 影响的研究逐步兴起。邓宁（Dunning，1993）从比较分析中总结了 FDI 区位选择的决定因素，认为在同等条件下，良好的制度环境的确是影响 FDI 的重要因素。Wei（2000）指出，腐败对 FDI 的流入（inflow）有着显著的阻碍作用，但随后道德和斯坦（Daude and Stein，2007）指出，在 Wei 的研究中，腐败和人均 GDP 存在着高度的共线性，把人均年 GDP 包含在方程中则有可能导致伪回归。他们通过应用更广范围的制度变量，研究发现 FDI 的流入量与东道国的制度质量（institutional quality）存在显著关系。其所用来衡量制度环境的变量主要采用了考夫曼等人（1999）的指标，包括政治稳定性（political stability & no violence）、政府效率（government effectiveness）、言论自由与问责制（voice and accountability）、规则质量（regulatory of quality）、法律（rule of law）以及对腐败的控制（control of corruption），等等。其中，仅有言论自由和问责制对 FDI 的影响不显著，其他都对 FDI 的流入产生了显著影响。

格洛伯曼和夏皮罗（Globerman and Shapiro，1999）认为，制度同样对 FDI 的外流（outflow）产生影响。良好的制度会对 FDI 的外流产生正的积极影响，因为良好的制度可以为本国的跨国公司提供适宜的并购条件，进而增强海外投资的能力。同时，格洛伯曼和夏皮罗（2002）并没有像道德和斯坦（2007）的研究一样分别研究考夫曼等人（1999）六个治理指标对 FDI 外流的影响，而是通过对考夫曼等人（1999）的六个治理指标进行主成分分析，并提取第一主成分，估计了第一主成分对 FDI 的流入和流出的影响。他们发现，尽管只在规模大的国家以及发达国家，制度才会对 FDI 产生显著的影响，但总体上良好的制度环境对 FDI 的流入和流出均产生了积极的作用。引力模型（gravity model）为研究两个国家间经济的相互影响提供了方便[①]。一是可以将双方（东道国和母国）的 GDP 或人口以及地理距离纳入模型，分析制度对双边 FDI 流量或存量的影响；二是可以利用双边的数据来分析东道国和母国的制度差距（institutional distance）对 FDI 的影响。

  Levchenko（2004）认为，同资本和劳动力成本的差异一样，制度的差异也可以成为贸易比较优势的来源。相对于其他属于资本或劳动密集型的部门而言，某些部门则更具有制度密集型（institution-intensive）的特征，制度对该部门竞争力的影响相对更明显，而在拥有制度比较优势行业的跨国公司则更乐于投资于具有良好制度环境的国家和地区。Aizenman 和 Spiegel（2002）通过"委托—代理"框架分析了合同的事后监督成本对国内投资者和外国投资者的影响。对外商而言，合同的事后监督成本要远高于国内的投资者。比起具有良好产权保护的国家，弱产权保护的国家所吸引的 FDI 占总投资的比例要低一些。同时，他们还发现，当投资于较差制度环境的国家时，比起来自优良制度国家的外国投资者，来自较差制度环境国家的外国投资者所面临的投资成本相对要低，亦即东道国和母国之间的制度差距会对双边的 FDI 带来消极的负面影响，这一结论与管理学上所强调的"心理距离"（psychic distance）相一致。"心理距离"是跨国公司进入国外市场的主要阻碍因素之一。因为"心理接近"（psychic closeness）会降低对不确定性的感知（perceived）或降低在目标国的学习成本[②]。Habib 和 Zurawicki（2002）也研究过制度差距对双边 FDI 的影响。他们认为，两国制度腐败的绝对差距会对双边 FDI 带来负面影响，但这种有意思的结论仅仅是针对某一种制度变量的分析，其他制度变量的影响是否相同尚未有人研究，而这也正是今后需要进一步研究的方向。

  从目前关于制度对 FDI 影响的文献来看，其不同之处主要包括：一是对制度度量指标的选取不同，采用过的指标包括：World Bank Indicator、The Fraser Index、Index of Economic Freedom，以及 International Country Risk Guide（La Porta et al., 1998），等等。二是研究的内容不同，这类文献主要是分析

[①] Eaton 和 Tamura（1994）较早地利用引力模型分析了制度对双边国家间 FDI 的影响。
[②] 参见 Habib 和 Zurawicki（2002）关于"心理距离"对经济行为影响的一个综述。

制度对流入或流出国家 FDI 的影响,但都把流向所有产业的 FDI 当做一个整体,并没有对流入或流出的 FDI 进行分类,比如按照流向不同产业的 FDI 进行细分研究。因为不同的产业有着其自身不同的特征,同一因素对投向不同产业 FDI 的影响也可能存在显著差异。对于属于制度密集型的产业,制度对其影响与对其他资本密集型或劳动密集型产业的影响一样吗?东道国和母国的制度差距对这些不同类型产业 FDI 进入的影响一样吗?这些问题在以往的研究中没有涉及,这正是本文研究的主要内容和创新之处。限于数据的可获得性,本文将在总结以往文献中所采用的相关变量及模型的基础上,采用美国投向海外其他国家和地区的金融、专业科学技术服务、食品和机械制造业 FDI 的数据来分析制度对不同产业 FDI 的影响,以得出对我国经济发展有益的启示。

二 制度环境对不同产业 FDI 的影响

(一) 模型及数据说明

本文将主要采用美国经济分析局 (BEA) 提供的关于美国对海外不同国家和地区金融、专业科学技术服务、食品和机械产业 FDI 投资存量的数据,引入东道国的制度变量分析制度对美国 FDI 进入这些不同产业的影响。根据现有文献在分析制度对 FDI 影响所采用的解释变量,计量模型设置为:

$$\ln FDI = c + a_1 \ln GDP + a_2 \ln DIS + a_3 \ln LAN + a_4 \ln INF + a_5 \ln PGNI + a_6 \ln INS + u \tag{1}$$

其中,根据引力模型,GDP 代表了东道国经济规模的大小。大的经济规模则意味着较多的投资机会,可能会吸引更多的 FDI 进入该国,因此可以用来分析不同经济规模对 FDI 的影响,预期符号为 +。

DIS 表示美国与东道国之间地理距离的远近,用来代替美国对东道国投资的通信成本和运输成本。现有文献中用来衡量双边国家距离的数据,一是采用两国首都之间的距离;二是采用两国主要港口之间的距离;三是采用加权的距离,即利用两国主要城市之间的距离,根据其人口占整个国家人口的比重进行加权。这里考虑到美国对同一国家 FDI 的投资可能分布于不同的城市,为更准确地分析距离对 FDI 的影响本文将采用加权距离来表示,数据来源 www.cepii.fr。一般情况是,距离越远则通信和运输的成本越高,则会对美国向东道国的投资产生不利影响,因此预期符号为 -。

LAN 为语言虚拟变量,表示双边国家是否拥有共同的语言,1 表示具有共同的语言,0 表示不具有共同语言。衡量双方是否具有共同语言主要有两种方法:一是看双方国家的官方语言是否一样;二是根据一国利用某一种语言进行交流的人口比例进行衡量,如果有超过 9% 以上的人口在两国使用共同的语言，则认为具有共同的语言。根据美国在海外投资的情况，而且在经济全球化推动下，英语越来越多地被人们所掌握，如果采用官方语来衡量是否具有共同语言的话，可能并不能准确地反映实际情况，本文将根据双方是否有超过 9% 以上人口利用同一种语言进行交流来定义是否拥有共同语言，数据来源于 www.cepii.fr。相同的语言能够降低交流的成本，缩短"心理距离"进而促进 FDI 的流入，因此预期符号为 +。

INF 表示东道国的基础设施情况。一般而言，基础设施的好坏（如高速公路、电力供应、网络、通信等设施）会影响到 FDI 在该国的投资，因为良好的基础设施能够降低 FDI 投资的成本，如交通运输费等物流成本。本文采用世界银行指标（World Development Indicator）中的人均电能消耗（kWh per capita）来代替基础设施，预期符号为 +。

PGNI 表示东道国的人均收入。一国居民的收入对 FDI 的流入可以带来两种可能情况：一是一国居民收入越高，则意味着该国具有较强的购买力和市场潜力，因此会吸引更多的 FDI 流入；二是居民收入越高，也意味着该国的工资水平较高，而这会增加 FDI 在当地的投资的劳动力成本，因此会降低 FDI 的流入。预期符号不确定。

INS 表示东道国的制度环境。从现有文献中所涉及的制度数据来看，主要采用 Index of Economic Freedom、Fraser Index、Institutional Profile、World Bank Governance Indicators 等数据来代理制度环境变量。由于本文拟采用面板数据，样本的年份是从 1999—2008 年的 10 年，而其他数据库关于制度的统计或是存在时间年限不够，或是国家样本有限等问题，因此本文的制度变量数据将采用由《华尔街日报》和美国传统基金会（Heritage Foundation）发布的涵盖全球 161 个国家和地区的经济自由度指数（Index of Economic Freedom）。尽管其是对经济自由度的评价指标，但从评价指标的分类来看，主要涉及的还是制度环境方面的细化指标[①]（如产权、规制、贸易政策、政府对经济干预、海关腐败、外资企业法、对于外资企业的限制、货币政策、政府价格管制、最低工资法、规定合同的商法、司法系统内部的腐败等），因此具有一定的可信度。根据以往文献的结论，预期符号为 +。

（二）制度环境对不同产业 FDI 的影响

本文主要选取了美国海外直接投资的金融、专业科学技术服务、食品、机械 4 类产业，其中金融、专业科学与技术服务属于服务业，而食品、机械属于制造业。通过采用 1999—2008 年的 10 年间美国上述 4 个产业对海外不同国家和地区投资的面板数据，并根据豪斯曼（Hausman）选择固定效应的计量结果（见表 1）。

---

① 共包含 10 大类，50 个独立变量。

表1　　　　　　　　制度环境对不同产业 FDI 影响的计量结果

	金融	专业科学技术服务	食品	机械
c	-35.388*	-46.782*	-8.461*	-6.592*
	(-14.967)	(-25.952)	(-5.073)	(-2.754)
lnGDP	0.812*	1.043*	0.730*	0.957*
	(20.821)	(33.371)	(25.531)	(29.899)
lnDIS	-1.286*	-0.294*	-1.486*	-2.209*
	(-10.874)	(-2.625)	(-16.521)	(-14.969)
LAN	0.465*	0.450*	0.249*	0.852*
	(4.190)	(5.049)	(3.022)	(8.623)
lnINF	0.152***	0.311*	1.136*	0.336*
	(1.720)	(2.732)	(8.099)	(3.177)
ln$PGNI$	0.170	-0.104	-1.070*	-0.441*
	(1.238)	(-0.668)	(-6.878)	(-3.383)
lnINS	7.229*	6.111*	2.104*	1.886*
	(14.399)	(12.599)	(5.145)	(3.764)
$adjR^2$	0.982	0.969	0.970	0.969
样本数	328	418	299	295

注：* 表示在1%的水平上显著，** 表示在5%的水平上显著，*** 表示在10%的水平上显著。

从表1的计量结果看，各解释变量的符号与我们预期的符号相一致，说明变量选取和模型设置的合理性。东道国的经济规模（GDP）越大，越能吸引美国对该国4个产业的投资。距离（DIS）增加了美国海外FDI的成本，阻碍了美国对4个产业的投资。共同的语言能够增强美国对东道国的FDI，说明语言的重要性，尤其在缩短美国和东道国之间的"心理距离"上发挥了积极的作用。基础设施（INF）对其他4个产业均有正的影响，说明东道国良好的基础设施能够增加对外商投资的吸引力，其中基础设施对食品产业的影响最为明显，其弹性达到1.136。人均收入（PGNI）对食品、机械产业具有明显的消极影响，说明对食品、机械产业而言，劳动力成本越高，则美国对东道国食品和机械产业的投资就越少，人均收入对金融产业的影响尽管不显著（21%的水平上显著），但符号为正，说明随着人均收入的提高，市场潜力对美国投资金融发挥了积极的促进作用。制度环境（INS）对4个产业的影响均较显著，而且符号都显著为正，说明东道国的制度环境对美国向这些国家和地区的 FDI 投资有着较大的影响，这与其他文献研究制度对未分产业 FDI 影响的结论相一致。此外，从每一产业各解释变量系数大小比较来看，制度变量的系数均大于其他变量系数，说明对 4 类产业而言，制度的影响在所有变量中都是最为突出的。这对发展中国家尤其是迫切希望能够吸引更多 FDI 的国家而言，与其竞相通过提供各种优惠、特殊税收政策和在环境保护上竞争到底（race the bottom）的手段来吸引 FDI，不如通过改善制度环境，如提高政府效率、增加政策的透明度、加强法制基础等更能吸引 FDI 的流入，并促进经济获得更快增长（Busse and Groizard，2006）。

在此，我们更为强调的是制度环境对不同产业影响的差异。从计量结果看，在美国对海外 4 个产业的 FDI 中，制度环境对金融产业的影响最大，系数达到 7.229，其次为科学技术服务产业，系数为 6.111，再次为食品产业，系数为 2.104，机械产业的系数最小（1.886）。这意味着制度环境对美国不同产业海外投资的影响系数存在很大差异，其中制度环境对金融业投资的影响最大，是机械制造业的 3.837 倍，食品产业的 3.439 倍。专业科学技术服务和金融业之间的差距较小，而与食品和机械制造业之间的差距较大，是机械制造业的 3.275 倍，食品产业的 2.904 倍。也就是说，如果东道国的制度环境分值每增加 1%，会影响到美国投资至东道国金融业 FDI 的 7.229%，专业科学技术服务业的 6.111%，而只会对机械业带来 1.886%、食品业 2.104% 的影响。

不同产业往往有着不同的要素密集度特征。相对于食品、机械等多属于劳动和资本密集型的制造业而言，服务业尤其是诸如金融、专业科学技术服务等高端服务业更多地属于制度和知识密集型的产业，因此会出现劳动力成本对制造业的影响更大，而制度环境对服务业的影响更大的情况。在我们的回归结果中，我们看到人均收入（PGNI）对食品和机械产业产生的影响均为负，分别为 -1.070 和 -0.441，而对金融业的影响为正的 0.170，但不显著，人均收入同样对专业科学技术服务的影响不显著。前面已分析，一国人均收入既可代替该国的工资水平，也可用来代表该国的购买力和市场潜力，因此其对不同产业的影响可能有很大差异。如果该产业更受工资水平的影响，则人均收入的系数应当为负，如果该产业更受市场潜力的影响，则影响系数为正。由于食品和机械产业大多属于劳动密集型产业，劳动力成本的高低成为决定产业竞争力的关键，因此，可以看到人均收入水平对食品和机械产业带来了负的影响，即人均收入越高，则美国投资到该国该产业的 FDI 越少。相反，对金融业而言，较高的收入意味着较大的市场潜力和高质量的人力资本，因此投资到金融产业的 FDI 会越多。因此，美国在向海外投资时，不同的产业对东道国要素禀赋（包括劳动力、资本，当然也包括制度环境）的要求不一样。制度环境之所以对高端服务业影响更大，因为其生产过程更多的是知识等无形要素的集合过程，而这种知识的集合过程往往需要良好的制度环境，如知识产权保护、合同法、信用体系等为其提供配套。另外，和制造业产品不同的是，由于高端服务产品是众多复杂知识的集合，消费者和生产者之间容易形成信息不对称，如果没有良好的制度环境，则这些高端的服务产品往往会遭遇市场失败，无法形成一个有效的交易市场和交易规模①。当前，服务业的海外投资几乎都是针对当地市场的，因此我们的回归结果得出美国服务业（金融、专业科学技术服务）的海外投资更容易受到东道国制度环境的影响也就不足为奇了。

(三) 制度差距对不同产业 FDI 的影响

虽然不能像引力模型那样把母国的因素也考虑进来分析制度环境对不同产业的影响，但是我们同样可以利用美国与其所投资东道国之间的制度差距来分析在不同的产业中，两国的制度差距是否对不同产业的 FDI 有着不同的影响，计量模型如下：

$$\ln FDI = c + a_1 \ln GDP + a_2 \ln DIS + a_3 \ln LAN + a_4 \ln INF + a_5 \ln PGNI + a_6 \ln INSdis + u \qquad (2)$$

方程（2）的各变量与方程（1）基本相同，其中 $\ln INSdis$ 代表东道国和美国的制度差距。制度差距可以有两种表示方法：一是绝对制度差距，即用东道国与美国制度的差额表示，有正负数值，数值为正，表明美国的制度环境得分低于东道国，负值则表明美国制度环境得分高于东道国；二是相对制度差距，即用东道国与美国制度环境得分的比值表示，仅有正值，比值以 1 为临界点，数值大于 1 表明东道国制度环境得分高于美国，小于 1 表明东道国制度环境得分低于美国，计量结果见表 2 （同样是根据豪斯曼选择固定效应的计量结果）。

方程（2）的计量结果与方程（1）相比，各解释变量的系数变化较小，说明模型设置的合理性和稳健性。从制度差距（$INSdis$）的系数来看，制度差距对美国在不同产业 FDI 的影响都是显著的，而且都具有较明显的负面影响，这与 Habib 和 Zurawicki（2002）所得出的制度差距对 FDI 具有负面影响的结论一致。即：美国与东道国的制度差距越大，则美国对该国的 FDI 投资越少，这也说明为了吸引更多来自发达国家的 FDI，除了改善基础设施等硬件外，制度等软件方面的改善同样也很重要。

更为有趣的是，制度差距对不同产业 FDI 的影响并不一样。制度差距对金融产业的影响仍然最大，其次是专业科学技术服务和食品产业，影响最小的是机械制造业。这说明当两国之间的制度差距较大时，对金融、专业科学技术服务等产业的投资相对于对机械、食品产业的投资减少得会更快，而这也与现实情况相符。因为对金融、专业科学技术等高端服务业来说，由于其

---

① 即信息经济学中所称的"二手车市场"问题。

表 2　　制度差距对不同产业 FDI 影响的计量结果

	金融	专业科学技术服务	食品	机械
c	-4.061**	-23.137*	0.025	0.784
	(-2.305)	(-16.127)	-0.023	-0.431
$\ln GDP$	0.805*	1.042*	0.738*	0.957*
	(21.445)	(31.987)	(25.434)	(29.362)
$\ln DIS$	-1.278*	-0.195***	-1.471*	-2.184*
	(-11.143)	(-1.744)	(-16.101)	(-14.720)
LAN	0.574*	0.572*	0.249*	0.892*
	(5.584)	(6.451)	(3.13)	(9.092)
$\ln INF$	0.332*	0.161	1.096*	0.311**
	(4.077)	(1.44)	(7.885)	(2.939)
$\ln PGNI$	0.129	0.228	-1.004*	0.364**
	(0.933)	(1.558)	(-6.651)	(-2.874)
$\ln INSdis$	6.446*	5.089*	1.942*	1.483**
	(14.408)	(11.708)	(5.196)	(3.103)
$adjR^2$	0.989	0.962	0.970	0.967
样本数	328	418	299	295

注：*表示在 1% 的水平上显著，**表示在 5% 的水平上显著，***表示在 10% 的水平上显著。

发展具有制度和知识密集型的特征，因此，两国间制度差距越大，则越不可能对外投资。我们常常可以看到在金融发达的国家或地区（往往也是制度较为良好的国家或地区）之间相互投资的情况[①]，这些国家也往往是国际金融机构聚集的地区，如美国、英国、新加坡、中国香港等。反之，对于制造业等产业，则往往可能更看重劳动力成本。从表 2 中 $\ln PGNI$ 的系数看，如同表 1，人均收入对金融业和专业科学技术服务业的影响为正，但不显著，对食品业和机械产业的影响显著为负，分别达到 -1.004 和 -0.364，与表 1 的结果一致，与现实中食品、机械等产业更多地投资于劳动力成本低的发展中国家相符。

---

① 一定程度上，这也可以回答卢卡斯（1990）关于"为什么资本只会在发达国家间流动"的疑问。

三　结论与启示

制度对 FDI 具有影响已被相关文献所证实。但是，在不同的产业，尤其是具有不同要素密集特征的产业之间，制度对 FDI 的影响是否存在差异还不清楚。本文采用美国 1999—2008 年对海外金融、专业科学技术服务、食品、机械 4 大类产业 FDI 的数据进行了计量分析，分析了东道国的制度环境、东道国与美国之间的制度差距对 4 类产业的不同影响，得出的结论如下：

（1）与其他文献关于制度对 FDI 影响的结论一致，用美国的数据分析所得出的结论再次验证了制度对 FDI 具有积极的正面影响。东道国良好的制度环境对 FDI 构成了强有力的吸引力。发展中国家通过改善制度环境来吸引 FDI 或许比提供其他优惠措施更为有效。

（2）在不同的产业，制度对 FDI 影响力的大小是不同的。对于具有制度和知识密集型的产业，尤其是属于高端服务业的金融、专业科学技术服务等产业，制度对 FDI 的影响比对劳动和资本密集型的制造业更大。

（3）制度差距对 FDI 投资存在影响，这与管理学上所强调的"心理距离"一致。两国的制度差距越大，则母国的 FDI 会越少。而且，对于不同的产业，这种制度差距的影响力也不相同。相对劳动和资本密集型的制造业，更具制度和知识密集特征的高端服务业所受到的影响更为显著。

目前，我国正面临着经济发展模式的转型。改革开放以来，我国依靠低廉的劳动力、良好的基础设施以及优惠的税收政策吸引了大批制造业的 FDI，对于促进我国制造业的发展起到了较大的促进作用。但是，在制造业突飞猛进，对外贸易额不断攀升的同时，我国的服务业占国民经济的比重一直徘徊不前。近年来受金融危机的影响，国外订单急剧减少，沿海地区众多中小企业出现倒闭或利润下滑的局面，暴露出我国经济过度依赖外需的脆弱性，扩大内需将成为我国经济走出危机和未来可持续发展的必然要求。而扩大内需，其中一个非常重要的前提就是要扩大服务业在国民经济中的比重。与制成品的可运输性和消费的异地性不同，服务品的生产和消费往往是同步进行的，因此服务业大多是面向本地市场的。本文关于制度环境对不同产业 FDI 影响的研究揭示，服务业尤其是具有制度和知识密集型特征的高端服务业，受制度环境的影响非常大。由此也可以推断，我国服务业发展的滞后与我国制度环境的不尽完善有着一定的关联。

从世界银行针对全球 160 多个国家的营商（ease of doing business）制度环境的调查指标来看（见表3），我国营商的制度环境与服务业发达国家相比还有相当大的差距。首先是营商所需的各种审批程序中国远远多于新加坡和美国，而烦琐的审批程序则为权利"寻租"带来了机会。其次是政府办事效率低下，企业注册等需要耗费过多的时间和成本；还有就是在对权利的监督和对投资者的保护上我国与发达国家相比还存在较大差距，表明制度的可置信度和透明度较差。

表3　　　　　　　　　　有关营商制度环境的国际比较

营商制度环境	国家	程序（个）	时间（天）	费用（占人均收入百分比）	
获得许可证（Dealing with licenses）	中国	37	336	579.2	
	新加坡	11	25	19.9	
	美国	19	40	12.7	

营商制度环境	国家	程序（个）	时间（天）	成本（占所有权百分比）	
注册所有权（Registering property）	中国	4	29	3.1	
	新加坡	3	5	2.8	
	美国	4	12	0.5	

营商制度环境	国家	程序（个）	时间（天）	成本（占索赔百分比）	
合同执行力（Enforcing contracts）	中国	34	406	11.1	
	新加坡	21	150	25.8	
	美国	32	300	14.4	

营商制度环境	国家	信息披露（0—10分）	董事责任（0—10分）	股东对管理层监督（0—10分）	投资者保护强度（0—10分）
投资者保护（Protecting investors）	中国	10	1	4	5
	新加坡	10	9	9	9.3
	美国	7	9	9	8.3

资料来源：世界银行 The Doing Business Project 调查数据库（http://www.doingbusiness.org/ExploreTopics/）。

周其仁（2009）认为，国内中小企业并不是一开始就只做国际市场，自动放弃本土市场的，沿海有很大一部分企业是从做内需起家的[①]，到20世纪90年代后，中国开始发展市场经济，在国际订单大量涌入国内时，这些中小

---

① 珠江三角洲和长江三角洲地区的中小民营企业早期都是靠做内需起家的，广东企业20世纪80年代曾有过著名的"经济北伐"，凭借灵活的市场机制占领北方市场；温州早年起家的民营企业也都是面向国内市场。

企业（包括大批乡村工业企业）开始面临抉择。对外，虽然利薄，但量大、路通，只要集中精力把产品做好，后面的事情都不用管。因为国际市场有累积了上百年的商业文明、商业通道。订单的背后是一个庞大、细致、成熟的商业网络。对内，虽然量大、前景广阔，但要辛苦地开拓市场，费心地拉关系，交易费用太高，信用风险太大。结果，很多原来对内的企业尝试对外之后，就迅速由内转外。于是，"中国制造"开始遍及全球，外汇储备跃居全球第一，但与此同时，我们的外向依赖也愈发严重，很多企业只会做外单，而且只会做代工。张杰、刘志彪等的研究（2008）表明，在社会信用体系和知识产权保护制度缺位情况下，中小企业会更偏好于代工或贴牌的出口加工贸易。国际商路之所以比国内商路要通畅，关键在于其优良的商业文明环境，这种商业文明又体现在相对成熟的法律、制度和道德体系上。现代意义上的市场经济于 18 世纪最先发轫于英、美等西方发达国家，至今已经历了 300 多年的不断发展和完善。而在其之前，普通法系早在 13 世纪就已经相对成熟，并且灵活地适应了经济和社会的变动[①]（姚中秋，2008）。因此，为了促进我国经济发展模式由出口导向型的制造经济向内需驱动型的服务经济顺利转型，进一步推进各类制度创新，构建一个既符合中国特色又能与世界经济兼容的优良的制度环境就显得尤为迫切和重要。

参考文献

1. 姚中秋：《为全球化辩护》译后记，社会科学文献出版社 2008 年版。
2. 张杰、刘志彪等：《制度扭曲与中国本土企业的出口扩张》，《世界经济》2008 年第 10 期。
3. 周其仁：《经济持久增长的挑战》，《大地》2009 年第 23 期。
4. Acmoglu, D., Johnson, S., and J. Robinson, Reversal of Fortune: Geography and Institutions in the Making of the Modern World Income Distribution, *Quarterly Journal of Economics*. Vol. 117, No. 4, November 2002, pp. 1231 – 1294.
5. Aizenman, J., and M. M. Spiegel, Institutional Efficiency, Monitoring Costs, and the Investment Share of FDI, NBER Working Paper, No. 9324, 2002.
6. Bénassy – Quéré, A., Coupet, M., and Mayer, T., Institutional Determinants of Foreign Direct Investment, CEPII Working Paper, No. 2005 – 05.
7. Busse, M., and J. L. Gruinard, Foreign Direct Investment, Regulations and Growth, World Bank Policy Research Working Paper, No. 3882, 2006.
8. Dunning, J. H., *Multinational Enterprises and the Global Economy*, Wokingham, England: Addison – Wesley Publishing Company, 1993.
9. Eaton, J. And A. Tamura, Bilateralism and Regionalism in Japan and US Trade and Di-

---

① 这也正好印证了为什么英美等国在发展服务业上具有比较优势。

rect Foreign Investment Patterns, NBER Working Paper, No. W4758, 1995.

10. E. Stein and C. Daude, The Quality of Institutions and Foreign Direct Investment, *Economics & Politics*, Vol. 19, No. 3, November 2007, pp. 317 – 344.

11. Globerman, S., and Shapiro, D., The Impact of Government Policies on Foreign Direct Investment: the Canadian Experience, *Journal of International Business Studies*, Vol. 30, No. 3, September 1999, pp. 513 – 532.

12. Globerman, S., and Shapiro, D., Global Foreign Direct Investment Flows: the Role of Governance Infrastructure, *World Development*, Vol. 30, No. 11, November 2002, pp. 1899 – 1919.

13. Habib, M., and L. Zurawicki, Corruption and Foreign Direct Investment, *Journal of International Business Studies*, Vol. 33, No. 2, June 2002, pp. 291 – 307.

14. Hall, R., and C. Jones, Why do Some Countries produce so More Output per Worker than Others? *Quarterly Journal of Economics*, Vol. 114, No. 1, February 1999, pp. 83 – 116.

15. IMF, *World Economic Outlook: Advancing Structural Reforms Chapter III*, 2003.

16. Kaufmann, D., Krayy, A., and P. Zoido – Lobatón, Aggregating Governance Indicators, The World Bank Policy Research Paper, No. 2195, 1999.

17. Kaufmann, D., and A. Kraay, Growth without Governance, *Economics*, Vol. 3, No. 1, November 2002, pp. 169 – 229.

18. Levchenko, A., Institutional Quality and International Trade, HIMF Working Paper, No. 04/231, 2004.

19. Lucas, R. E., Why doesn't Capital Flow from Rich to Poor Countries? *The American Economic Review*, Vol. 80, No. 2, May 1990, pp. 92 – 96.

20. MacDougall, G. D. A., The Benefits and Costs of Private Investment from Aboard: A Theoretical Approach, *Economic Record*, Vol. 36, No. 3, March 1960, pp. 13 – 35.

21. OECD, The Well – being of Nations: the Role of Human and Social Capital, 2001.

22. UNCTAD, *World Investment Report* 2004.

23. Wei, S. – J., How Taxing is Corruption on International Investors? *The Review of Economics and Statistics*, Vol. 82, No. 1, February 2002, pp. 1 – 11.

物流专用性资产投资不足的产生机理：契约视角[*]

余泳泽 马 欣

内容提要 第三方物流悄然兴起，并在物流业中占据越来越重要的地位，但专用性资产投资不足的问题也逐渐凸显，并成为影响物流服务质量提升、制约我国物流业发展的重要因素之一。本文以不完全契约理论为基础，利用交易费用理论和产权理论的基本研究方法和模型，分析了物流外包中专用性投资不足的理论根源。得出以下结论：由于物流外包契约的不完全性，专用性资产投资不足是必然存在的。无论是物流需求方还是第三方物流服务提供商，其对交易中可占用准租的占有程度直接决定了其专用性资产投资的水平。

关键词 不完全契约 物流外包 专用性资产投资

随着中国经济的持续增长以及全球化程度的提高，2006 年第三方物流市场规模超过 1300 亿元，同比增长 30% 左右。相关统计结果表明，国内第三方物流市场经营主体的数量正在以每年近 25% 的速度递增，整个"十五"期间，第三方物流市场规模年均增长率达到 25.74%，比国民经济增长速度高出两倍以上。从这些数据可以看出，我国第三方物流产业呈持续扩张趋势，物流社会化水平不断提高。但在物流外包合作关系中，双方专用性投资不足的问题同时存在，由于第三方物流企业一般规模较小，抗风险能力较弱，而作为掌握物流核心技术的一方，其投资对于物流业务的完成又是至关重要的，因此本文将从不完全契约角度对物流外包中专用性资产投资不足的原因进行理论分析和模型论证。

一 引 言

资产专用性（asset specificity）的思想，最早是由马尔沙克等人提出的，后来威廉姆森（Williamson，1985）对资产专用性概念进行较为全面的阐述：资产专用性是在不牺牲生产价值的条件下，资产可以用于不同用途和由不同

---

[*] 作者简介：余泳泽，南开大学经济学院博士研究生；马欣，南开大学经济与社会发展研究院硕士生。

使用者利用的程度。威廉姆森（1975、1979），将资产专用性定义为"在不牺牲生产价值的条件下，资产可用于不同用途和由不同使用者利用的程度。"威廉姆森指出了三种专用性资产形式：地点的专用性、实物资产专用性和人力资产专用性。Ghemawat（1991）认为，专用性投资是竞争优势的来源；戴尔（Dyer，1998）发现专用性投资与业绩之间存在正相关关系；Bensaou 和 Anderson（1999）认为，专用性投资可以实现产品差异化，节约成本，从而创造巨大的附加价值；阿茨和布拉什（Artz and Brush，2000）认为交易专用性投资能够降低产品成本，改善产品质量。

现代契约理论是近 20 年来发展起来的主流经济学最前沿的研究领域。科斯（Coase，1937）认为，企业由一系列的契约构成，市场和企业是两种可以互相替代的资源配置手段，而两者的区别在于，市场的配置是由非人格化的价格来控制的，而企业的配置则通过权威关系来完成。不完全契约理论最早由麦克内尔（Macneil）提出，不完全契约理论在完全契约理论的基础上进一步深化了对现实的理解和把握，增强了契约理论整体的解释能力。

关于专用性投资有效性的研究，始终是不完全契约理论研究的前沿，国外的经典论文支撑起了不完全契约的理论架构和专用性投资激励机制的理论基础。然而，迄今为止并没有形成被普遍认可的解决专用性投资不足的治理模式，本文将从不完全契约角度对物流外包中专用性资产投资不足的原因进行理论分析和模型论证。

二　我国物流外包中的专用性资产投资的现状

参照威廉姆森的定义，可以把物流外包中的专用性资产投资定义为：为了支持特定的物流服务交易，供求双方进行建立在双方合作关系之上的投资。在物流领域，这种专用性投资类型包括了专用性投资，如地点专用性投资、有形资产专用性、人力资本专用性、品牌专用性等。根据本文研究需要，结合物流外包领域专用性投资特点，将其大致分为三类，总的来看，包括有形资产投资和无形资产投资，而有形资产中又可以根据专用性的出发点不同分为以仓储设施为代表的地点专用性投资和其他实物资产专用性投资，具体如表 1 所示。

表 1　物流外包中第三方物流企业专用性资产投资的主要存在形式

类别	具体表现形式
地点专用性投资	第三方物流根据物流需求方的生产及销售地进行最佳仓库选址
实物资产专用性投资	根据客户产品设计的运输工具、可控库房等，如冷链物流的运输设备及化工品库房
无形专用性资产投资	专门针对客户需求培训人员、开发渠道、获得某种认证等。

（一）地点专用性投资

第三方物流企业为其客户提供的地点专用性投资主要体现在仓储设施和配送中心。在有效的供应链上下游合作中，地点专用性投资非常普遍，例如，丰田的供应商会随着丰田的建厂而在其附近建厂，以配合其零库存和及时配送的要求。在物流领域，大量VMI合作模式需要物流服务提供商进行大量的专用性投资，例如叶水福物流公司专为天津摩托罗拉公司提供第三方物流服务。

（二）实物资产专用性投资

这方面的投资主要是为了更好地满足客户的运输、仓储、配送等传统物流需求和流通加工等新兴物流需求而投入的设施设备，包括运输设备、货架、包装加工设备等。随着物流标准化不断推行，这部分投资的专用性呈下降趋势。即使这样，仍然存在着一定的转移壁垒，比如冷链运输车辆等特殊运输设备虽然也在推行标准化，但其客户群体要远小于普通车辆，造成一定程度的套牢。个体货车主的专用性车辆比例小于平均水平，一定层面上揭示了在第三方物流发展初期，抗风险能力和投资能力都受到很大的限制，将尽量避免专用性设施、设备的投入，而这又将使其失去获得优良客户的机会。并且实物资产专用性投资方面，是目前融资租赁在物流业应用最为广泛的领域。

（三）无形专用性资产投资

随着物流外包的发展，物流服务逐步趋于标准化，使得物流行业有形资产投资的专用性不断下降，相反由于对于物流质量要求的提高，对于物流服务上信息、技术及整合能力的需求，物流外包领域对无形专用性资产投资需求加大。服务的客户需求导向决定了服务领域的无形资产将具有较高的专用性，例如信息系统的设计以及与客户的对接、专门人力资源的培训、渠道的拓展，等等。以国内优秀的第三方物流企业宝供为例，借助宝洁这一大客户的培育与帮助，实现了信息三级跳，并在发展过程中，结合客户需求，进行专用性投资，取得卓越的成果。

通过上面对我国物流外包中专用性资产现状的介绍，可以发现物流外包合作中，买卖双方都有着大量的专用性资产投资，而其投资也具有不同于一般供应链上下游企业的特点。针对本文后面的研究需要，在这里重点强调三个特点。首先，有形资产标准化的同时，无形专用性资产投资增加。其次，物流外包中的专用性投资具有"合作性"特点，物流业的投资多属于"合作性"投资。最后，物流外包中，第三方物流企业专用性投资风险较大。无论物流合作伙伴是谁，第三方物流企业将被严重"套牢"。

三　物流外包中专用性资产投资不足的契约理论分析

（一）物流外包契约中"剩余索取权"与"剩余控制权"的配置

按照艾伦·施瓦茨（Alan Schwartz，1999）的分析方法，物流契约的不完全性主要有四种起因：第一，物流契约有时因为语句的模棱两可或不清晰而造成契约不完全，即语言的限制；第二，契约方由于疏忽未就有关的事宜订立契约使物流契约不完全；第三，因为契约方订立某一条款以解决某一特定事宜的成本超出了其收益而造成物流契约是不完全的，即受到解决纠纷的高成本限制；第四，物流契约可能由于不对称信息而不完全，即信息不对称引起的或弱或强的不可契约性。

格罗斯曼和哈特（Grossman and Hart，1986）在研究和分析了一体化收益和成本的基础上，得出契约具有两种权力：一种是特定权力；另一种是剩余权力。前者指的是那种事前能够通过契约加以明确界定的权力，后者指的是那种不能事前明确界定的权力。这种权力的区分来自于交易契约的不完全特性，如果契约是完全的，那么产权就等于特定控制权。可是现实中契约通常是不完全的，那么就会出现契约中没有规定的权力，也就是剩余控制权，因此契约理论是对产权理论进行研究的基础。产权理论的主流经济学家对其研究认为，当契约没有规定的情况发生时所有者对资产有支配权，即当不完全契约不能把所有条件下的责任、权力规定清楚时，没有详细规定的那部分权力归属于资产的所有者。

根据产权学派的观点，在物流外包领域，对双方合作所依赖的资产拥有所有权的一方将占用由于专用性资产投资产生的剩余。一旦双方合作中止，其专用性资产投资的价值损失较小，拥有更多的讨价还价能力，从而占有更多的"剩余控制权"和"剩余索取权"。物流属于支持生产和流通过程的衍生性需求，它的价值是从其所服务对象价值体现出来，影响服务价值的因素很多，包括市场的竞争程度、产品本身的特征甚至包括一些政治和自然因素，因此价值的确切衡量很难；此外，物流交易是一种共同治理过程，物流服务具有共同产品的特征，这必然导致各方对物流收益的贡献很难确定。因此剩余所取权的控制也更为复杂。

（二）物流外包中专用性资产投资不足的产生

"套牢问题"的原因有两个：一是专用性资产投资后产生的可占用准租金（quasi–rent）；二是合约的不完全性。由于专用性资产很难转作他用，即使付给资产所有者的价格下降，资产使用者所得到的供给也不会减少，于是产生了可占用准租金。准租金是指资产用于最优用途的价值超过次优用途的价值部分。套牢问题的本质是，交易双方对准租金的再分配，当然它表现为专用性资产的非投资方从专用性资产投资方那里占有准租金。

"套牢问题"一旦发生，使得契约中的机会主义成为可能，"敲竹杠"也就产生了。由于物流契约的不完全性，敲竹杠行为是交易者从交易合伙人所进行的专用性投资中寻求准租金的一种后契约机会主义行为，包括两方面：一是第三方物流企业可以利用不完全契约留下的漏洞和监督执行的困难，减少专用性投资，实施敲竹杠行为；而物流需求方可以在契约再谈判过程时利用资产专用性带来的"捆绑"效应，以终止交易相威胁，直接要求增加契约收益。前者是在既定的契约收益中以削减投入扩大可占用准租的比重，是隐形敲竹杠行为，会影响整体剩余；后者则力图通过改变契约收益来达到占有更多准租的目的，是显性敲竹杠行为。敲竹杠问题的存在，使得专用性投资不能达到最佳水平，物流外包表现出一种低效率的特征。

物流外包合同中，双方均进行了专用性资产投资，如果双方合作失败，这些价值均将损失。对于第三方物流企业来讲，这种"套牢风险"尤其严重，使得其为了规避风险而缩减投资，这便是物流外包中专用性资产投资不足的理论根源。

四 物流外包中专用性资产投资不足的契约模型论证

（一）模型设计的理论基础

格罗斯曼和哈特的思想源于威廉斯姆（Williams）的分析，是产权学派的代表。他们在1986年发表的《所有权的成本和收益：纵向一体化》一文建立了研究纵向一体化的模型。在他们的模型中，产权的边界影响了交易双方对专用性投资的激励，通过将决策权配置给交易的一方，即确立交易数量的能力，纵向一体化能够使拥有决策权的一方占有事后所有剩余，由他占有了在他的投资水平条件下所有的边际回报，他就有动机在最优水平下投资。格罗斯曼—哈特（G—H）模型提供了一个研究专用性资产投资的基本模式，其定义及表述方法被很多研究所认可并采纳。

首先，G—H模型构建了存在专用性资产投资的契约当中，契约当事人双方的买方—卖方两阶段模型，并且对契约履行过程中双方行为发生的时间点做了准确的界定，为后来对专用性资产投资的研究建立清晰的时间脉络，被普遍采纳。该两阶段模型如图1所示，在第0期到第1期为事前阶段，第2期到第3期事后阶段。双方在第0期签订一个非完全契约，在第1期，分别进行专用性投资，这个投资水平无法被第三方所证实，因而不能写入契约强制履行。在第2期，双方观察到了自然状态的出现，即看到了双方投资的结果及将产生的价值和成本，在第三期，在观察到的自然状态下进行有效交易。

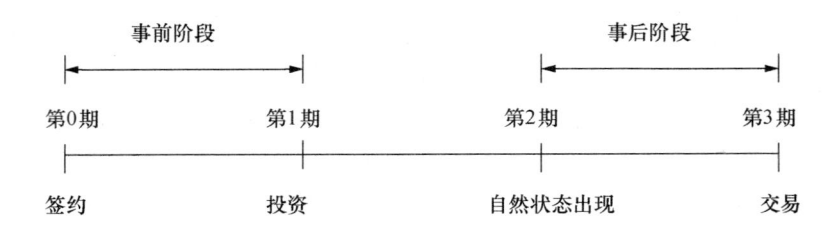

```
   |←――― 事前阶段 ―――→|   |←――― 事后阶段 ―――→|
   第0期            第1期      第2期            第3期
   |_____|_____|_____|
   签约             投资      自然状态出现       交易
```

图 1 G—H 模型事件顺序

其次，本文接受了 G—H 模型根据契约不完全的基本理论对存在专用性投资的契约的一些基本假设。由于交易的复杂性，不可能把所有出现的情况都列入契约之内或者这样做的成本过高，双方在进行专用性投资之前不能准确地估计交易的成本和价值，而这些直到第 2 期自然状态的出现，才被双方所知晓。双方专用性投资以及带来的成本、价值变动信息对于双方是对称的，但对于第三方是无法证明的。由于契约的不完全性，存在的剩余所有权不能被契约所事先规定。

另外，本文还接受了 G—H 模型对于存在关系专用性投资的契约关系中，可占用准租金的表示方式。简单来说，如果买方（B）和卖方（S）分别进行关系专用性投资 i 和 e，并且假设投资是自私的，也就是买方的投资将增加产品价值而卖方的投资可以降低成本，交易其他因素忽略不计。由于投资是关系专用性的，如果双方关系终止，资产移作他用将发生价值贬值。假设在双方关系内，投资创造的价值为 $V(i)$，成本为 $C(e)$，而双方交易一旦终止，买方需要从市场寻找产品，与其投资的适用性较差，因此价值为 $v(i)$ 且 $V(i) > v(i)$。同理，如果卖方将产品转而提供给他人，其成本为 $c(e)$ 且 $C(e) < c(e)$。由此可以看到交易内的整体剩余为 $\{[V(i) - C(e)] - e - i\}$，交易外的总剩余为 $\{[v(i) - c(e)] - e - i\}$，于是 G—H 模型将交易中的可占用准租金表示为 $\{[V(i) - C(e)] - [v(i) - c(e)]\}$。

Che 和 Hausch（1999）着重分析了具有合作投资性质的双边交易中非完全契约有效性问题，他们称作契约价值。G—H 模型是用以分析自私投资的，而合作投资和自私形式的专用投资都面临事后敲竹杠问题。"合作投资"更符合物流外包的现实，由于合作双方的投资多为针对交易的专用性投资，卖方先进的设备、高技能的人才在降低自我边际成本的同时，一定会同时提高产品的质量，买方建立与卖方对接的信息系统，无疑也会降低卖方成本。这种投资性质，进一步证明了可占用准租的存在性和治理的必要性。

（二）模型分析论证

1. 模型的基本决策顺序

在研究物流外包中的专用性投资的问题时，也可以把契约分为事前与事后两个阶段,如图1所示。在第0期,生产商,也就是物流服务需求方(M)与其第三方物流提供商(L)签订物流合作契约,规定在未来的一定时间生产商向物流提供商支付一定价格购买其提供的物流服务。由于物流服务具有很强的环境依赖性和复杂性,相对于实物产品,对其未来质量水平进行量化的标准进行预先评定更加困难,双方未来投资又将直接影响最终服务的价值和成本,所以双方很难在最初制定有效的激励价格,只是暂定固定价格 P。合约签订之后,双方根据自己的利益函数进行投资,其中专用性资产投资,主要是专用性程度较高的无形专用性资产投资。前面已经提到了物流专用性资产的一些特征,一方面是其专用性程度较高,另一方面是一种"合作性"投资。在第1期,双方投资完成。投资完成后,一些不确定的因素逐步被交易双方所掌握,并且在上一阶段双方进行的专用性资产投资的价值逐渐显现。当然,这一价值信息对于合作双方是对称的,但对于第三方属于不可证实的,因此没办法根据此时的状态在契约中明确交易价格。于是,只能依靠双方的事后再谈判,即在预先价格基础上,双方依靠自己的再谈判能力,在事后阶段对可占用准租进行分配,最终达成共识则交易实现,谈判失败则不能完成交易。

2. 模型的论证过程

首先交易双方为需要物流服务的制造企业(M)和第三方物流服务商(L)。双方签订合同之后,都会在第一阶段进行专用性投资,假设 M 投资额为 e,而 L 的投资额为 i,并且都是"合作性"投资,也就是说,M 的投资会提高物流服务对其自身价值的同时可以帮助 L 降低成本。同理,L 的投资在降低自身成本的同时提高了物流服务对 M 的价值,但对自身的边际收益大于为对方带来的边际收益。于是可以定义双方发生交易时物流服务的价值和成本的函数分别是 $V(e, i, \theta)$ 和 $C(i, e, \theta)$,并且 $V(e, i, \theta)$ 是严格的凹函数,而 $C(i, e, \theta)$ 是严格的凸函数(θ 是环境变量),也就是说:

$V'_e < 0$, $V''_e < 0$; $V'_i > 0$, $V''_i < 0$ 且 $V'_e \geq V'_i$

$C'_i < 0$, $C''_i > 0$; $C'_e < 0$, $C''_e > 0$ 且 $|C'_i| \geq |C'_e|$

于是双方交易的总收益:$\Pi = V(e, i, \theta) - C(i, e, \theta) - e - i$,根据此式很容易得到最有关系专用性投资:

$\max \Pi \Rightarrow \dfrac{\partial \Pi}{\partial e} = 0$ 且 $\dfrac{\partial \Pi}{\partial i} = 0 \Rightarrow$

$V'_e - C'_e = 1 \Rightarrow e^* = \arg(V'_e - C'_e = 1)$ (1)

$V'_i - C'_i = 1 \Rightarrow i^* = \arg(V'_i - C'_i = 1)$ (2)

同理,假设如果双方再谈判失败,即 M 到市场临时以价格 $\bar{P}$ 购得物流服务,而 L 把其物流服务转卖给其他需求者,这样双方都会因为专用性资产转为通用而遭受损失,并且不能在享受对方专用性投资给自身带来的收益,假设双方在交易外的效用和成本分别是 $v(e, \theta)$ 和 $c(i, \theta)$,同样满足下列假设：

$v'_e > 0$，$v''_e < 0$ 且 $c'_i < 0$，$c''_i > 0$

由于双方投资在关系内获得最优使用价值，因此创造更多收益及边际收益，并且可以知道投资 e 在关系外的边际收益大于 1 的时候，其一定会选择继续投资，因为投资一定增加收益，所以其最优专用性投资一定会在 $v_e < 1$ 的区间。同理，可得第三方物流企业的最优专用性投资会落在 $|c_i| < 1$ 的区间，于是有：

$V(e,i,\theta) > v(e,\theta)$，$C(i,e,\theta) < c(i,\theta)$

$V'_e > v'_e$，$|C'_i| > |c'_i|$

根据 G—H 模型对可占用准租的定义，该物流外包合同中的可占用准租为：

$r = [V(e,i,\theta) - C(i,e,\theta) - i - e] - [v(e,\theta) - c(i,\theta) - i - e]$

$$r = [V(e,i,\theta) - C(i,e,\theta)] - [v(e,\theta) - c(i,\theta)] \tag{3}$$

接下来，假设 L 在交易中的讨价还价能力为 α，即表示其对可占用准租的获取能力，$0 \leq \alpha \leq 1$，这里暂且不考虑 α 的决定因素，这是根据交易的不同而改变的。于是，M 在交易中对可占用准租的获取能力即为 $(1-\alpha)$。并且假设交易中物流服务的价格为 P，而交易外的市场价格为 $\bar{P}$。

存在可占用准租的情况下，物流服务提供商 L 的效用函数可以表示为：

$\Pi_L = \bar{P} + \alpha \cdot r - c(i,\theta) - i$

引入公式（3）得：

$$\Pi_L = \bar{P} + \alpha\{[V(e,i,\theta) - C(i,e,\theta)] - [v(e,\theta) - c(i,\theta)]\} - c(i,\theta) - i \tag{4}$$

物流服务提供商作为理性的经济人，以自身利益最大化为驱使，其最有专用性投资的计算如下：

$\max \Pi_L \Rightarrow \partial \Pi_L / \partial i = 0 \Rightarrow \alpha[V'_i(e,i,\theta) - C'_i(i,e,\theta) + c'_i(i,\theta)] - c_i = 1 \Rightarrow$

$0 < \alpha < 1$ 时，$V'_i - C'_i = [1+(1-\alpha)c_i]/\alpha \Rightarrow i^0 = \arg\{V'_i - C'_i = [1+(1-\alpha)c_i]/\alpha\}$

$\alpha = 1$ 时 $\Rightarrow i^0 = \arg[(V_i - C_i) = 1]$

$$\alpha = 0 \text{ 时} \Rightarrow i^0 = \arg[(-c_i) = 1] \tag{5}$$

同理，可以得到 M 在追求自身利益最大化时，专用性投资选择的表达式：

$\Pi_M = v(e,\theta) - \bar{P} + (1-\alpha) \cdot r - e$

引入公式（3）得：

$$\Pi_M = v(e,\theta) - \bar{P} + (1-\alpha) \cdot \{[V(e,i,\theta) - C(i,e,\theta)] - [v(e,\theta) - c(i,\theta)]\} - e \tag{6}$$

$\max \Pi_M \Rightarrow \partial \Pi_M / \partial e = 0 \Rightarrow v'_e(e,\theta) + (1-\alpha)[V'_e(e,i,\theta) - C'_i(i,e,\theta) - v'_e(e,\theta)] =$

1⇒

$\alpha = 1$ 时,$\Rightarrow e^0 = \arg(v'_e = 1)$

$\alpha = 0$ 时,$\Rightarrow e^0 = \arg[(V'e - C'_e) = 1]$

$0 < \alpha < 1$ 时,$V'_e - C'_e = (1 - \alpha \cdot v'_e)/(1-\alpha) \Rightarrow$

$e^0 = \arg[V'_e - C'_e = (1 - \alpha \cdot v'_e)/1 - \alpha]$ (7)

3. 模型的论证结果

前面已经得到了外包契约关系中整体最优的专用性投资水平的表达式以及物流需求方和第三方物流企业各自的最优专用性投资的表达式,下面通过比较表达式恒定的大小关系,得到模型结果。

首先分析第三方物流提供商的最优专用性投资,其整体最优解和个人最优解的表达式分别为(1)式和(5)式。

整体最优解:$V'_i - C'_i = 1 \Rightarrow i^* = \arg(V'_i - C'_i = 1)$ (8)

个体最优解:

$0 < \alpha < 1$ 时,$V'_i - C'_i = [1 + (1-\alpha)c'_i]/\alpha \Rightarrow i^0 = \arg\{V'_i - C'_i = [1 + (1-\alpha)c'_i]/\alpha\}$

$\alpha = 1$ 时$\Rightarrow i^0 = \arg[(V'_i - C'_i) = 1]$

$\alpha = 0$ 时$\Rightarrow i^0 = \arg[(-c'_i) = 1]$ (9)

当 $\alpha = 1$,也就是第三方物流企业通过谈判可以获得全部剩余索取权的情况下,其达到最优专用性投资;当 $\alpha = 0$,也就是物流需求方占有全部剩余的情况下,第三方物流企业将做出最小专用性投资;而 $0 < \alpha < 1$ 时,由于 $c'_i < 0$,所以 $[1 + (1-\alpha)c'_i]/\alpha \succ 1$,又由于 $V''_i < 0$ 且 $C''_i > 0$,所以 $(V'_i - C'_i)$ 是 i 的减函数,则有 $i^0 < i^*$。

接着再看物流需求企业 M 专用性投资的情况,其整体最优解和个人最优解的表达式分别为(1)式和(7)式。

整体最优解:$V'_i - C'_i = 1 \Rightarrow i^* = \arg(V'_i - C'_i = 1)$ (10)

个体最优解:

$\alpha = 1$ 时,$\Rightarrow e^0 = \arg(v_e = 1)$

$\alpha = 0$ 时,$\Rightarrow e^0 = \arg[(V'e - C'_e) = 1]$

$0 < \alpha < 1$ 时,$V'_e - C'_e = (1 - \alpha \cdot v'_e)/(1-\alpha) \Rightarrow$

$e^0 = \arg[V'_e - C'_e = (1 - \alpha \cdot v'_e)/1 - \alpha]$ (11)

当 $\alpha = 1$ 时,L 拥有全部剩余索取权,此时 M 仅进行最小的专用性投资;当 $\alpha = 0$ 时,M 占有全部剩余索取权的时候,其专用性投资水平等于整体最优时候的水平;当 $0 < \alpha < 1$ 时,由于前面已证,M 的最优专用性投资水平一定停在 $v'_e < 1$ 的理性区间,于是 $(1 - \alpha \cdot v'_e)/(1-\alpha)$ 大于 1,又由于 $(V'_e - C'_e)$ 是减函数,所以这时的专用投资 $e^0 < e^*$。

五 主要结论与启示

综合两种结果，可以得到以下两点主要结论与启示：

第一，只有拥有全部剩余索取权的一方有激励进行符合整体最优水平的专用性投资，而此时另一方的专用性资产投资处在最低水平。双方共同占有剩余索取权的时候，双方专用性投资均处在零和最优值之间。由于两者均小于在整体最优条件下各自的专用性投资水平，所以整体最优值无法实现。由于物流外包契约的不完全性，专用性资产投资不足是必然存在的。

第二，无论是物流需求方还是第三方物流服务提供商，其对交易中可占用准租的占有程度 α 直接决定了其专用性资产投资的水平。所以，如果物流需求方希望激励第三方物流企业的专用性资产投资，就必须让渡一些剩余索取权，分担专用性投资的风险，从而提高第三方物流企业的投资激励。

参考文献

1. Williamson, O. E., The Economic Institutions of Capitalism: Firms, Markets Relational Contracting [J]. *Macmilia*, 1985. 52 – 56.

2. Williamson, O. E., *Markets and Hierarchies: Analysis and Antitrust Implications* [M]. New York: The Free Press, 1975. 78 – 80.

3. Williamson, O. E., Transaction – cost Economics: The Governance of Contractual Relations [J]. *Journal of Law and Economics*, 1979 (22): 3 – 61.

4. Ghemawat, P., *Commitment: the Dynamic of Strategy* [M]. New York: The Free Press, 1991. 171 – 173.

5. Parkhe, A., Strategic Alliance Structuring: A Game Theoretic and Transaction Cost Examination of Inter – firm Cooperation [J]. *Academy of Management Journal*, 1993, Vol. 36: 794 – 829.

6. Dyer, J. H., Singh, H., The Relational View: Cooperative Strategy and Sources of Inter – organizational Competitive Advantage [J]. *Academy of Management Review*, 1998, 23 (4): 660 – 679.

7. Bensaou, M., Anderson, E., Buyer – supplier Relations in Industrial Markets: When Do Buyers Risk Making Idiosyncratic Investments [J]. *Organization Science*, 1999, 10 (4): 460 – 481.

8. Artz, K. W., Brush, T. H., Asset Specificity, Uncertainty and Relational Norms: An Examination of Coordination Cost in Collaborative Strategic Alliances [J]. *Journal of Economic Behavior & Organization*, 2000 (41): 337 – 362.

9. 麦克尼尔：《新契约理论：关于现代契约理论的探讨》，中国政法大学出版社1994年版。

10. Grossman, G., Hart, O., The Costs and Benefits of Ownership: A Theory of Vertical

and Lateral Integration [J]. *Journal of Political Economy*, 1986, Vol. 94: 691 – 719.

11. Williamson, O. E., *Markets and Hierarchies: Analysis and Antitrust Implications* [M]. New York: The Free Press, 1975, pp. 78 – 80.

12. Grossman, G., Hart, O., The Costs and Benefits of Ownership: A Theory of Vertical and Lateral Integration [J]. *Journal of Political Economy*, 1986, Vol. 94: 691 – 719.

13. Hart, O., Firms, Contracts and Financial Structure [M]. Oxford: Clarendon Press, 1995.

14. Yeon – Koo Che, Donald B. Hausch, Cooperative Investments and the Value of Contracting [J]. *American Economic Review*, 1999, Vol. 89: 125 – 147.

15. 李学伟、曾建平、卢勃：《中国物流交易模式理论》，清华大学出版社2004年版。

16. 王春艳：《专用性投资的模块化治理研究》，硕士学位论文，大连理工大学，2004年。

17. 艾伦·施瓦茨：《法律契约理论与不完全契约》，载李风圣《契约经济学》，经济科学出版社1999年版。

18. 刘彦平：《第三方物流的契约经济理论分析》，《学习与探讨》2006年第2期。

19. 汤世强、季建华：《供应链合作伙伴关系中的一个多阶段投资有限期合作模型》，《上海交通大学学报》2005年第39期。

网络化产业组织结构的形成动因分析[*]

张晓明 刘 军

内容提要 20世纪80年代以来,产业组织形式由科层向网络化演化。这主要是由于信任的发展使企业间合作频率增加,契约不断长期化,企业间的关联性逐渐加强;企业比较优势的凸显使大型一体化企业逐渐放弃不具有比较优势的生产环节,而将企业资源集中在具有比较优势的生产环节,从而提高企业的利润率。同时,技术的进步、模块化生产模式的普遍应用、信息技术的飞速发展以及贸易壁垒的降低等都使得网络形态的生产方式得以运行。

关键词 网络化产业组织 信任 模块化 比较优势

一 引言

20世纪80年代以来,产业组织出现了以模块化生产为基础的网络化发展趋势。美国汽车厂商转向外部供应商购买更多的零部件,如美国福特公司与4万家中小企业组成了共生网络;通用汽车与6.2万家提供零部件的中小企业协作共生。爱立信、苹果电脑等企业出售它们的制造工厂等,越来越多的企业开始进入硬件生产领域,并集中于特定产品的生产。特别是在90年代,美国知名的大型电子企业像Apple、IBM、NCR、Philips、AT&T、HP和DEC都放弃了它们的内部制造活动,而转向像SCI这样的合同制造商生产产品;服装业的耐克等跨国公司几乎只关注产品的设计和营销,而不从事所销售产品的生产。同时大量的原职能型企业部门成为了产业中的独立企业。网络化发生的产业领域也很广泛,不但发生于汽车、电子、服装等制造业领域,而且发生在报业、银行、通信等服务行业,甚至在人们通常认为应该以纵向整合为主的石油行业,也显示出垂直解体的迹象,转而进入网络化发展阶段。

网络化产业组织形式作为不同于市场与科层的新型组织形式受到了社会学

---

[*] 作者简介:张晓明,东北财经大学产业组织与企业组织研究中心助理研究员、博士。刘军,东北财经大学工商管理学院教授、博士。

者和经济学者的广泛关注。随着垂直型产业组织解体趋势的加深，网络化产业组织形式已经成为了全球产业的主导模式。其发展主要是建立在商业信任发展、企业相对优势凸显、技术水平提高、国际贸易繁荣、反垄断力度增强等基础之上。

二　网络化组织结构的形成动因

（一）信任

网络化组织形式以互惠原则为基本指导原则。由于网络化组织中与一体化企业中相比缺少确定的公断组织，因此主要靠商业信用的自身调节解决争议[①]。在市场范围有限、商业信用缺失的时期，为了避免规模不经济和机会主义行为，产业发展之初多选择一体化道路。但随着商业信用的不断发展，企业间的交易风险大大减低，企业的边界得到了重新的划分，产业结构的网络化发展成为了组织演化的新趋势。网络化产业组织结构能够产生成本和质量方面的直接经济利益。信任的发展是网络化产业组织结构得以运行的重要条件。

1. 信任的发展

威廉姆森认为，信任本身与理性是矛盾的，经过了仔细推敲的结果就不能被称为"信任"，考虑没有计算的信任则会造成思想混乱。但事实上，信任本身具有理性和感性的两面性，特别是交易中的信任。从理性层面讲，信任产生于行为主体对其合作主体过去行为方式的总结和自身对其违约的惩罚力度的判断基础上。引用最简单的囚徒博弈模型，甲、乙为交易双方，A 策略代表守信，B 代表不守信。假定甲观测到乙以往与其他主体交易时，均采取 A 策略，则甲有理由信任乙守信，从而与之建立利益分配为 (4, 4) 的交易，而不会陷入囚徒困境的纳什均衡解 (0, 0)。从理性角度来判断乙的守信行为，可以从交易的多次性来解释。如果乙在第一次交易中就采取不守信策略，则其很可能失去与其他企业交易的机会，从而不能获得交易产生的利润，其未来收益的损失将大大超过当期交易获得的收益。即其自身的行为方式将成为其他企业选择交易伙伴的考察因素，除本次交易本身，还存在后续的外部激励，因此乙企业会选择守信为自身的行为方式。然而另一个质疑就是，如果交易主体认为交易行为是有限次的，交易者很可能会通过逆向归纳法来选择阶段的占优策略。那么对对方过去行为的观测来判定其当期行为就会出现偏差。但事实上，由于信息不对称和未来的不确定性，即使交易是有限次的，交易方本身也没有充足的知识和精力预测到最后一次交易究竟什么时候发生，从而也就避免了采用逆向归纳法实行机会主义行为的可能。

[①] Joel M. Podolny and Karen L. Page, Network Forms of Organization [J]. *Annual Review of Sociology*, 1998 (8). Vol. 24. pp. 57 – 76.

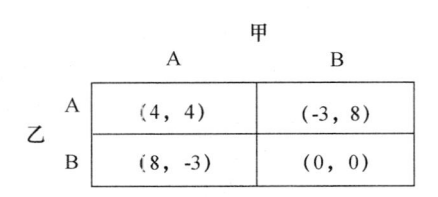

	甲 A	甲 B
乙 A	(4, 4)	(-3, 8)
乙 B	(8, -3)	(0, 0)

图 1　囚徒困境模型

　　从感性的层面讲，如同人类个体的满足感除了自身经济利益的增加也包括社会群体对其的认可。交易使得社会福利增加，实现帕累托改进。交易本身得以进行，一方面需要正式的法律制度约束，另一方面也需要非正式的信任机制调节。相信对方守信，才能与其建立合作，实现交易，从而获得利润，否则人类回归到相对原始的生活状态。人们的交易需求使得守信成为了对个体品质的基本要求，守信者享有较高的社会声誉，否则声名狼藉。同时信任也变成了较为普遍的行为准则。并且从失信的内在激励来讲，被失信一方具有惩罚失信者的倾向。之所以把这一点放在信任的感性思考角度中，是由于惩罚失信者是需要付出成本的。也就意味着，守信者在由于失信者失信损失3个单位收益的基础上，还要付出代价惩罚失信者。采纳演进博弈论分析方法的专家们，很明显地认同把制度的起源当成是"自发的秩序"（spontaneous order）（Hayek，1973），或者是具有自组织（self - organizing）性质的组织体系，信任这项非正式制度的形成也是如此。在上述的博弈分析中，行动选择规则通常采用的形式是：如果对方的状态是失信，那么参与人就会进行惩罚，即 A 与 B 均要遭受损失。也就是说，B 的失信行为决定了 A 在守信的初始选择基础上进一步的行动规则。只要 A 能够让 B 相信其的惩罚行动，B 就会把自身的行为限定为守信，那么该博弈将在（4，4）的收益分配上实现均衡。这正如格雷夫（Greif）所认为的，要想避免不信任的严重后果，真正需要的是把冒犯者要受到惩罚的信念灌输给冒犯者们的制度安排[①]。

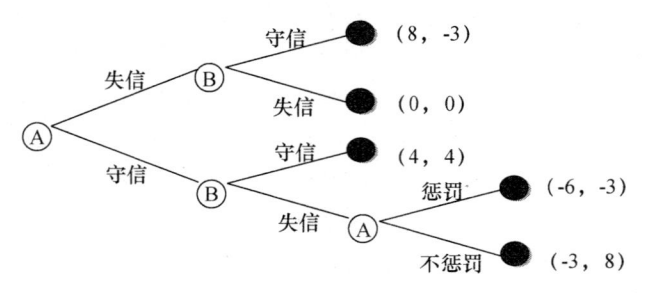

```
         失信    守信  (8, -3)
              B
         ╱    失信  (0, 0)
      A
         ╲    守信  (4, 4)
         守信
              B         惩罚  (-6, -3)
                失信  A
                        不惩罚 (-3, 8)
```

图 2　多次合作博弈

---

① Greif, Avner, Self - enforcing Politicalsy Stems and Economic Growth: Late Medieval Genoa, in Robert Bates, Avner Grerf, Margaret Levi, Jwan - Laurent Rosenthal and Barry Weingast (eds.), *Analytic- Narratives*, Princeton, NJ: Princeton Univercity Press (1998), pp. 23 - 63.

从新古典的理性人假设出发，惩罚行为是不经济的，其结果只是使自身和对方的情况都更糟的。但这一说法确实符合实际，桑塔菲学派的重要成员、苏黎世大学国家经济实验室主任恩斯特·费尔博士曾就这种利他惩罚问题进行了实证研究。其实验过程大致如下：A、B两个受试者为一组，每人都得到10个单位初始货币。第一步，A可以选择把自己的货币全部交给B，如果A这样做，实验者就把A交给B的货币扩大4倍，即B可以得到40单位货币；第二步，B决定是否把50个单位货币中的50%回赠给A，如果B不这样做，则信任他的A将分文不得；第三步，A被赋予惩罚B的权利，即可以惩罚B使其失去所有货币，但A需要付出代价。实验最终选取实验中经历了背叛的A，利用中电子发射X射线断层扫描技术对其进行脑神经系统观察，发现99%的受试者在经历背叛后显示出强烈的惩罚愿望。费尔认为，实验表明了利他激励行为既不是消化食物那样的自动机能，也不是一种基于深思熟虑、有明确目标导向的行为。这种典型的依靠愿望诱导的激励机制说明，人们可以从这种行为本身获得满足。大多数人在发现那些违反社会规范的行为未得到惩罚时会感到不舒服，而一旦公正得以建立人们就会感到轻松快乐。这种内在激励和外在激励一起强化了守信行为的执行度，从而推进了信任这种非正式机制的发展[①]。

2. 信任的计算

以上分析，尝试回答了威廉姆森关于信任的非理性质疑。信任本身就具有理性和感性的两面。然而，关于威廉姆森"考虑没有计算的信任则会造成思想混乱"的论断我们还没有作出回应。下面我们就通过建立网络化组织中各节点企业间的信任模型来解决这个问题。

模型假设如下：

（1）信任关系总是存在于两个节点企业之间。

（2）主观性：不同的节点企业对同一个节点企业可能有不同的信任值。

（3）非对称性：即A对B的信任值不一定等于B对A的信任值。

（4）有条件的传递性：即传递性只是在一定条件下满足。例如，由（A信任B）∪（B信任C）可以推导出A信任C，仅在A信任B作为推荐者时

---

① 张维迎在《法律制度的信誉基础》一文中指出，在不存在惩罚机制时，行为主体也可能采用守信行为。假定在每一次博弈结束前，双方都预期有 δ 的可能性有下一次交易的机会，并且每次博弈的结构相同。考虑合作双方采用"触发战略"（trigger strategy）：我首先选择信任你；如果你不滥用我对你的信任，我将继续信任你；但一旦你滥用了我对你的信任，我将永远不再信任你，合作的可能永远消失，但不存在后续的其他惩罚性行为。假定合作对象选择欺骗，他得到本期收入10个单位，以后每期的收入为0，所以总期望（贴现）收入为10单位；如果合作对象选择不欺骗，他得到本期收入5个单位，有 δ 的概率在下期得到5个单位的收入，有 δ^2 的概率在下下期得到5个单位的收入，如此等等，总的期望（贴现）收入为：$5\delta + 5\delta^2 + 5\delta^3 + \cdots = \frac{5}{1-\delta}$。那么，只要 $\frac{5}{1-\delta} \geq 10$，即 $\delta \geq 0.5$，守信就是最优的选择。

成立，并且由于 A 对 C 的信任是间接性信任，所以该信任值小于 B 对 C 的信任值。

（5）传播性：节点企业之间信任关系的变化会影响其他节点企业之间的信任关系。因为间接性的推荐信任关系是根据其他节点企业的评估而建立起来的一种信任关系。例如，当一个节点企业有失信行为时，跟其有过交易的节点企业对其评估就会很差，这样，与该节点企业有关的信任值都会降低，类似于现实社会中的恶名远扬。

（6）动态性：节点企业之间的信任关系不是持久不变的，受节点企业行为的影响，信任值也会发生动态变化。

网络化组织内部节点企业之间的信任关系基于节点企业之间的交易。在这里，我们把一节点企业对另一节点企业的信任值分成两个组成部分来计算：一部分是来自与之直接交易的经验；另一部分来自其他企业对该节点企业的信用评价。当节点企业 A 与节点企业 B 之间存在过交易时，A 企业将根据 B 企业完成两节点之间的交易情况对 B 赋予一定的信任值。这里我们把这个值称为直接信任值，为了实现量化的计算，我们把这个值取为 B 完成合同的百分比情况。因为现实中的合同是不完备的，所以即使从合同本身出发 B 完成了合同交易内容，但和可能与现实中 A 对 B 的角色期待是存在差异的，所以每次交易产生的直接信任值都有可能偏离 100% 的满意度。同时 A 与 B 的交易可能是多次的，每次获得的直接信任值也会受到交易金额的影响。我们可以根据以上分析把分析 A 企业对 B 企业的直接信任值所需要的指标通过直接信任关系表来表示（见表 1）。

表 1　　　　　　　　　企业间交易金额及满意度

Name（交易企业名称）	TrustValue（满意度）	Money（交易金额）
B	90	80
B	78	560
B	100	70

表中，Name 栏表示和 A 企业交易的节点企业名称；TrustValue 栏表示 A 企业在第 i 次交易中，对其交易企业的满意度，用 T_i 来表示；Money 栏表示 A 企业与 B 企业在第 i 次交易的金额，用 M_i 表示。则 A 企业对 B 企业的直接信任值模型为：

$$\text{Dir Value}_{A-B} = \sum_{i=1}^{n} \left[T_i \times \left(\frac{M_i}{\sum_{i=1}^{n} M_i} \right) \right]$$

其中 Dir Value_{A-B} 为 A 企业对 B 企业的直接信任值，等于 A 企业与 B 企业各次交易的满意度的平均值，且每次交易的满意度所占的权重为 A 企业与 B 企业当次交易金额占 A 企业与 B 企业所有交易总额的比例。这种权重的设计强调了交易额较大时所产生的满意值对再次交易的信任贡献较大，这也是符合现实情况的，人们通常更注重重大交易中对方的行为。上述的模型不但具有理论意义，而且还具有实践意义，只要企业 A 提供与其交易的企业的相关信息，即可通过计算机程序计算相应的直接信任值。

现实生活中的信任不仅来源于 A 企业与 B 企业过去交易的经历，也依赖于 A 所知的其他企业对 B 企业的信任评价值。

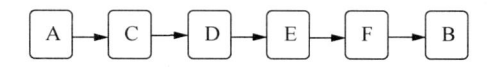

$$A \rightarrow C \rightarrow D \rightarrow E \rightarrow F \rightarrow B$$

图 3　企业间交易链条

图 3 表示 A 企业并没有和 B 企业直接发生交易，而是存在由 C、D、E、F 企业联通的间接关系链条。这时，如果要计算 A 企业对 B 企业的信任值，我们就需要分别计算出 A 企业对 C 企业的信任值，以及 C 企业对 D 企业、D 企业对 E 企业、E 企业对 F 企业、F 企业对 B 企业的信任评价值，分别用 DirValue_{A-C}、DirValue_{C-D}、DirValue_{D-E}、DirValue_{E-F}、DirValue_{F-B} 来表示，那么 A 企业对 B 企业的间接信任评价值就可以表示为以上几个数值的连乘：

$$\text{lnDirValue}_{A-B} = \text{DirValue}_{A-C} \text{DirValue}_{C-D} \text{DirValue}_{D-E} \text{DirValue}_{E-F} \text{DirValue}_{F-B}$$

模型中，各直接交易企业间的信任评价值可以依两者的交易历史，根据上面的公式进行计算。

A 企业对 B 企业的总的信任值可以表示为 DirValue_{A-B} 和 lnDirValue_{A-B} 的加权平均数，通常前者所占的权重较大，这主要是由于企业更重视自身的经验观察。以上我们尝试地解释了威廉姆森对信任的可计算性的质疑。信任本身是具有感性和理性两面性的，在其计算中也反映了这一点，其中满意度指标就是具有感性色彩的。人们或许会提出这样的质疑，现实交易中企业间的信任选择是否真的进行了如上的计算，我们的研究更多的是想解释显现背后的原理，信任问题可以计算，但企业在进行行为时其信任的形成是隐形的，这正如我们在讨论企业的利用边际成本与边际收益相等决定生产的问题。

3. 信任与网络化组织结构

信任能促进组织的稳定性和灵活性，降低组织内部的经济成本，提高合作绩效，从根本上增加企业合作的可能性。蒂莫西·斯特金和理查德·莱斯特（Timothy Sturgeon and Richard Lester）曾以电子和汽车产业为例，论证了生产网络的全球性趋势，认为其这样的重新定位是与网络产业结构中的中心企业把所有组件的设计外包给可以信任的供应商是分不开的[1]。信任的增进使得企业在边界收缩时仍然能够创造较高的利润。具体来说主要体现在：（1）信任降低了企业间的交易费用。当合作成员对彼此不了解并对成员企业所传递的信号无法信任时，为了促进合作的产生，联盟成员必然花费大量的时间、精力、金钱去获取有关他方的各种信息，以作适当的判断。大量的搜寻成本的存在，使得各方的效用降低；反之，如果彼此信任，就可以降低达成协议的费用，提高效率。（2）信任降低网络化组织内企业间的监督费用。由于各方的信息不完备，合作成员企业之间的关系实际上就是互为委托代理关系，因此每个成员都存在逆向选择和道德风险的可能。如果合作成员企业之间彼此信任，就可以形成自我监督的机制，减少机会主义行为。如果一个社会有覆盖面广泛的信任网络，企业就可以花较少的精力彼此监督，降低监督费用，从而释放更多的资源用于创新活动。（3）信任能增加企业合作关系的灵活性。每当环境发生变化，需要对原有的合作安排进行调整时，都意味着新一轮谈判的开始。由于决策是合作各方共同协商指定的，必须同时满足各方的需求，在信任度较低的情况下，当环境发生变化时，往往会出现由于各方对环境变化后果的判断不一致以及相互猜疑而延误了决策调整的最佳时机，使合作利益受到损失。较高程度的信任则有利于合作各方采取灵活的态度，推动决策的迅速形成，使合作关系能将环境变化的要求及时地反映出来。

信任的发展对网络化组织结构的形成有重要意义，网络化组织结构的根本特征是产业中多个模块企业通过建立不完备的长期契约实现产品的生产。这种新型组织模式节约了合约成本，缩小了产品创新周期，同时避免了企业中的X—非效率和机会主义行为问题。网络化组织结构的效率性显而易见，但是其真正的出现确是20世纪80年代初期，这主要是由于商业信用、产品分工等的局限。网络化组织结构是一种跨地区、跨国界的全球产业组织形态，分布在世界各地的企业通过柔性契约建立合作关系。网络化组织内部企业间的合作关系相对稳定，具有长期、契约不完备等特点。网络化组织模式得以运行，必须以企业间的信任为基础。信任的普遍发展使得企业能够逐渐放弃其不具有相对优势的生产环节，保留其具有相对优势的环节，而与其他具有相对优势的企业建立长期合作关系，共同提供产成品。而不必担心资产专用性带来的机会主义行为。

信任的发展和网络化产业组织结构的流行之间存在着一定的相互推进作用，网络化组织结构下，企业间的共生性得到加强。随着企业间契约的长期化和各节点企业生产与创新能力的不断增强，信任也在促进发展；同时，信任的发展也在促进着网络化组织结构的深化。但是，信任并不是网络化产业

---

[1] Shahid Yusuf、M. Anjum Altaf、Kaoru Nabeshima 编：《全球生产网络与东亚技术变革》，中国财政经济出版社2005年版，第119页。

组织形成的唯一要素，企业相对优势的不断凸显，生产技术以及互联网技术的发展和经济法规的不断完善都对网络化组织结构的形成和发展起到了重要的作用，本文仅讨论了网络化组织结构中信任的相关问题。

（二）企业比较优势

比较优势战略最早是英国古典经济学家李嘉图提出的国际贸易理论，最初就是指为了获取这种国际贸易上的比较利益而实施的经济发展战略。比较优势是一个国家或地区与另一个国家或地区在经济发展上相比较而存在的优势，是一种状态优势，具有层次性的特点。企业间的比较优势即是指某一企业与其他企业相比在产品生产的某一环节上相比较存在优势。当两个企业进行交易时，这种比较优势的存在使双方能够得到不同的比较利益。

1. 绝对优势原理与比较优势原理

英国古典经济学家亚当·斯密的绝对优势理论是比较优势理论的肇端。亚当·斯密在《国富论》中最早提出了绝对优势理论，认为各国在生产同样产品时，由于劳动生产率的绝对差异所导致的各国之间生产优势的不同，各国应专门生产本国劳动生产率较高的产品。亚当·斯密认为，在市场经济中，在利益驱动下，主观上为自己的微观经济主体可通过分工和交易而客观上为社会工作，从而实现自利与互利、个体利益与社会利益的相互联系、相得益彰。经济主体之间的利益关系并不像重商主义者声称的那样，一定是非赢即输的"零和"博弈，而是可能实现双方都获利的"双赢"的"正和"博弈。经济主体的"利己"不应通过损人去实现，而应通过利他来实现。具体途径为，社会各经济主体按自己的特长实行分工，进行专业化生产，然后通过市场进行交易，从而在总体上实现社会福利最大化。这种思想使得每个企业专注自身具有成本优势的产品生产，企业间的交易不断活跃。斯密在两个国家、两种产品、一种生产要素并且规模报酬不变的假设下，认为在自由贸易的前提下，由于各国的自然禀赋，或后天的有利的生产条件，使各国都可以在生产上和对外贸易方面比其他国家处于绝对有利的地位。如果各国都按照绝对有利的生产条件进行分工和交换，则会使各国的资源、劳动力和资本等生产要素得到最有效的利用，将会极大地提高劳动生产率和增加社会财富，对各国都有利。把斯密的思想应用到企业间的分工在原理上是一致的。但是，斯密的绝对优势理论也存在局限，它将本国某种产品的成本与国外同样产品的成本进行直接比较，以成本的绝对高低来决定出口，这会使那些在所有产品生产方面处于绝对劣势的国家无法参加国际贸易。但在现实当中，不论国家间、地区间还是企业间的交易都不完全符合亚当·斯密的绝对成本比较优势理论。具有绝对成本优势的企业并没有经营所有的生产方面，而是选择和其他国家、地区的企业在某些环节进行市场交换。

突破斯密绝对优势理论局限的是大卫·李嘉图的比较优势理论（又称为

比较成本理论）。大卫·李嘉图在《政治经济学及其赋税原理》中用国与国之间生产同一产品相对劳动生产率优势解释国际贸易原因。李嘉图指出，即使某一国家、地区的企业并不拥有任何绝对优势，只要在不进行贸易时，各国之间的价格比例有所不同，每一个国家都会有一种比较优势，都能通过交易获得比较利益。所谓比较优势就是更大的绝对优势和更小的比较劣势，也就是指企业具有较大机会成本的产品生产和生产环节的状态。在各种产品的生产上都占有绝对优势的国家，应集中资源生产优势相对更大的产品，而在各种产品的生产上都处于劣势的国家，应集中资源生产劣势更小的产品，即"两优取其重，两劣取其轻"。企业间的分工也是如此，企业应该集中资源生产其具有相对优势的产品或生产环节，从而实现资源的最高效率。

绝对优势原理与比较优势原理既有共同之处也有不同之处。共同点有：（1）无论是绝对优势理论还是比较优势理论都属于差异论的范畴。差异论，是指生产同一产品成本不同所造成的分工。（2）都采用了比较的方法来阐述原因。（3）都建立在生产成本的差异上，如果没有差异，则没有比较，因此差异是基础。不同点有：（1）假定条件不同：绝对差异论的假定条件是全世界只有两个经济主体，都能生产两种产品，一经济主体在一样产品上的生产成本低于另一经济主体，另一经济主体在生产另一产品上生产成本低于此经济主体；而比较优势理论则是一经济主体在生产两件产品上成本都低于另一经济主体，在此基础上两种理论对分工进行解释。（2）比较内容与方法不同：绝对差异论是直接在二者中选出谁好谁劣，而比较优势理论则是"两利相权取其重，两弊相权取其轻"。（3）适用范围不同：绝对差异论只说明各经济主体分别在某一种或某几种产品的生产上，生产成本低于其他国家，分工得以形成，而比较优势理论还可以解释当一经济主体在所有产品的生产上生产成本都低于其他经济主体时交易得以成立的原因，即考虑到相对成本优势。（4）有绝对优势一定有比较优势，有比较优势不一定有绝对优势。绝对优势是同一经济主体对另一经济主体的优势，是内生的，而比较优势理论是同一经济主体一产品对另一种产品的优势，是外生性的。

无论是比较成本优势理论还是绝对成本优势理论，在分析问题时都是站在成本的角度来挖掘问题。该理论在指导实践上难免有失偏颇：企业只有降低生产成本才能够在市场分工中获得比较优势。而且，优势只有通过出售产品的低廉价格表现出来。但是，现实市场上，产品价格并不只是竞争取胜的唯一因素，产品品质因素也决定着产品的适销对路与否。因此理解两大优势理论的时候除了成本还应该考虑质量等其他产品的特性。当然把比较优势理论继续等同于比较成本优势也是合理的，只是注意这时候我们在研究问题的时候就暗含了这样的假设前提：所谓的成本比较优势是指产品的其他特性相同的前提下。

2. 企业比较优势发展与网络化组织结构形成

比较优势的产生主要是由于各生产单位对资源的占有、分配和利用等情况的差别，造成了比较优势的产生。比较优势的差别直接导致了生产物品的专业化（即所谓"社会分工"）和贸易的产生。这种专业化的结果是，当每个人都能够专门地从事自己最擅长的事情时，生产就会变得更加有效率，从而整个社会可创造物质财富总量与其整体经济福利便会有所增加。专业化所带来的总产量增量，就是贸易与合作的好处。那么，贸易与合作的进行，也就由此变得顺理成章。同时，更多可分享的总产量本身，同样促进着专业化决策的发展。

第二次世界大战后，随着民族国家的独立和崛起，国际分工的格局也发生了变化，其特点是各国以各自的比较优势参加国际分工，逐渐形成了以产品为界线的国际分工，即产业间的国际分工[①]。此时的分工特点是各个国家根据自身的比较优势或绝对优势，将生产要素集中于一个企业之内进行产品生产，产品出口等价于生产要素的打包出口，所以此时产品的竞争力体现为一国对产品生产所需的生产要素的综合运用能力。进入 20 世纪 80 年代，由于知识经济和经济全球化的迅速发展，世界市场范围、市场规模和生产力都获得了前所未有的发展，外部市场交易成本不断下降，产品和生产要素跨国流动的条件不断完善，促进了国际分工进一步深化，国际经济分工实现了由以产品为界线的分工向以生产部件为界线的分工深化。以产品零部件为界线的分工具有与以产品为界线不同的特征，生产企业可以对整个产品生产没有比较或竞争优势，但可能对产品的某个部件生产具有优势，此时产业的优势表现为对部件的生产优势，这种分工模式扩大了国际经济分工的参与范围。特定产品生产过程中不同工序、不同区段、不同零部件在空间上分布到不同国家，每个国家专业化于特定环节进行生产的现象。企业间的分工合作也是如此。比较优势原理现在已经广泛地应用在各种竞争合作的比较当中。即使一个企业它在所有方面都具有绝对优势，它也不应该面面俱到地进行所有生产环节的生产。因为资源毕竟是有限的，具有全面绝对优势的企业也应该把经历集中在其比较优势最大的环节，而在其他环节与其他企业采取合作。从而为自身创造更大的经济利润，同时也能推进社会福利的最大化。

雷纳和克里斯滕森（Raynor and Christensen, 2003）认为，随着纵向一体化的深化企业的创新能力在不断提高[②]。第二次工业革命以来，企业的一体化程度逐渐加深，特别是垂直一体化程度的加深使企业规模不断扩大的同时，企业创新成为可能，企业经过一定时期的发展，其相对优势也逐渐凸显，为了进一步扩大自身利润，企业开始放弃其相对劣势的经营环节，开拓其具有

---

① 张二震：《全球化、要素分工与中国的战略》，《经济界》2005 年第 5 期。
② M. Clayton, Christensen and Michael E. Raynor, *The Innovator's Solution* [M]. Harvard Business School Press, 2003 – 2009.

相对优势的经营环节。对于能力对称的大企业为了在市场竞争中保持其优势地位，不断加强其生产能力，不断扩充其企业边界。但对于能力不对称的企业，为了实现其竞争优势，就可以凭借自身相对优势抛弃其不具能力优势的价值生产部门，缩小企业边界，进入专业化的动态自我强化过程，成为供应链中的节点企业，从而进入到新型的网络型产业组织当中。

企业相对优势的凸显得益于市场范围扩大带来的分工专业化。按照亚当·斯密提出的市场范围限制劳动分工的著名定理，只要劳动分工进一步专业化，厂方就能够以较低的成本获取较高的产量，从而通过联合和扩张，以及驱逐竞争对手等手段来得到好处[1]。市场范围的扩大，使企业可以专注于具有自身相对优势的生产环节，通过扩大优势环节产量实现利润最大化。同产业中的企业通过分解保留具有相对优势的生产环节，分解其他劣势环节，形成了相互联系的网络化产业组织形态。

（三）技术进步

1. 模块化生产模式

技术进步加深了生产流程的可分性。当生产技术不可分，或成本较高的时期，企业不得不通过一体化经营生产产品，从而实现生产节约成本。但随着生产技术的进步，产品生产流程的可分性逐渐提高，模块化生产成为可能。这里所说的模块不是一个个不能再细分的简单生产环节，而是一种半独立性的、半自律性的经营单位。模块理论的首倡者鲍德温和克拉克曾经敏锐地指出，只有建立在模块化基础上的战略，才是应对当今世界经济环境剧烈变化最好的方法。以汽车产业为例，当汽车制造商在它们的组装厂里比以前做得更少时，这就意味着模块化生产程度在这一产业已经逐步加深。在汽车制造领域，汽车组装生产线已经更为合理化了，过去汽车组装厂里进行各种次级组装诸如座位、操控台、气温调节系统的集成生产线已经消失了。组装工人现在只要把大量由供应商预先已经安装好的包含各种部件的大型次级组装件，也就是所谓的"模块"安装在一起就可以了。一般来说，对于汽车产业来说，大约 12 个模块就构成了汽车价值的 60% 价值（见图 4）。

模块化发展的趋势意味着供应商将为汽车制造商提供一系列相关的模块。汽车产业从而形成了网络化的组织结构。从图 4 中我们看到，汽车模块并没有细分到汽车产品的单个零件，因为假如所有零部件都由不同的节点企业来提供，那么组装的过程中要花费大量的运输成本，同时有些工艺仍然具有时间上的连续性的要求，即存在时间专用性[2]的问题。在汽车行业中，由于生产

---

[1] 亚当·斯密：《国富论》，陕西人民出版社 2001 年版，第 22—26 页。
[2] 时间专用性是由马斯滕等（Masten，1991）在对瀚海造船业的组织分析中提出的，主要强调时间和协调在其中的中心角色。

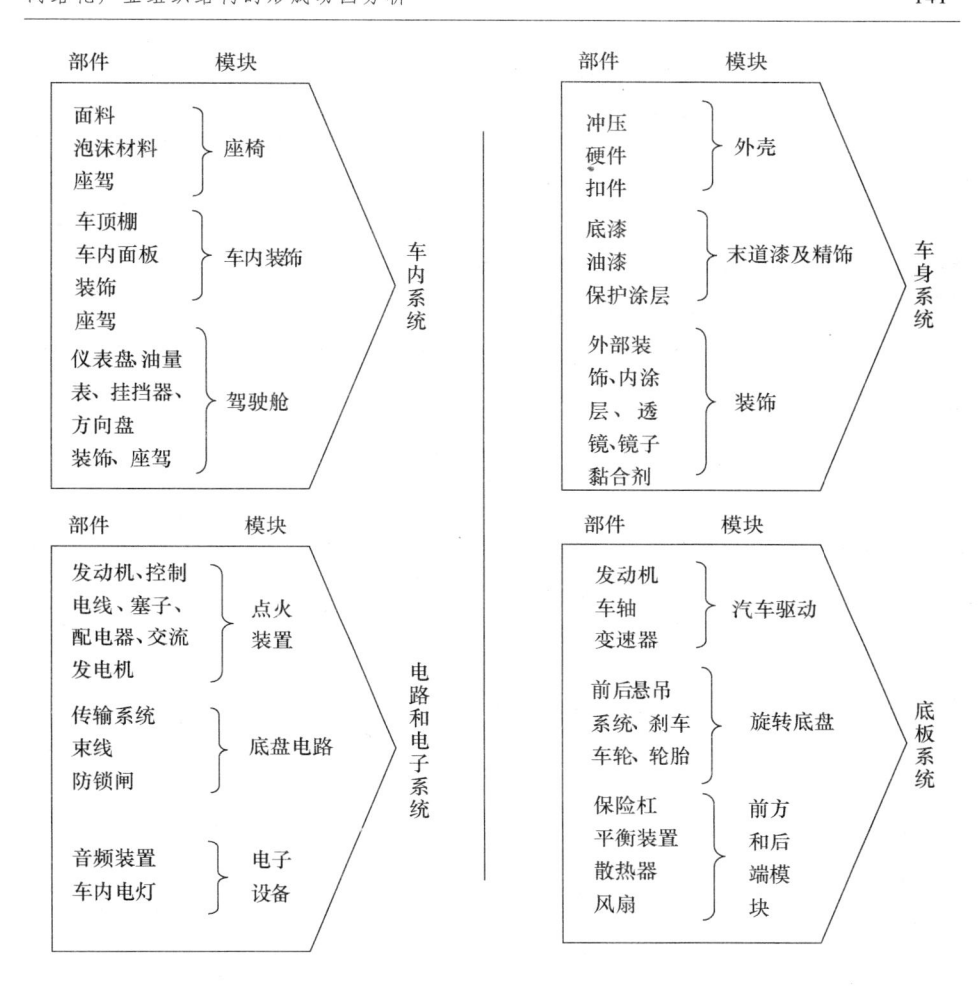

图4　汽车工业模块化的形成轨迹：从部件到模块再到系统

的是由成千上万的零部件所组成的复合产品，因此，时间专用性也在生产过程中扮演着重要的角色。对于那些时间连续性要求较高的生产流程，通常仍然保留在同一模块中。

斯特金（Sturgeon）以美国电子产业为例说明了模块化生产形势促进了产业组织的网络化。认为模块化生产的实现使得产业中的原领导型企业从经营产品的所有环节改为专注于对最终产品的创新、突破、市场，成为全球运作的解决方案的提供者，并提高相关生产流程服务的供给。

模块化生产模式的形成和生产技术的进步也依赖于生产观念的更新。对于汽车行业来说更是如此，虽然在过去的20年里，该行业试图将不同的车间更加紧密地连接起来并使它们在生产线上的周期变短，但是，目前更多的实验室致力于减少工作单位的链接。20世纪70年代，瑞典在卡尔马进行的实验以及在乌迪瓦拉进行的实验都是在寻求通过观念和技术的创新来减低产品零部件生产的时间专用性。20世纪末，日本企业运用乌迪瓦拉的工作原则实现了"平行生产"，使汽车产品的生产模块得到进一步的细化，推进了产业的网络化趋势。在全球经济背景下，模块化生产模式更具有经济绩效，是产业组织在竞争、扩散和适应的强化路径上共同演化的历史进程的一部分。

斯密曾指出，劳动分工能够提高劳动生产率的原因主要有三：一是分工使劳动专业化，从而提高了单个工人的敏捷性和技巧性。二是分工节省从一种工作转到另一种工作所需要的时间。三是专门从事某项作业的工人比较容易改良工具和发明机械[1]。模块理论超越了亚当·斯密意义上的古典分工理论，打破了生产在时间和地点上的限制。从事各产品模块生产的企业共同形成了产业的全球网络。

一般来说，生产产品中低端模块的企业多位于亚洲、东欧和墨西哥；生产产品中高端模块的企业多位于加拿大、美国、西欧和日本；从事设计活动的工程技术含量高的"新产品引入中心"一般位于距离重要客户较近的地方；而完成最终组装和根据订单要求对产品外形进行最后处理的工厂，一般是离主要的交通枢纽近的地方。然而事实上，模块化并不一定要求企业的边界缩小，模块化同样可以通过企业的内部生产战略来实现。现代产业中的核心企业通常的做法是保留其具有相对优势的一个或几个生产环节，即保留产品生产中的少数模块，通过和产业网络内的其他节点企业合作共同为消费者提供产品。

2. 技术标准化

随着产品的生产日渐规范化，很多行业的关键技术趋同，使得网络化产业组织结构中位于较低层次的契约厂商可以使用同一设备生产多种产品，从而避免了威廉姆森提出的资产专用性的问题。

标准化是人类由自然人进入社会共同生活实践的必然产物，它随着生产的发展、科技的进步和生活质量的提高而发生、发展，受生产力发展的制约，同时又为生产力的进一步发展创造条件。ISO对技术标准（Technology Standards）的定义是："一种或一系列具有一定强制性要求或指导性功能，内容含有细节技术要求和有关技术方案的文件，其目的是让相关的产品或服务达到一定的安全要求或进入市场的要求。技术标准的实质就是对一个或几个生产技术设立的必须符合要求的条件。"中国的国家标准化委员会对技术标准的定义是："所谓技术标准，是由一定权威组织对经济、技术和科学中重复出现的共同语言和技术事项以及产品规格、工程质量、检验方法等统一规定的技术准则，是人们进行生产、产品质量检验和进行经济、科学技术活动应共同遵守的技术依据。"通常所说的标准，一般都是技术标准的简称。技术标准是人们为有效地进行生产和建设，使有关事物在技术上相互协调、配合，

---

[1] 亚当·斯密：《国富论》，陕西人民出版社2001年版，第11页。

而对科技、经济领域中重复使用的事物和概念作出的统一规定。它以实践经验和科学技术为基础，经过优选、论证，各方面协调一致，由主管机构批准，以特定的形式出版、发布，在全社会的范围内贯彻实施。

所谓技术标准化是指技术标准在一定区域内，一定产业或企业领域内的贯彻实施的过程。技术标准可以划分为法定标准和事实标准。法定标准是指政府标准化组织或政府授权的标准化组织制定的标准，其中包括国家标准、行业标准、地方标准。事实标准是单个企业或者具有垄断地位的极少数企业制定的标准，它的出现是新经济时代的一个重要新特点[①]。依据 ISO/IEC 第 2 号指南中对技术标准化层次和作用范围的定义及注解，标准化可以分为国际标准化、区域标准化、国家标准化、行业标准化、地方标准化和企业标准化六个层次。最早的技术标准是作为社会生产、流通、消费的技术纽带而存在的，在当代，技术标准已经成为提升产业竞争优势，促标准化活动由企业行为步入国家管理，已经成为全球的事业。关键技术标准化的范围从机电行业扩展到各行各业，使生产的各个环节、各个分散的组织到各个工业部门，扩散到全球经济的各个领域，由保障互换性的手段，发展成为保障合理配置资源、降低贸易壁垒和提高生产力的重要手段。

经济全球化，特别是信息通信技术高速发展的需要，使得组合化和接口标准化已成为标准化发展的关键环节；综合标准化、超前标准化的概念和活动将应运而生。现代标准化更需要运用方法论、系统论、控制论、信息论和行为科学理论的指导，以标准化参数最优化为目的，以系统最优化为方法，运用数字方法和电子计算技术等手段，建立与全球经济一体化、技术现代化相适应的标准化体系。1946 年国际标准化组织正式成立，现在，世界上已有 100 多个国家成立了本国的标准化组织。目前，要遵循 WTO/TBT 的要求，加强诸如国家安全、防止欺诈行为、保护人身健康或安全、保护动植物生命和健康、保护环境等方面以及能源利用、信息通信技术、生物工程、包装运输、企业管理等方面的标准化，为全球经济可持续发展提供标准化支持。现代技术标准主要具有系统性、国际性、动态性、超前性和经济性五个方面的特征。

3. 信息通信技术

信息成本是交易成本的主要组成部分[②]。根据米尔格罗姆、保罗和罗伯茨（Millgrom, Paul and Roberts, 1990）的研究得出结论：随着信息通信技术的发展和市场的进一步完善，交易的效率将逐渐提高，产业组织发展对一体化特别是纵向一体化的需求也将逐步降低[③]。信息通信技术有利于企业在全

[①] 张平、马骁：《技术标准与知识产权的关系》，《科技与法律》2002 年第 3 期。
[②] 科斯：《新制度经济学》，载科斯、诺斯、威廉姆森等著，克劳德·梅纳尔编《制度、契约与组织——从新制度经济学角度的透视》，经济科学出版社 2003 年版，第 13 页。
[③] Millgrom, Paul and Roberts, John, The Economics of Modern Manu Facturing: Technology, Strategy and Organization [J]. *American Economic Review*, 1990 (6): 2.

球化市场环境下通过优化他们自身的活动，即只保留那些潜在回报率最高的生产经营活动，而将其他大部分活动移至海外，来增强他们的竞争力。通过信息通信技术，各大企业就可以把从家具、服装到医药、电脑等几乎所有产品，分解为成百上千的零部件，在数十个国家分头生产，然后统一组装，最终配送、销售到几十个不同市场。并且可以借助计算机及网络技术跟踪、传输、采集、分析运输、经营情况。

信息通信技术以更大数量的信息通道和显著减少的信息延迟，建立起更为迅速的多点到多点通信。更多的信息通道为更多的网络结点增加、容纳和整合数据提供了可能性，消除了信息过载的特定瓶颈，随之也强化了网络的信息分配意识。随着向更多的组织代理人提供数据，计算机支撑信息加工，信息准确性、记忆力和无时限的改善就能够导致更佳的组织决策，解决更多的协调问题，处理更大的复杂性。

广泛地使用先进的信息通信技术提高了有效地协调地理上和组织上分散的各个节点企业的可能性。在网络化产业组织结构中进行活动的各个节点企业通过信息通信技术拥有了更强大的交换数据的能力，从而使它们能够与不同层级的不同规格要求保持更高程度的一致，并且更为紧密地与之协调，共同提供产业最终产品。在过去，保持这样的一致和协调需要企业在它们自己垂直一体化的企业内部，或者在控制十分紧密的、由附属供应商组成的网络中才能执行相关的职能。信息通信技术的应用通过以市场为基础的独立组织之间的交换行为建立起了明确的规格和标准化界面，使各项活动的协调工作成为可能。信息与通信技术的最重要贡献主要体现在供应链的管理和产品及部件的设计和制造领域。信息与通信技术在供应链管理领域的具体应用包括企业资源计划（ERP）系统、企业对企业的电子商务市场，电子数据交换。信息通信技术相关理论（电子商务、供应链管理、ERP等）的发展导致了产品设计的模块化和企业内各部门运行的模块化。企业内部运行不再是个黑箱，中间环节型企业和功能服务型企业的出现成为可能，进而导致了产业组织的网络化[①]。

信息通信技术的应用，降低了企业的信息搜寻成本和企业间的交易成本，减少了市场交易中不确定性所引发的企业风险，使企业的边界得到了重新的界定。信息通信技术的发展和市场的共同完善使交易效率提高，降低了对纵向一体化的需求，特别是在现代经济环境下，人力资本以及由此产生的知识积累取代原来的实物资本和货币资本，成为经济增长和企业竞争优势的主要源泉，原先的组织形式在一定程度上不能适应外部环境的快速变化。在这一背景下，新型的产业组织形式——网络型组织应运而生。信息通信技术的应用扩大了企业合作的范围，交易可以在世界的任何角落发生，而不会伴随巨

---

① 大卫·霍克里奇：《教育中的新信息通讯技术》，中央民族学院出版社1986年版，第54—61页。

大的成本上升。

信息通信技术中计算机辅助设计技术、网络设计技术的发展显著提高了企业的技术创新能力，企业的相对优势日益凸显，应用自身的优势和信息通信技术所带来的规模经济性，企业发展自身经营环节中的收益部分变得更有利可图。特别是信息和通信技术中互联网的使用，使得信息的收集和传递可以方便快捷地实现。数字技术在产品和部件设计过程中应用设计了多种工具软件，如电子设计自动化、计算机辅助工程、计算机辅助设计。当这些技术与嵌入数控设备和生产设备中的计算机辅助制造系统结合在一起时，使得复杂的产品规格能够准确地传递给外部的供应商。运用这些工具，网络化组织结构中处在下层的节点企业就能够建立一个完全计算机化的制造环境，随时监测产品质量和库存，并缩短设计和生产的周期。使得网络结构中的上层节点企业在保留产业核心环节放松企业生产环节的同时，还能享受与自身内部生产一样质量的产品部件，而不增加成本，甚至情况会比原来还要好得多。信息通信技术对网络化产业组织的经济影响是非常深刻的。无处不在的网络连接使得最佳企业能够在全球市场上寻求资源配置，相互投资并形成精英合作。信息通信技术的多用途也使组织能够选择大批量定制，有助于企业创造和获得消费者价值。

信息通信技术的资源理念可以为聚集和获取信息提供一种独特的、不可模仿的优势。信息通信技术也通过降低协调成本、消化繁多而复杂的市场信息，以及降低库存缓冲的适时传递系统运行而减少了垂直一体化。通过在企业间采用标准的市场界面，信息通信技术也减少了资产专用性和机会主义风险，进一步降低来自交易成本方面的所有权成本。总之，由于信息通信技术，除了企业需要较少的供应者外，"移动到中间"意味着企业对市场已经有超来源的更多价值。此外，信息通信技术以有利于网络结构企业的方式对市场结构产生影响。信息通信技术改善了产业内信息移动能力和信息控制能力，从而使网络化组织结构可以用更高的效率处理目前其他组织，尤其是层级组织处理的类似事务。同时，网络化组织又以层级组织或其他组织形式所不具备的特性适应了信息社会的特殊要求。网络化组织的组织目标是在信息共享的基础上使经济治理的协调成本明显减少，这可能意味着网络化组织与市场有着更为相容的互补性，并且使解决协调问题相对更容易。网络化组织的基本特性，使网络化组织的权力向度是多元的、相互的，体现了合作的、共享的、创新的组织权威，更符合"建立在市场原则、公共利益和认同之上的合作"这一经济治理新理念。在向信息社会迈进时的一种必然趋势，是网络化组织替代层级组织成为主流管理组织形式。

（四）国际贸易

在国际贸易中，主要存在着两种障碍：一种是关税壁垒。即进出口商品经过某国的海关时,由政府设置的海关向进出口商品征税所形成的一种贸易壁垒。另一种是非关税壁垒。即那些不通过征收关税,而是通过技术法规和标准等限制进口的贸易壁垒。如进口配额制、进口许可证制、外汇管制等,多达 900 种以上,其中最为严格的是关于技术标准方面的规定。卫生安全法规、检验、包装和标签规定及其他强制性的技术法规而形成的技术性贸易壁垒(TBT, Technical Barrier to Trade)已日益成为非关税壁垒的主要内容之一。所谓技术性贸易壁垒,是指一国以维护国家安全、保障人类健康和安全、保护生态环境、防止欺诈行为、保证产品质量为由,采取一些强制性或非强制性的技术性措施,这些措施成为其他国家商品和服务自由进入该国市场的障碍。TBT 是非关税贸易壁垒中最隐蔽、最难对付的一种贸易壁垒,它往往打着保障安全与人类健康和保护环境的旗号,制定苛刻的技术法规、技术标准和合格评定程序,经常使外国商品难以适应,特别是发展中国家的商品,从而起到限制外国商品的进口和销售的作用。由于关税和进口商品数量限制造成的贸易壁垒容易受到国际舆论的谴责和对方的报复,因此近来已大大减少。随着经济的全球化进程加快,关税和非关税壁垒对贸易影响越来越弱,以技术标准为核心的 TBT 已经逐渐成为发达国家限制进口、保护本国产业的主要手段,对贸易产生的影响越来越大。但随着各国产业标准的确立和国际间产业技术标准的逐渐趋同,这种技术性贸易壁垒也在日渐削弱。

由于关税和非关税壁垒的减低,国际间企业交易的成本大为下降,全球范围内的产业内贸易逐渐活跃。很多大型企业放弃了非核心业务,通过广阔的国际市场寻找合作伙伴实现产品供给,自身只专注于产品核心模块的生产或设计。很多一体化的制造业厂商已经上升为原始设计厂商,或者是高端品牌设计厂商。同时也推动了大型跨国公司建立海外分支机构和海外投资的兴起。在过去的 15 年里,中国、印度、东欧与苏联构架以及大部分拉美国家,稳步有序地向外资开放。这些在半个世纪前不相往来的几个经济阵营纷纷瓦解,产生了真正意义上的全球网络化产业格局。目前,世界贸易组织的 151 个成员国都已经同意开放外国投资,允许外资企业公平竞争。很多发达国家的企业在人力资本价格、原材料价格、企业运行成本低廉的发展中国家建立了分公司。贸易壁垒的逐渐降低使得加上运输成本,加之外国产品流入带来的技术溢出效应,使得跨国的产业内交易仍然是有利可图的。例如 20 世纪 90 年代,中国放松了对服装、家具和汽车制造业的行业管制,中国不但没有失去本国市场,反而利用自身优势在全球网络中获得了丰厚的利润。中国学者张远鹏利用 1990—2000 年美国进出口贸易与经济增长等数据进行回归分析,也得出了相近的结论:美国的进口贸易而不是出口贸易和美国的经济增长关联性较强。因为美国大量进口高技术的货物资本品和高技术的服务贸易产品有助于提高美国的劳动生产率,美国的进口中包含大量美国出口的关键部件,进口能够带动出口,美国大量进口国外廉价的货物和服务,有助于稳定物价，抑制通货膨胀，保证资本积累，促进经济增长[①]。这种贸易共赢使得各国进一步推进贸易自由化，国际间分工逐渐从产业分工发展为产品分工，产品价值链的分工，从而促进了全球化的网络产业组织结构形成。

过去30年，国际贸易的持续增长，其速度已经达到了各国国内贸易增速的两倍。贸易壁垒的打开是全球经济发展的大趋势，但是，由于经济发展所处的周期不同，国际间的自由贸易也会出现一定的迂回。本次的全球性经济危机，就使得各国为降低经济损失，寻求了贸易壁垒的重建。例如2009年9月11日，美国总统奥巴马宣布，对从中国进口的所有小轿车和轻型卡车轮胎征收为期3年的惩罚性关税；欧盟委员会不顾多数成员国的反对，2009年12月2日向欧盟部长理事会正式提交建议，要求欧盟延长对中国和越南的部分皮鞋产品继续征收15个月的反倾销税。然而这种贸易保护主义只会使得全球丧失通过网络化生产分得的高经济利润。美国耶鲁大学全球化研究中心主任、墨西哥前总统埃内斯托·塞迪略认为"贸易保护主义不是解决问题的方法，只会制造更大的问题。贸易保护行为无助我们战胜金融危机，只能制造紧张情绪。"[②] 这也与二十国集团领导人在2009年4月初举行的应对危机的伦敦金融峰会上承诺抵制贸易保护主义的精神相悖。

（五）反垄断

1. 垄断与反垄断

对垄断一词的含义，各国立法没有统一的界定，专家学者则是从不同角度对其展开阐述的。新古典经济学的代表人物马歇尔（1964）认为，垄断是指："一个人或者一个集团有权规定所销售商品的数量或销售价格。"萨缪尔森（1999）对垄断的解释是："单一的出售者完全控制某一产业。"熊彼特认为："垄断者的意思就是独家卖主。"[③] 梁小民（1996）则认为："垄断是没有接近的替代物的物品、劳务或资源只有一个供给者的行业，在这种行业中存在着对新企业进入的限制。"尽管学者们对垄断的界定不尽相同，但都包含一个最基本的意思，即某人利用某种优势来控制和操纵市场，以实现某种特定目的，从而损害消费者的利益，减少社会总福利份额。垄断可能使竞争窒息，使产品价格偏离竞争条件下的产品价格，消费者的剩余也会被掠夺。亚当·斯密认为，垄断虽然给垄断者带来了局部的利益，但是却是以牺牲国家利益和消费者利益为代价的（见图5），是生产要素得不到合理的流动和优化的配置。因此，反垄断在各国的市场经济运行中占有极其重要的地位。

---

① 张远鹏：《经济全球化与美国经济的重新崛起》，中国社会科学出版社2004年版，第50—65页。

② 美国耶鲁大学全球化研究中心主任、墨西哥前总统埃内斯托·塞迪略在2009年9月12日大连召开的夏季达沃斯年会上接受记者采访时的讲话。

③ ［美］约瑟夫·熊彼特：《资本主义、社会主义与民主》，商务印书馆1999年版，第166页。

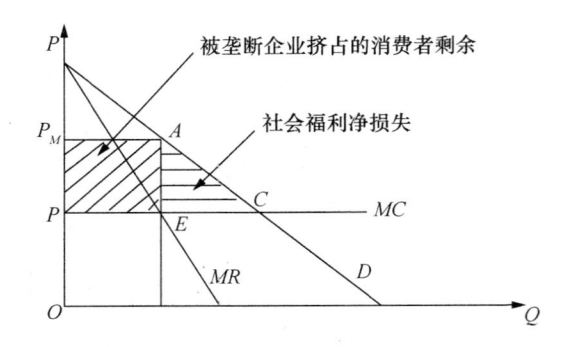

图5　垄断带来的消费者剩余损失和社会福利净损失[①]

反垄断法的逻辑是防止对竞争的限制和妨碍，其目的是要禁止各种排斥和限制市场竞争的行为，保护消费者福利和其他竞争者的利益。以美国为例，曾颁布了一系列的反对垄断的法律，如1890年颁发的《谢尔曼法》、1914年颁发的《克莱顿法》、1936年颁布的《罗伯逊—帕特曼法》以及1949年颁布的对《克莱顿法》作了重要的修正和补充的《塞勒—凯弗维尔法》等。目前世界上已有100多个国家颁布了反垄断法，从100多年来的世界市场经济发展的实践来看，各国政府在努力通过各种各样的政策措施限制垄断的形成和发展，努力为企业和居民创造一个公平竞争、自由选择的市场环境的同时也在不断改变着反垄断的实施范围。

早期的《谢尔曼法》和《克莱顿法》在认定垄断时都采取了绝对的结构主义方法，通过市场上生产集中的程度、产品可替代程度和潜在加入者进入市场的难度等因素来考虑是否存在垄断的市场结构。如果认定市场结构不利于竞争，使某一主体遭受了不必要的损失，政府将会采取强制拆分和阻止合并的措施。在后来的垄断裁定中虽然引入了垄断行为的判定标准，不单单以垄断结构来判定企业行为，但所有的反垄断法都基本规定了：（1）一些反竞争的活动是犯罪行为；（2）法院或联邦贸易委员会发布禁令取缔其他反竞争活动，这种禁令责成违法企业停止某些活动或出售它所掌握的一些公司，从而使集中的市场力量解体；（3）个人因他人反竞争活动而遭受了损失，可以提出索赔诉讼，特别是由于其他企业操纵价格，使某企业遭受了损失，受损企业可以索取相当于实际损失数倍的赔款。

2. 反垄断与一体化解体

19世纪末20世纪初，资本主义从自由竞争进入到垄断阶段，一体化行为日益频繁。横向并购使得企业可以享受规模经济带来的巨大利润；纵向并购使得企业节省了交易成本和部分运输成本。然而企业规模的过大，往往又

---

① 垄断也具有一定的效率性，比如存在创新激励。垄断企业的创新行为有可能较低企业的生产成本，在增加企业利润的同时，满足消费者需求的多样化并提高消费者剩余。

会导致企业内部的 X—非效率，同时由于市场上企业数量的减少使得垄断的价格远远高于竞争的价格，消费者也很难享受到一体化带来的成本节约。

孟德斯鸠曾经指出："任何具有权利的人都倾向于滥用权力，直到他遇到限制为止，这是一个永恒的经验。"① 对于科层组织下的大型企业，由于他们往往占有较高的市场份额和市场影响力，无论是采用垄断结构判定标准还是垄断行为判断标准都是反垄断的主要目标群体。20 世纪五六十年代，美国行政和司法部门大量吸纳了哈佛学派的结构主义观点，开始实施严格的垄断规制。通过《并购指南》、《纵向兼并指导方针》等法规的颁布，以合并双方的市场份额为依据确定了纵向一体化的相关标准，严厉限制大企业的合并。虽然在奉行新自由主义的里根政府执政后，采用了芝加哥学派的理论观点，反垄断政策有所放宽，但是对于造成垄断高价和社会福利净损失的一体化行为仍然是被法律法规所约束的。欧盟的纵向一体化反垄断政策则集中体现在 2007 年公布的《非横向集中指南》中，此前虽然也明确地提出过相关法规，但形成的实际案例不多。目前，中国已经出台了反垄断政策体系的主干——《中华人民共和国反垄断法》，但配套的法律、法规仍不完善。

面对垄断的法律限制，具有过高市场份额的并产生垄断行为的大型企业常常面临着被拆分的诉讼要求。或是平行的拆分，释放一部分生产能力，减少产品的市场份额；或者进行水平拆分，大型企业保留自身具有相对优势的核心生产模块，释放其他非核心的产品生产模块，分散市场势力，转而通过企业合作实现产品供给。从这个意义上说，反垄断加速一体化结构的解体，促进了产业内企业功能的模块化。从另一个角度讲，对于新发展起来的企业，由于存在反垄断法律法规方面的限制，也更多地寻求了企业间的合作而不是企业间的一体化发展模式。

3. 反垄断与网络化组织结构

20 世纪 80 年代以前，美国反托拉斯法严格限制了企业之间的横向兼并和纵向兼并行为。80 年代以来，随着国际竞争形势的变化，以及"芝加哥学派"的影响，美国政府对垂直合并和混合合并，以及横向合并的管制虽然有所放宽，承认实施合理的合并是美国自由的企业制度的一个基本组成部分；对市场的界定、市场集中度的测算都采取了比过去宽松的标准。但企业间的兼并行为仍然要接受兼并指南的指导。垄断结构是以企业为单位衡量的，而垄断行为也是企业来完成。各国政府在制定和实施反垄断政策时都是以作为市场主体的独立企业为客体的。因此，企业可以通过市场合作来代替企业兼并，实现规模经济。企业之间的合作方式主要依靠契约关系，而不是产权关系，因此系统中的每个成员有相对独立性，同时在网络系统中运转并完成其分工的使命，成员间存在长期的平等合作的关系，没有依靠产权形成的严格

---

① [法] 孟德斯鸠：《论法的精神》，张雁深译，商务印书馆 2005 年版，第 184 页。

的行政等级约束,也就规避了反垄断中的独立企业的垄断执行的客体裁定。

新古典经济学认为,企业间的合作行为也容易导致排斥竞争的垄断行为,形成垄断的市场结构,并把使用市场力量使社会福利受损的企业间合作行为称为"合谋"或"串谋",企业间形成的联合体称作"卡特尔"。虽然在新古典经济学的影响下,美国、日本、德国、英国等发达国家在反对大企业具有的市场垄断地位的同时,也反对排斥竞争企业间合作行为。但只要进行合作的相关企业能够证实它们之间的合作行为实现了重大的交易费用经济效益,就不必对它们进行指控和定罪(丹尼斯·卡尔顿,1998)。这种反垄断执行范围的放松,使得企业间的横向与纵向合作越来越普遍,企业间形成了网状联合,产业组织结构发生明显变化,逐步趋向网络形态。

通过企业间契约性合作形成的企业网络,已不是企业自身的行为,它会对市场结构、社会福利产生影响。于是人们自然会将企业网络与合谋、卡特尔相提并论,并产生这样的问题:这种契约性的企业联结方式会不会形成价格勾结、排他性交易等垄断行为,企业网络会不会像某些大企业形成垄断而损害社会福利。在回答此问题之前,我们将首先对企业网络表现出的与垄断有关的市场结构、企业行为方面的特征做出分析。企业间的横向合作行为趋于普遍。为了共同承担研发或经营中的费用和风险,提高企业的规模经济效益和范围经济效益,同行业或相关行业的多个企业通过形成企业战略联盟和虚拟企业实现与外部企业的横向合作。企业之间可以在技术开发、设计、生产、营销、物流等方面结成战略联盟,也可以通过把非核心业务外包给其他企业形成虚拟企业。企业网络的合作方式主要依靠契约关系,而不是产权关系,因此系统中的每个成员有相对独立性,同时在网络系统中运转并完成其分工的使命,成员间存在长期的平等合作的关系,没有依靠产权形成的严格的行政等级约束。随着企业间横向合作行为的普遍出现,一种新型的企业间竞争关系也出现了,这就是合作性竞争关系(Nalebuff Barry,1996)。合作性竞争是对排他性竞争、恶性竞争的改善,是企业自主协调竞争秩序、减少交易成本和竞争成本的必然结果。在合作性竞争关系下,不可避免地会普遍出现共同研发、共同营销,甚至价格勾结、区域划分等合作性的策略性行为。

然而事实上,网络化产业组织结构的出现也为垄断标准和反垄断手段的制定构成了一定的挑战。传统的主流产业组织理论认为,企业主要通过资本运作来提高市场控制力,即企业整合总是发生在所有权范畴内,企业主要通过收购兼并和一体化来增强垄断势力。网络化产业结构的出现不仅改变了企业的内部组织结构和运作流程,而且改变了企业之间相互关系的本质和结构,它通过对垂直解体后的节点企业进行有机集成,形成一种以具有共同价值目标的企业之间的合作为基础的柔性网络。在网络化组织结构下,客户与市场需求可以得到快速响应,网络化产业组织结构下的领导型节点企业通过控制产品价值链中高附加值环节来实现对市场的控制。可见,在网络化产业组织下，企业市场势力的增强不是通过收购兼并的资本整合方式，而是通过利用核心优势成为网络中的领导型节点企业来实现的。

在网络化产业组织中，企业的合作行为与垄断合谋行为都是为了实现共同的利益而采取的协调一致的行动。虽然它们之间存在着本质的区别，但是，从表面上看两者难以区分。两者之间的区别在于：在网络化产业组织中，企业的合作行为并不排斥公开的竞争，它和竞争是兼容的，企业之间是一种合作性竞争关系。合作性竞争不同于传统经济中普遍存在的排他性竞争和恶性竞争，而是一种有效率的新型竞争关系。而垄断合谋行为则是限制竞争行为，至少是限制市场上的公开竞争行为。也就是说，合谋和竞争是不相容的。网络内部发生的合作行为通常以削减成本、创新技术、扩大市场份额和进入新市场为目的。而垄断合谋行为则主要是针对既定的市场范围的，是通过分割现有的市场、限定各自的产量和操纵价格，来攫取高额利润的。

再者，网络化产业组织结构下的经济全球化也加大了反垄断的难度。网络化组织结构下，中心节点企业可以突破经济区位的有形疆界，建立跨国的节点分企业，利用其跨国模块化组织，通过缔结价格联盟等手段来相互勾结，限制竞争，攫取超额垄断利润，损害消费者的利益，压制来自其他生产者的竞争，从而殃及社会福利，在一定程度上使原先基于国家的反垄断政策失去意义。这是因为，跨国企业通过组织国际化的方式规避原先的国别规制，跨国企业的垄断已不再局限于对一国市场的垄断，它们的竞争战略也不再简单局限于占领一国内部市场，而是转变为以某一地区市场为中心，以某一国家为依托在全球范围内谋求利益最大化，以维持其在全球市场上的寡头垄断地位，并日益摆脱国家的控制，实现对全球市场的支配与垄断。目前，世界贸易组织仅在有关协议中订立了一些竞争条款，但并未就全球统一的反垄断法规达成一致。因此，有必要尽快订立国际性的反垄断法，以规制国际化垄断行为。

三 小结

信任的发展，企业相对优势的凸显，技术水平的提高，国际贸易的繁荣都促进了产业组织的网络化发展。目前网络化组织形式主要适用于模块化、标准化较高以及生产可分行较强的产业，如汽车、电子等产业；反之对于生产的可分程度较低，需要连续生产的产业，其组织形式在很大程度上还在向垂直一体化的产业组织模式发展。然而，对于大多数已经进入网络化结构的产业，其组织形式将会进一步向这一方向发展。随着交易效率的改进，专业化水平和分工水平的提高，社会生产的中间产品数可能随着每个企业的专业化水平的提高而增加，进而使产业的网络化组织结构不断深化。制造业的全球化已经极大地改变了整个世界，随之而来的服务业全球化必将在此基础上产生更加广泛而又深刻的影响,就像地球一端的一只蝴蝶拍动翅膀,地球的另一端就会刮起飓风一样。

参考文献

1. 科斯:《新制度经济学》,载科斯、诺斯、威廉姆森等著,克劳德·梅纳尔编《制度、契约与组织——从新制度经济学角度的透视》,经济科学出版社2003年版。
2. [法] 孟德斯鸠:《论法的精神》,商务印书馆2005年版。
3. [美] 约瑟夫·熊彼特:《资本主义、社会主义与民主》,商务印书馆1999年版。
4. 亚当·斯密:《国富论》,陕西人民出版社2001年版。
5. 张二震:《全球化、要素分工与中国的战略》,《经济界》2005年第5期。
6. 张维迎:《法律制度的信誉基础》,《经济研究》2002年第1期。
7. 张远鹏:《经济全球化与美国经济的重新崛起》,中国社会科学出版社2004年版。
8. 张平、马骁:《技术标准与知识产权的关系》,《科技与法律》2002年第3期。
9. Joel M. Podolny and Karen L. Page, Network Forms of Organization [J]. *Annual Review of Sociology*, 1998, No. 24.
10. Clayton M. Christensen and Michael E. Raynor, *The Innovator's Solution* [M]. Harvard Business School Press, 2003 – 09.
11. Greif, Avner (1998) Self-enforcing Political Systems and Economic Growth: Late Medieval Genoa, in Robert Bates, Avner Grerf, Margaret Levi, Jwan – Laurent Rosenthal and Barry Weingast (esd), *Analytic Narratives*, Princeton, NJ: Princeton Univercity Press, pp. 23 – 63.
12. Joel M. Podolny and Karen L. Page, Network Forms of Organization [J]. *Annual Review of Sociology*, 1998 (8). Vol. 24. pp. 57 – 76.
13. Millgrom, Paul and Roberts, John, The Economics of Modern Manu facturing: Technology, Strategy and Organization [J]. *American Economic Review*, 1990 (6).
14. Shahid Yusuf, M. Anjum Altaf, Kaoru Nabeshima 编:《全球生产网络与东亚技术变革》,中国财政经济出版社2005年版。
15. Baldwin, C. Y. and K. B. Vlark, Managing in an Age of Modularity [J]. *Harbard Bussiness Review*, 1997, 75 (5).
16. Baker, W., The Network Organization in Theory and Practice. In Nohria, N. and R. Eccles, (Eds.), *Networks and Organizations, Cambridge* [M]. MA: Harvard Business School Press, 1992.
17. Baldwin, C. Y. and Clark, K. B., Managing in an age of modularity [J]. Harv. Bus. Rev., 1997, 75 (5).
18. Barrn R., Reputation in a Model of Monetary Police with Incomplete Information [J]. *Journal of Economics*, 1986, 17.
19. Baker, Market Networks and Corporate Behavior [J]. *Am. J. Social*, 1990, 96.
20. Christer and Karlsson, The Development of Industrial Network [J]. *International Journal of Operations & Production Management*, 2003, Vol. 23.
21. Carlos Melo Brito, Towards an Institutional Theory of the Dynamics of Industrial Networks

[J]. *Journal of Business and Industrial Marketing*, 2001, Vo. l16, No. 3.

22. Clayton M. Christensen and Michael E. Raynor, *The Innovator's Solution* [M]. Harvard Business School Press, 2003.

23. Dennis Maillatetal, *Innovation Networks and Territorial Dynamics: A Tentative Typology, Patterns of Network Economy* [M]. New York: Springer-Verlag, 1993.

24. Dieter Ernst, Limits to Modularity: Reflection on Recent Developments in Chip Design, [J]. *Industry and Innovation*, 2005, Vol. 12, No. 3.

25. Hakansson Hakan, Evolution Processes in Industrial Networks [A]. B. Axelsson and G. Easton eds, *Industrial Network: A View of Reality* [C]. London Routledge, 1992.

26. Hakonsson H., *Industrial Technological Development: A Network Approach* [M]. London, 1987.

27. Ilya Shmulevich, and Stuart A. Kauffman, Activities and Sensitivities in Boolean Network Models [J]. *Physical Review Letters*, 2004, Vol. 93, No. 4.

28. Joel M. Podolny and, Karen L., Network Forms of Organization [J]. *Annual Review of Sociology*, 1998, Vol. 24.

非关税贸易壁垒的正效应[*]

拉菲尔·利特·平托·德·安德里德

内容提要 当今世界对出口货物更加全面、更加有效的标准化、追踪性和检验性要求引发了生产策略的改变。本文在以国家或公司克服非关税贸易壁垒的努力为假设的基础上证实：规范、标准或规则给整个社会带来了有形和无形的效益。这一研究将引出这样的结论：赞成消除非关税壁垒的倾向与社会效益之间的关系紧密相连。但时至今日，此论题在辩论中鲜有探究。社会效益与下列因素有关：科技进步、环境、国内立法、贸易集团的共同努力、管理创新、减少的竞争压力、竞争优势的保持和劳动关系。

关键词 非关税贸易壁垒　贸易集团　竞争优势

一　引言

国际贸易在世界经济中展示出前所未有的重要作用，同时也展现了全球化进程的活力。20世纪90年代，贸易流量的数据说明了这一重要作用，贸易流量值的平均增长率为7%，而同期企业生产的平均增长率仅为3%（WTO，2005）。2006年的货物出口量增长8%，同年，全球的生产增长3.5%，这一结果完全是因为既是供应国又是消费国的持续发展。2004年，世界货物贸易达8.9万亿美元，与2003年相比，增长21%，是1979年来幅度最大的增长，其主要原因是燃油、服务和运输价格的快速上涨。估计总体出口水平超过12万亿美元的标准点（WTO，2007；巴西，2006）。

一项针对不同国家商业汇兑的背景分析表明，所谓的"自由贸易"从未实施过，即使是最积极的倡导者也未曾实施过，只不过是作为学术上的一种思考而被提及。自16世纪来，作为最主要国家的英国已采取措施发展和保护

---

[*] 作者简介：拉菲尔·利特·平托·德·安德里德（Rafael Leite Pinto de Andrade），巴西科技部（MCT）国家科技发展委员会科技分析员。

译者简介：周竹南，东北财经大学国际商务外语学院教授。

本文译自 *Journal of World Trade*，2009年第43期。限于篇幅，本文省略了注释和参考文献。

其羊毛服装业（Campos，1990）。19世纪，美国与德国的自由和非主流经济学家公开阐述保护其幼稚产业的必要性，以期完全稳定并能在国际市场上参与竞争。保护主义也被用作应对经济危机和经济停滞期的一种手段，鉴于外汇短缺与失业率的上升，通过增加进口税的方式刺激进口的替代与国内生产。

近年来，技术和卫生标准与法规的数量出现了可观的增长，这被认为是贸易的非关税壁垒。这些标准影响着生产和贸易结构，要求产品与生产体系之间更具兼容性。联合国贸易与发展会议（UNCTAD）于1985年所作的一项研究表明了世界贸易政策的一致意见，就国际贸易而言，非关税贸易壁垒已变得比关税更重要，特别是对农业产品（Oliveira，2005）。联合国粮食农业组织的文件将2005年和2030年的前景定义为"技术壁垒仍然是国际贸易规则和政坛"的一个重要议题。

界定技术壁垒可有不同的定义。世界贸易组织（WTO）将其定义为：抵制出口的技术壁垒源自那些采用非透明的标准和法规，或是那些非国际公认的标准，或那些在非常严格的检查之外，采用非透明而且过于昂贵的合格评估程序的贸易壁垒。

技术壁垒和卫生、植物检疫措施具有其内在的技术性，其有关安全与环境问题的推动因素带有主客观两重性。这一特点使该主题变得非常复杂而备受质疑。事实上，远不仅如此，因为该术语的使用还包括原则上有利于刺激而非阻碍贸易的那些措施，如出口补贴（Oliveira，2005）。

为方便本文论述起见，非关税贸易壁垒将被宽泛地定义为有可能产生贸易壁垒的技术法规、标准（卫生或其他）以及合格评估程序的措施。因此，阐述这一概念是有可能的，其中包括来自与国际关系日益密切的私营企业的需求。让我们为这一理由增加这样一个事实：通常作为严格意义上的非关税贸易壁垒需求的象征并非仅是以科学技术理由的数量为依据的简单工作。

按照Almeida（2005）的理论，非关税贸易壁垒的增长有三个因素：乌拉圭回合谈判的结果是使其他贸易壁垒的影响范围缩小，使许多国家的竞争压力降低并使各国在市场中的相互依赖性增强。

在承认技术壁垒对外贸流量之重要性的基础上，《贸易技术壁垒（TBT）协议》于东京回合（1973—1979）起草并签署。为了阻止利用国内卫生与植物卫生标准限制贸易，还起草了《动植物卫生检疫措施协议》。

尽管各国有权采用更严格或更宽松的法规，假设各国都会适时遵循科学标准，这两个协议正是以鼓励各国采用国际标准为目的的。正如任何其他协议一样涉及不同类型的签约国，对于条款的解释、获取优势的能力、权利和责任的界定不免要有争议。

植物卫生标准协议确定了某一产品进入本国领土可容忍的风险极限应以成员国认为适当的程度为根据（第5.4条、第5.5条和第5.6条），这有赖于每个社会对价值的判断而非取决于科学的判断。造成赋予植物卫生标准重要性这种趋势的因素之一是消费国对于有关贸易风险和进口的那些潜在的、有害于人类健康、动植物和农业产品的讨论越来越感兴趣并积极参与。虽然是合法的并以科学为依据，这些措施可被看成是限制性或保护主义措施。换言之，在人口更加苛求和群体组织更加有序的发达国家，政府很可能会承受更大的社会压力，政府认为，"适当的"保护程度很可能要严于在发展中国家和不发达国家中所能见到的。作为对无害食品无理由恐惧的结果，或为了鼓励对外的竞争（Almeida，2005），这种严于保护所需的程度可被认为是恰当的。人们会持有的一种观点是通过如国际标准化组织的国际科研机构、国际食品法典委员会、世界动物卫生组织和欧盟污染物综合防控委员会的举措寻求和谐，这些机构的标准与规范都是世界贸易组织所承认的。

尽管许多国家认为大部分对外国的要求都是未经证实正确的措施，或认为各自的所得仅限于维持市场，但其好处是间接的、无形的而且是难以量化的。若不能充分认识所有好处的广度可能会导致对投资回报水平的低估。这反过来又会导致商人采取一种依赖性并倾向于等待外国的技术支持和国家的干预。然而，作为一种惯例，这两种过程是很缓慢的，而且只有在经济危机时才会出现（即它们是应对策略）。寻求避风的港湾，寻求客户与供应商的良好关系只能用来确认过去的行为，并限制创新举措。

本文中另一个稍乐观的观点是强调一些由非关税壁垒造成的潜在机会和个别国家及其企业把这种机会作为竞争优势的可能性。从这种观点看，许多公立和私立标准被认为是用户的增长需求与关系较疏远的供应商的参与之间的一种必然桥梁。许多这种标准为整个供应链提供了一种共同的语言并将食品安全的可靠性一直告知到终端用户。如果没有这种可靠性，这些商品的市场就难以支撑，并对国际贸易造成危害。

在继续论述之前，有必要指出本文所研讨的理论有一例外。国家的差异非常之大并与以下变量有关，诸如基础设施、人口的社会特征、可利用的自然资源、出口的范围和企业生产设备等。这些特点必定会影响这些国家吸纳和应对国际需求的能力，并将其转化为对人口的短期和中期福利。因此，由于更加严格的销售要求，在发展过程中尚未达到能够吸纳国际需求并将国际需求转化为机遇阶段的国家，或是始终得不到适当资助的国家可能会遭受相当大的市场损失，甚至破产。

本文所提及的正效应和好处都散嵌于社会结构之中，散嵌于生产链中的许多领域或公司之中。虽然如此，由于适应或预测国际贸易标准而带来的效益可分为不同类别并在下列不同项目中进行详细阐述。

二　技术革新

依照蒙哥马利·赫伯特尔（1989）的理论：革新来自压力，来自需求，更来自逆境。在由发达国家所强加的、以主宰和约束市场为目的的技术诀窍和能力的要求方面，大部分的国际技术贸易标准反映出技术进展水平。这样的标准将会导致国际贸易技术壁垒的产生，这是因为包括发展中国家的直接竞争者，为使其产品更具竞争力，并未在质量和创新上进行有效的投资。按德尔菲姆·内托（Delfim Netto, 2007）的评论："经验证明出口公司更具创新性、更具生产力且支付更高的薪水，并运用新技术打入国内市场，加速了经济发展。"按照阿比克斯（Arbix, 2004）等人的理论，进行技术革新的公司变为出口商的可能性会增加16%。

技术壁垒能够揭示出口国或公司的瓶颈与不足。因此，除私营部门的投资机会以外，有可能会较容易地发现顺应公共发展趋势的生产链中的领域和部门。然而，过量的药物治疗会导致病人的死亡，过多的逆境会削弱或阻碍竞争力的提高。

大部分的技术贸易壁垒可通过科技发展的途径得到克服，这一事实为加强国家革新体系成员之间的关系创造了良好环境。然而，这一动态不仅限于国内水平，为加强商品和服务的国际交易，较发达国家鼓励与欠发达国家的技术合作项目。这些项目有利于技术与经验的转让，同时也为各国达成新的贸易协定建立起充分的可靠性。

尽管它们是非常分散的，并因每一条生产链的类型不同差异悬殊，与技术革新相关的非关税贸易壁垒的正面含义与下列几个方面有关：（1）新产品的推出；（2）（国内和国外）公司之间或是教学与科研机构之间合作数量的增长和质量的提高；（3）公民申请专利数量的增加；（4）公司与政府对研究开发投资数量的增加；（5）保留特殊专业人才数量的增加；（6）官方对基础工业技术的投资；（7）对新的生产过程开发投资的增加。

三 社会效益

毋庸置疑，除设备上的临时投资外，上述的技术革新还需要特殊的工作人员、顾问和主管，因而，为适应国际贸易标准，此举的多种效果之一就是会产生新的就业机会。

鉴于全球竞争的节奏，公司需要使其员工持久地跟上时代的步伐，这也是评估员工的一个重要因素。阿比克斯等人（2004）的研究表明：在可能影响公司进行技术革新的四个变量中，有两个与员工的培训和教育有着直接的关系。这表明了在创新过程中无形因素和科学技术的专门技术的重要性。此外，Negri and Freitas（2004）作出这样的结论：受更为严格的质量标准的影响，一般的出口公司都聘用有资格的员工。据调查，非出口公司的员工的平均受教育程度为6.73年，而出口公司的为7.34年。因此，这样认为似乎是很有道理的：受教育程度越高，公司的创新能力越强，因而就越有出口的资质。

研究表明，遵从劳动法规，通常被认为是保护主义壁垒，与较高的经济发展水平有关，特别是在贫穷国家。严格的劳动法规鼓励对培训的投资。其他的是对研究开发和企业项目的投资，以此提高生产力，弥补支出。另外，员工也受到鼓舞以提高技能，增加收入，而对法规的遵守则降到最低程度。

政府和工会对标准化的国际劳动法规的赞成与反对票数并未受到多年来意义深远的变化影响。赞成者声称：这有可能是保证遵守最低劳动标准的一种手段，使任何国家的劳动者都能够组织起来，以要求更好的工作环境和补偿。反对者却有这样的疑虑：标准化的国际劳动法规的实施具有保护主义目的，这样，对进入发达国家的市场会形成障碍，不仅不能提高工作质量，反而会降低工作质量。

在多数情况下，特别是在发展中国家中，跨国公司提供的工作条件要优于本地公司。这些公司对工作的大量需求使这一断言得到确认。国际劳工组织（ILO）的资料表明，出口企业违反国际条例雇用近5%的童工从事生产劳动（Singh and Zammit, 2000）。

尽管它们非常分散而且由于生产链和活动领域的不同而相差悬殊，与社会公益相关的非关税贸易壁垒的正面含义可能与下列有关：（1）公司雇员满意度的提高；（2）工作条件的改善，具有正式工作档案员工数量的增加；（3）薪水随出口的增加而增加；（4）私营企业吸纳更多的特殊人才（硕士和博士）；（5）员工培训数量和培训项目的增加。

然而，收益并不仅限于商业环境。许多国外买方的要求暗示着生产流程或产品的改进，这并非仅限于针对出口市场的生产线。例如，欧洲联盟、日本和美国食品业的几个部门都提到了要求采用现代质量控制系统，其中包括危害分析和关键控制点。由于后者不能仅仅贯彻于针对出口市场的生产线，国内用户仍享有优惠并能购买到与国际质量标准相同的产品。

总之，伴随着对人才自由流动的适当激励，更先进的用人制度和标准的公布及其积极的鼓励作用可以成为提高大部分人口生活水平的因素，特别是在发展中国家，可用来提高生产率，提高欠发达经济的综合成就（Almeida, 2002）。

四 环境效益

在讨论运用国际环境规则的效果时，除严格的经济特征外，其他价值仍在争论之中（Almeida, 2002）。设立合法的环境障碍会为出口国创造明显的社会效益，但随之而来的是环境恶化问题，这是因为，许多国家为了增加出口而增加了带有污染的生产。减少这些障碍的一种预期的结果将会是出现这样一种趋势：造成污染的公司将会转移到不太注重环境的国家。

在近几年中，生产部门最常采用的描述是环保增加的生产成本和就业机会的减少阻碍了经济增长。至今，那些善于表达意见的商人认为，这一主题不过是发达国家阻碍发展中国家脱贫目标的一种放纵言论。然而，经验主义研究表明：环境控制成本一般只占生产成本中很小的部分。而且，环境保护已越来越多地被转变为商业机会，其中与这一主题相关的产品与服务的交易问题代表着稳步扩大的市场。加注环境标签计划便是一例，对环境敏感度较高的用户而言，这样可以增加市场商品的价值。在引导用户优先选择加注标签产品的同时，该计划旨在依靠用户的行为来提高生产商的意识，以便提高他们产品的环境质量，改变其生产方式和流程，以期降低所造成的污染程度，减少对能源和再生资源的需求（Campos and Correa，1998）。

有关企业生产与环境之间的争论无时不在，尽管有许多貌似有道理的论点，措施的实施可能会转变为非关税贸易壁垒，这一点是显而易见的。一个国家认为是合法的措施常常被另一国认为是反出口的、不公正的贸易壁垒。将赞同新规则的受益人聚集起来的动力远不及遭受损失者抱怨的力量，损失的感觉通常是普遍的。

遵守环保的要求体现于卫生的生产过程，改善的工作条件，风险降低的工作环境。所有这些都会提高生产力，提高效率，促进增长并增加收入。最近，由联合国授权，针对亚洲水果和蔬菜出口的私立标准的影响做了一次综合调查，其结论是后者鼓励减少杀虫剂的用量，对大众的健康和环境造成富有意义的次生效应（UNCTAD，2007）。

由宽松的环境标准创造的相对优势被认为小于那些由基础设施、技术、可用资源、宏观经济政策、人力资本及有形资本的差异而创造的相对优势。因此，较严格的环境标准不会大幅度降低相对的优势，因而，对商业竞争力不会造成危害（Malhotra，2004）。相反，有可能找到这样的资料，表明采用较卫生的生产策略的公司引发了目前程序的改进，这有利于生产过程、产品和管理的创新，反过来，通过获得产品的溢价，抑或优化资源利用的方式，有利于竞争力的提高（Lemos and Nascimento，1999）。这意味着这些要求的商业效应可最小化，而且也不太可能达到创造全面效益的境地。

测定环境效益一直都是一项必不可少的复杂工作。然而，我们可列出一些直接与公司和政府投资相关的指标，这些投资是应国际购买商的要求而作出的。在这方面，较严格的环境标准的实施可带来：（1）污水的减少；（2）废物的减少；（3）生产单位周围环境的改善；（4）员工健康水平的提高；（5）更加卫生的生产过程的形成。从宏观层面，对整个社会有这样几个临时好处：（1）环境质量的全面提高（土地、水、空气），随之而来的是基本生活条件的改善；（2）自然资源的利用与保护的改善；（3）环境恶化的预防与最小化；（4）随工作机会的增多创造新的商机。

五　管理的改革

　　克服非关税贸易壁垒所需的投资并非只是针对某一产品的生产线。那些选择其生产直对海外市场的公司通常需要在公司内部开辟一个特殊部门负责寻找新的市场，并考察其具体的规则与法规。换言之，管理技术上的投资是必要的，这体现于系列的、复杂程度各异的管理技巧和方法之中，这些技巧与方法自身的结合，或与其他基本的企业技术结合会有益于改革创新。值得一提的例子有：质量管理、环境管理、工人安全、职业保健、营销、设计管理、技术、研究开发、业务与知识战略。

　　管理与控制系统的改革可以促进效率的大幅度提高，降低生产成本，提高竞争力。随着对新市场的逐渐深入，公司将会通过这些方式发出由需求而产生的信号。此外，经过改进的控制系统本身就会降低损耗，降低把原材料当作废物来处理的损耗。

　　公司之间以促进出口能力为目的的合伙关系主要是指中、小型公司。这种群体与网络的发展可以提高中、小型公司的竞争地位，通过互助，缩小与规模大小相关的一些限制。水平合作与正面形象的形成将会通过群体效应产生竞争优势。反过来，这些都与经济规模、分散信息的效益以及公司间的分工相关。利益的增加与交易成本的减少是一致的，地理位置的接近、共享的基础设施、共同的规则与合作的策略性规则使交易成本趋于下降。

　　几个相关地区的毗邻，正如地方性生产安排那样，会产生相关的有形与无形效益，例如，通过正规渠道的、更加密集的信息交换和产生共同研究开发项目的可能性。由于公司间的相互仿效和工作人员的相互流动，本国制造业的技术诀窍的数量将会成倍地增加，其生产能力也会成倍地提高。

　　当小商人为获得规模效益、为获得修建设施所需的活动范围而进行合作时，就会涉及如证明程序中的高额的交易成本，就会出现这种非常普遍的情形。这一策略可见于做一般性分析的实验室、冷藏设施和污水处理设施的建设之中。国内与国外的生产厂家可通过合资的方式进行合伙，国外生产厂家拥有克服障碍所需的技术，并对所谈及的产品感兴趣。

　　除联合的潜力之外，中、小型公司可直接受益于技术与卫生壁垒的增加，担当起提供服务的角色。之所以如此，是因为在下列情况下所需的一大部分服务项目，例如，检验、环境咨询服务、效果研究都是由小型公司承担的（Wilkinson，2004）。

　　通常，随着供应协议、较为持久和人格化信誉契约的确立，国际需求的增长有利于促进各环节参与者之间纵向与横向协调的举动。在生产链需求增长的过程中，除了集体的学习过程和正规资料的交流之外，存在着大量的、默许的经验与技术诀窍的交流，这在大多情况下是没有记录的。

从实用的角度看,将涉及管理创新的益处归结为主要的两类是有可能的。在公司层面,商品的国际营销规则的日益严厉引发了与管理技术相关的投资。此外,生产链中的变化包括更加严格的协议和对供应商以及那些负责将产品运送给购买商的运输商之要求的改变。渐聚的分析焦点是商品交易中的更大需求将会对其他行业打开市场,例如,公证部门,通过收集和透露与贸易壁垒相关的资料而提供服务的非政府机构,或是从事克服贸易壁垒的公司,例如,用来进行分析的实验室。

六 竞争优势

竞争力的概念适用于一个公司,也适用于一个国家,是指其赢得市场和保持市场的能力。在第二种情况下,竞争力的评估是通过货币流入的方式和国家在贸易中的业绩的方式来进行的,特别是针对相关的、对工作机会的创造、生产率和发展潜力起着重要作用的特殊部门。对一个国家或是一个公司竞争优势的提高与否可通过其在某一领域的优越地位进行测定,这种优越地位可使其产品获得溢价并可凭借其质量上的信誉打开新的市场。

非关税贸易壁垒与竞争力密切相关,更有甚者非关税贸易壁垒还人为地限制和改变了不同国家公司间的竞争。另外,地区产品标准的调解、环境的控制和进口限制将会刺激创新,形成竞争优势并可能改变公司的排位。这一点是可能的,因为现有的制造业公司的负责人是按一定的规则设计其活动的,他们也有可能与这一制度俱变(Montgomery and Porter,1989)。

许多市场为有利于"生态"、"安全"、"社会公平"的产品支付高价。这些特点常常包含于国际市场的系列要求之中,在许多情况下被列为贸易壁垒。然而,若予以足够的重视并处理得当,这些特点可能为这些国家应对其造成的壁垒提供差异化竞争力。

由于市场的开发和随之而来的竞争压力的增大,追求声誉和新市场环境日渐成为一项销售策略。在这种环境下,更加严格的、用以界定产品的标准被认为是针对用户的、附加值较高产品的一项良好策略,用户不会根据价格即刻分辨出产品之间的差异,而是根据其优越性或安全性加以区分的。因此,公司会继续采用并公开它们的严格行为准则,并以此作为它们的市场营销策略。

适应更加严格的国际规则的好处之一是可能获得可持续的竞争力,使公司可打入其他市场。近期的修正主义理论认为,环境与社会法规是加强国际市场中的公司以及整体经济竞争的动力(Campos and Correa,1998)。与非关税贸易壁垒直接相关的另一个好处是国家形象与可信度的提高。通过适应国际规则,一个国家将会提高对海外投资风险的理解并将安心讨论加入供给协定,为许多生产链提供材料。

虽然如此,仅仅适应预先确定的要求,在短期内将很少能产生较高的边际效益或较大市场份额的效果。将非关税贸易壁垒视为竞争优势的很大机遇在于预测标准和参与标准的制定，以防其变为事实，成为产品销售的壁垒。由于意识到了这一事实，发达国家投入了大量资金，选派代表参与国际标准化组织（ISO）、国际食品法典委员会、世界动物卫生组织和欧盟污染物综合防控委员会的讨论，以确定指导大部分的国际贸易协议、规则和标准。在这些会议中，代表们运用可利用的机制让会议考虑他们所代表的公司和用户的利益。

作为与竞争优势相关的、由克服非关税贸易壁垒的努力而产生的有形效益的实例，我们可能会提及对更加有利可图的市场和销售链的介入，由于效率的提高而使成本降低，使生产过程中的不合格产品减少，使管理更严格，并使偶发危机过程中的损失有所减少。另外，作为无形的效益，我们可列出检验整体管理绩效的机会、产品质量的提高、员工满意度的提高和工作环境的改善以及公司和国家知名度的提高（World Bank, 2005）。

七　地区集团的一体化

竞争、机构的跨国性、交易的集中（合并、购置、吸纳）、经济集团的开创与成熟（欧盟、南美共同市场）以及贸易协定（北美自由贸易协定、美洲自由贸易协定）表明，当今的世界经济是复杂的。世界正处于一种自相矛盾的状况之中，这显现出全球化的某种二元性，在全球化进程中，我们生活在公开的自由贸易体制之下，而与此并存的是隐蔽的、阻碍或限制进入市场的保护主义。需要指出的是，在20世纪的最后十年中，主要与全球化相悖的地区化运动自始至终随着全球化的发展而同步发展。

在这一方面，地区贸易协定以自由贸易区、关税联盟、共同市场和其他特惠安排的方式使各方均受益。地区一体化被认为是国家更加有效地参与国际贸易体系的一种方式。许多政治策划者认为，地区协定是总体发展战略的一个组成部分，旨在战略上逐步地统一全球经济（Malhotra, 2004）。

地区集团的形成直接地、有效地干预贸易壁垒问题。干预行动通常着眼于两个方面：（1）减少和消除各国要形成集团的障碍；（2）通过标准化对来自非成员国的产品加以限制。在这一过程中，许多集团将会尽力形成如此夸张的要求以彰显其保护国内市场所付出的努力。在此方面，这或许暗示着通过技术和卫生壁垒的方式对市场加以保护的做法可能被认为是国家加入贸易集团的催化剂。规则的公平和减少的技术、卫生贸易壁垒总是讨论有关地区集团形成的主题。

当地区贸易协定为地区的发展和类似的想法创造出空间时，或使偏远和被忽视的地区相互联系起来之时，发展中国家的这种协定对于人类的发展具有创造巨大效益的潜力。这样的协定有助于团结，使处于相同发展阶段的国家团结起来，以促进比发达国家和欠发达国家更加对称的权力关系。若予以战略性管理，这种协定有助于提高发展中国家在如世界贸易组织的国际论坛上的联合话语权。

不顾世界贸易组织的创建和经济全球化的加速，发展中国家的地区贸易协定仍在蓬勃发展。促使许多国家加入地区贸易协定的原因差别甚大，例如：（1）降低进口成本，以利于国内消费者；（2）依赖扩大的市场使国内生产商受益于规模经济；（3）鼓励外国投资和成员国之间的技术诀窍的转让；（4）以一种论坛的形式使其成员国得到便利，使得有关自由贸易主题的讨论或快于世界贸易组织或慢于世界贸易组织；（5）市场的开发仅限于某些国家（国家集团），并不强加最惠国条款（e）；（6）不仅仅创造应有的经济效益，还会带来诸如国家安全和外来移民管理等效益（Bruinsma，2003）。

国家间更加统一的资料并有可能直接产生信誉，会使国际产品销售的规则更加严格，其原因是：（1）商业集团成员国数量的增加；（2）商业和标准认可条约数量的增加；（3）地区集团间协定数量的增加；（4）一体化的集团在世界贸易组织讨论中参与度的提高；（5）同一集团成员国之间产品交易数量与价值的提高；（6）商业集团统一后成员国人文与经济发展水平的提高。

八 立法评论

适当的法律和受规章限制的环境对于发展中国家的可持续发展至关重要。集团内外的贸易讨论以及新的技术与卫生贸易壁垒的出现常常需要适应新的环境，甚至准备新的法律。国家不仅在支持生产部门的科学与技术政策的执行中起作用，而且通过政体的基本职能调节生产部门和市场之间的关系，监控制度的可信度和连续性以确保消费者能够购买到健康的上等产品。关于农业综合企业，特别值得指出的是世界贸易组织的下列三个有效协定：《与动物健康相关的规则》、《控制植物病虫害的规则》和《食品安全规则》。这些规则是强制性的，在国家立法过程中以技术规范的形式出现。这样的规则对世界农业综合企业的贸易会产生直接的影响，可用来限制产品挤入新的市场，并能防止进口质量可疑，或有可能对危害健康和安全的竞争产品。

世界贸易组织的标准对从前由国内标准制约的区域的影响日益扩大，正如那些能够提供一定的加工方法，而对环境又造成较小危害的情况。由于国际标准被认为是国家立法的基础，所以呈现出强制性并产生相当大的作用（Oliveira，2005）。社会责任、林业管理、工作安全和职业健康的标准均为源于私营企业而后又被政府纳入法律的例证。

而且，所谈及的国家应预测国际市场的要求，应在磋商、讨论和形成国际技术标准的论坛中占有一席之地。这样，该国就能够依靠更严格的国际安全系统对在国内市场销售的产品加以控制，以提高其在国际购买商中的声誉。

对一个国家出席所召集的、形成国际技术标准论坛的质量评估以及国内标准与控制某些产品国际贸易标准的比较是检验国际标准对一个国家法律影响程度的实用形式。对大多数发展中国家而言，由于国家机构所准备的资料不充足，其他国家的法律常被用作信息的来源。

总而言之，可以得出这样的结论：更加严格的国际标准是更新国内立法的主要动力之一。

九　结　论

由贯穿本文的论据可推导出这样的结论：为检验非关税贸易壁垒而提出的观点是可接受的。按照贾菲和黑德森（Jaffee and Hedson，2004）的理论，适应标准的过程可在观念上并最终加强更加公平、更加持久的贸易基础，尽管会出现特殊的失败者和优胜者。

本文所提及的好处不仅会出现在适应标准之时，而且，还会出现在执行这些标准之前。其关键之处在于发展中国家创造和改进技术的能力和在生产链中所需的进行结构和操作调整的能力，以有效地应对由越来越多地采用非关税贸易壁垒的方式而造成的压力。当可利用的战略选择权最大化时，国家就能够克服其弱点，获得竞争力。国内能力的增强可以通过加强国内家畜健康和营养质量管理制度的方式最终被规划。这一举动成功出现之刻，正是公立部门和私营部门相互合作，并发现开发这种能力最有效的方式之时。

在国际贸易中，追求能够鼓励公平性的标准和约束单边的保护措施并不意味着责难所有作为权宜之计起保护主义作用的技术与卫生壁垒，而且要求消除这些壁垒。就该问题而言，应着眼于贸易壁垒的合理化，在不牺牲重要的经济和社会目标的前提下促进贸易。在检验适应或预见国际市场要求的结果时，需要拓展视野，这不仅要包括短期结果，例如产品流通的增加，还要考虑长期的竞争力和经济与社会环境的发展前景。

尽管确定直接的因果关系并非总有可能，由所列举的论据可得出这样的断言：在农业综合企业产品的国际贸易中，克服技术与卫生壁垒与整个社会效益紧密相关。这种效益，无论是有形的，还是无形的，在被调查的，诸如技术开发、环境、国内立法的改进、贸易集团的共同努力、管理的创新、减少的竞争的压力、竞争优势的保持和劳动关系等领域中均已得到确认。

国有企业治理制度的规范性控制：一个基于 CAS 理论的系统模型框架[*]

王雅娟

内容提要 中国国有企业的规范性控制，即对以维护各类股东利益为目标，对企业的权力制衡关系和决策系统所做出的制度安排和规范化梳理，并为其操作实施提供法制性外壳保障，使企业治理制度这一内核得到符合企业自身演变规律的重塑和再造。本文将企业进行类生命体隐喻，运用企业生命周期理论阐述企业治理制度的动态演变轨迹，并依靠管理的机制性作用搭建符合企业生命周期理论的法律架构，以系统思考的维度建立起一个基于 CAS 理论的系统框架模型，以期对后续的实证研究提供范式，以便实质性地建立起现代企业制度。

关键词 国有企业 治理制度 CAS 理论

一 引言

1993 年，中共中央发出《关于建立社会主义市场经济体制若干问题的决定》，我国开始在国有企业中进行现代企业制度改革，但改革并未解决好国有企业的治理结构问题，反而因缺乏有效的监督和约束机制，致使大批优秀的企业家走上了犯罪的道路。相关统计数据显示，2003 年 1 月至 2004 年 8 月，全国检察机关共查处国有企业人员贪污贿赂犯罪 25322 人，其中，在最高检察院查处的贪污贿赂案件中，国有企业人员涉案比例高达 41.5%。

从世界范围看，我国公司治理水平尚低。2003 年，世界经济论坛对 49 个国家的公司治理进行研究，我国排在第 44 位；2004 年，国际性的管理发展机构对世界 60 个经济体的公司治理状况进行了调查，比较了涉及公司治理的公司董事会、股东价值、内幕交易和股东权利四个因素，我国四项因素总

---

[*] 作者简介：王雅娟，东北财经大学工商管理学院管理学博士。

得分仅为41.5分，排在60个经济体的尾部[①]。我国进行经济体制改革以来，尽管取得了一定的成绩，但是国有企业改革一直难以走出困境。公司治理问题突出地表现为内部人控制、行政治理问题以及外部各类市场治理机制不完善等。很多国有企业虽然建立了现行法律意义上的"现代企业制度"，但是国有资产流失严重，真正体现市场经济内涵的治理机制并没有形成，而现代企业制度也并未实质性建立起来。随着公司治理的发展，大股东侵犯小股东利益的剥夺型公司治理问题得到了很多学者的关注，并出现了很多关于保护小股东利益的监督问题的研究。迪克和津盖尔（Dyck and Zingales）对39个国家的393起控制权转移行为进行比较研究后发现，控制权收益介于－4%—+65%，平均值为14%；一个国家的资本市场越不发达，所有权也越集中，控制权收益就越大；对少数股东的法律保护程度越高，则控制权收益越低。Laporta等人的研究表明，法律法规保护外部投资者的成效在法律渊源之间有规律地变化着。其中普通法系国家对外部投资者——股东和债权人的保护最强，大陆法系国家对外部投资者的保护最弱[②]。

上述问题的症结固然有其自身原因，但最根本的问题在于制度本身：《公司法》所设计的治理结构，不具有对各类公司的普遍适用性，国有企业制度的规范性控制体系尚未建立起来。我们以企业制度的核心——产权制度为例，世界各国针对不同企业的具体情况都有专门的法律规定。例如，在美国作为立法机构的国会行使国有企业的所有权，政府按照国会通过的法律行使国有企业的经营管理权，同时国会可以直接行使监督职能。英国、法国、日本亦如此。而特殊法人是按照特殊法人法进行治理的。在日本，在1996年年初共有106家特殊法人企业，就有106部专门法律。我国目前的问题是把三种不同性质的法人混为一谈，都用普通法人的模式来治理。我国用普通法人模式来治理国有独资企业和国有控股企业，目的是为原国有企业建立一种与普通公众公司一样的经营环境。但问题是，在公司治理中，控股大股东的性质和行为直接决定了治理的模式。用公众公司的治理逻辑来治理国有企业，用行政管理来代替三权制衡机制，本质上是取股份制之名而无其实。我国的公司制改造，是用普通法人企业治理准则来要求和规范各类公司的治理，这显然是不科学的。

我国作为目前世界上国有企业比重最高、数量最多的国家，并且纵观国有及国有控股企业在工业主要经济指标中的比重，我国国有企业治理现状、问题和对策的研究尤为重要而紧迫。只有科学地建立起法制规范性的治理制度，才是解决上述问题的根本路径。企业制度是社会制度的一部分，所以，

---

① See Qiao Liu, Corporate Governance in China: Current Practices, Economic Effects and Institutional Determinants, 52 CESifo Econ. Stud. 2006, http://www.cesifo.oxfordjournals.org.

② 刘国亮：《公司治理过程中的外部约束机制》，《当代财经》2003年第12期。

企业制度和社会制度必须满足匹配性，企业微观系统和社会宏观系统才能和谐相处。

二 文献综述

现代企业理论始于20世纪30年代，美国学者伯利（Berle）和米恩斯（Means）发表了《现代公司和私有产权》（1932）以来，学术界对公司治理问题的研究不断取得新进展，但多是从静态的、局部的角度对公司治理进行研究。

从微观来看，首先是对公司控制权的研究。一是1932年伯利和米恩斯的著作《现代公司和私有财产》；二是1937年科斯的论文《企业的性质》；其次是研究融资行为对公司治理的影响，1958年莫迪利安尼和米勒提出的MM理论；研究债务税避收益与债务导致财务困境成本之间关系的权衡理论（Robicheck and Myers，1966）；由于经营者和外部投资者对企业及其投资项目所掌握的信息不对称，而影响经营者融资选择行为的优序融资理论（Myers and Majluf，1984）；在债务代理成本与股权代理成本的权衡下以总代理成本最低寻找最优资本结构的代理成本说（Jensen and Meckling，1976），等等。无论是在詹森和梅克林（Jensen and Meckling，1976）的代理理论框架下，还是在格罗斯曼和哈特（1988）的剩余控制权理论框架下，投资者的权利都受到了法律的保护。法律和法律的执行质量是公司治理和融资活动开展的基本要素（LLSV，1996），他们研究了不同法律条件下的投资者法律保护、法律源及执法质量，以及其金融市场发展的关系，认为研究样本中的49个国家对投资者保护的程度不同，当法律不能有效地保护投资者时，公司治理机制和外部融资活动无法正常运转和开展。Shleifer和Vishny（1997）研究认为：在公司治理体系中集中股权分布是对不完善的投资者法律保护的一种适应性反应。Kang和Stulz（1998）通过研究从1990—1993年日本遭受经济衰退期间上市公司股价行为的决定因素，认为当资产负债情况恶化时，银行导向制公司治理给企业带来了不利影响，即当银行经历困境时企业也无法有较好的融资选择。根据Laporta等人的研究思路和结果，每个国家的实际情况决定了《公司法》和《商法》等法律制度和环境的特点，而这些不同的法律对投资者的保护程度是有所差异的，从而不同国家形成了各异的融资模式和资本结构，进而产生不同的公司治理模式[①]。

从宏观来看，Bebchuk和J. Roe认为，"公司治理的路径依赖来自公司所

[①] 臧慧苹、狄宪孔、王梅：《社会偏好与制度权衡：美国金融管制对其公司治理结构的影响》，《金融研究》2005年第7期。

有权结构和公司制度两个方面"[①]；伯格洛夫（Berglof）在 1990 年的文章是德日模式与英美模式比较研究领域的典型代表并提出了两种不同公司治理模式的说法；Claessens 等人（1999、2000）考察了 9 个东南亚经济实体中的近 3000 家公司样本，发现东亚模式出现新的代理问题，即大股东对小股东的利益侵犯，并且总结了东亚企业的共同特征[②]；宁向东（2005）指出：公司治理的演进是一种适应性改变的过程，是针对问题的解决方案不断被现实接受并固化为制度的过程；吕荣杰、徐玮（2004）在研究中提出公司治理是不断发展的过程，不存在某种一成不变的模式；吕荣杰、刘卓见（2005）提出，公司内部治理机制运行状态具备形成耗散结构的条件。

综上所述，国内外对公司治理机制的研究主要集中在基于经济学、法学、金融学理论框架下，侧重于静态的某一方面的探讨，而忽视了企业制度是一个动态的范畴，它是随着商品经济的发展而不断创新和演进的动态过程。基于系统理论框架下多学科交叉整合研究公司治理机制问题的尝试刚刚起步。从法律制度环境和公司治理结构角度研究资本结构将成为理论研究的热点[③]。鉴于此，本文提出了用复杂适应系统理论来研究公司治理机制问题的观点。并由复杂适应系统理论对公司治理机制的规律性研究中发现解决我国立法滞后性的杠杆解。本文将引入 CAS 理论，以系统的、动态的、规范的观点对企业治理制度进行探索"过程黑箱"的研究。

三　理论综述

（一）复杂适应系统理论

复杂适应系统理论（Complex Adaptive System，CAS）是霍兰德教授在多年研究复杂系统的基础上提出来的。基本思想是：CAS 的复杂性起源于其中的个体（Agent）的适应性，正是这些个体与环境以及与其他个体间的相互作用，不断改变着它们的自身，同时也改变着环境[④]。在复杂适应系统中，所有个体都处于一个共同的大环境中，但各自又根据它周围的局部小环境，并行地、独立地进行着适应性学习和演化，个体的这种适应性和学习能力是智能的一种表现形式，所以有人也把这种个体称为智能体。在环境中演化着的个体，为了生存的需要，不断地调整自己的行为，修改自身的规则，以求更好地适应环境选择的需要，大量适应性个体在环境中的各种行为又反过来不

[①] 鲁桐：《公司治理改革：中国与世界》，经济管理出版社 2002 年版。
[②] 惠立新、朱华熊：《能力导向下公司治理模式的国际比较研究》，《经济学动态》2005 年第 6 期。
[③] 吴晓求：《中国资本市场：股权分裂与流动性变革》，中国人民大学出版社 2004 年版。
[④] 钱学森、戴汝为、于景元：《一个科学新领域——开放的复杂巨系统及其方法论》，《自然杂志》1990 年第 1 期。

断地影响和改变着环境,结合环境自身的变化规律,动态变化的环境则以一种"约束"的形式对个体的行为产生约束和影响,如此反复,个体和环境就处于一种永不停止的相互作用、相互影响、相互进化过程之中[1]。复杂适应系统理论应用于公司治理的研究,在国内外的研究尚处于起步阶段,把复杂适应系统理论(CAS)引入公司治理研究是基于公司系统具有复杂系统特性。

复杂适应系统具有大量的基本组成单元,这些单元之间存在着复杂的相互作用和相互影响。可以用主体、环境、资源和流四要素来描述复杂适应系统。其中:主体(Agent)是具有适应性、自主性、移动性、协作性,有思维能力的基本单元。每个主体都拥有一定的信息和知识(I);每个主体有他自己可能的策略或行动的集合,一个主体的全部可行策略称为它的策略空间(S);每个主体都有自己的盈利(U)。信息知识、策略空间、盈利共同构成主体的状态 X:X = {I, S, U}。

智能体的状态是随时发生变化的,记在时刻 t 的状态为 X(t),在时刻 t+1 第 i 个主体的状态是由时刻 t 的第 i 个主体、与其有相互关系的 r 个主体的状态以及一定的资源环境所决定的。

$$X(t+1) = f(X_i(t), X_1(t), X_2(t), \cdots, X_r(t), E, R)$$

环境(Environment)是系统所处的情况,任何系统都是处于一定环境中的,或者说都有其边界条件。系统的环境是系统的外在约束之一。

资源(Resources)是系统中一切可利用的物质资源和精神资源等,例如,信息资源、资金资本、人力资本等。

流(Flow)是指智能主体之间、智能主体与环境资源间的物质循环、能量流动、信息传递等。

上述四要素就构成了整个复杂适应系统,即:

CAS = {A, E, R, F}

复杂适应系统发展的动力源于每个智能主体的适应性、主动性和智能性。复杂适应系统的每个智能体都有一定的认知能力和学习能力,整个复杂适应系统的发展都有其知识论基础和智能特性。每个智能主体按照自己效用最大化进行决策,通过学习模仿,积累经验,动态调整决策。不同的利益相关主体在寻求相互适应中不断发展,从而推动了整个复杂适应系统的发展[2]。

(二) 系统思考和系统动力

系统动力学的创始人是佛睿思特教授。在他的指导下,他的学生圣吉博

---

[1] 邱世明:《复杂适应系统理论、方法与应用研究》,硕士学位论文,天津大学,2002 年。
[2] Thomas Y. Choi, Kevin J. Dooley, Manus Rungtusanatham. Supply Networks and Complex Adaptive Systems: Control Versus Emergence [J]. *Journal of Operations Management*, 2001 (19).

士以十年时间发展出系统思考、学习型组织的理论与实务[①]。彼得·圣吉在《第五项修炼》中指出："在大多数的管理情况中，真正的杠杆解在于了解动态性复杂，而非细节性复杂。如何在快速销售成长与扩充产能之间谋得平衡，是一个动态的问题。如何搭配价格、产品（或服务）品质、设计与控制库存，成为有利润的组合，以产生有利的市场地位，是一个动态的问题。改善品质、降低总成本，使顾客满意，以取得持久的竞争优势，更是个动态的问题。""很不幸的是，大多数所谓的'系统分析'着重于细节性复杂，而不是动态性复杂。许多系统模拟也是如此。如果我们关注的只是细节性复杂，研究其中数以千计的变数和复杂细节，实际上只会分散我们的注意力，而看不见那些主要的互动关系及其变化形态。然而可悲的是，对大多数的人而言，系统思考的意思就是'以复杂对付复杂'，他们往往想出更加复杂的方法来处理复杂的问题。事实上，这和真正的系统思考正好相反。"[②]

四　基于 CAS 理论的系统动力框架模型

本文立足于系统思考的整体效应，即系统是一个整体，不能分割。所有自然形成的系统，从生态到人类组织，都有其成长的最适当速率，系统自己会以减缓成长速度来寻求调整。然而，在组织中，这种调整如果不慎，将会使组织震垮，极其危险[③]。所以，如何科学地对企业组织进行设计、如何使企业治理制度符合经济发展的规律，应该是我国经济体制改革中的首要问题。如图 1 所示，本文以因果链条为逻辑，组织结构的设计和组织权力的运行之间的联动作用产生了目标企业生命周期治理关系子模型 Ⅰ；对组织制度的刚性进行研究，产生了法制预见性制导系统子模型 Ⅱ；两个子模型共同构成了国有企业治理制度的规范性控制系统模型 Ⅲ。

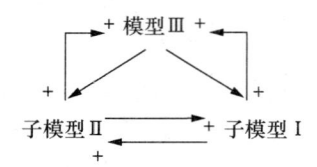

图 1　基于 CAS 理论的系统框架模型

---

① ［美］彼得·圣吉：《第五项修炼》，上海三联书店 1998 年版，第 1 页。
② 同上书，第 79 页。
③ 同上书，第 68 页。

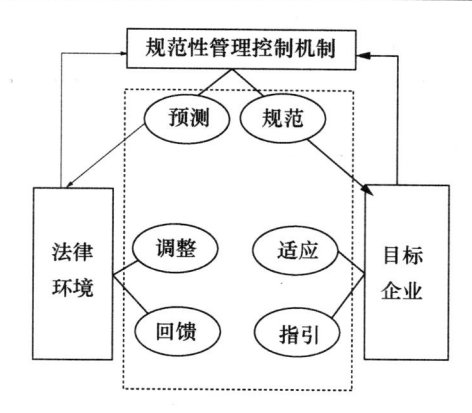

图2 基于CAS理论的系统动力模型

（一）目标企业生命周期治理关系子模型 I ——预测机制

西蒙（1948）在《管理行为》中提出：企业组织是一个"功能实体"，不是一个抽象的"生产者或厂商"。这个"功能实体"还具有类似生命体的周期特征。创新机制的构建、治理结构的变革和组织结构的发展等变革是其成长的内在支撑机制，是质的成长。如图3所示，模型I的四个横截面表征初创期（born）、成长期（grown up）、成熟期（mature）和老化期/衰退期（old/decline）。在每一个时期下又细分为实然状态（factual）和应然状态（normative）[①]。

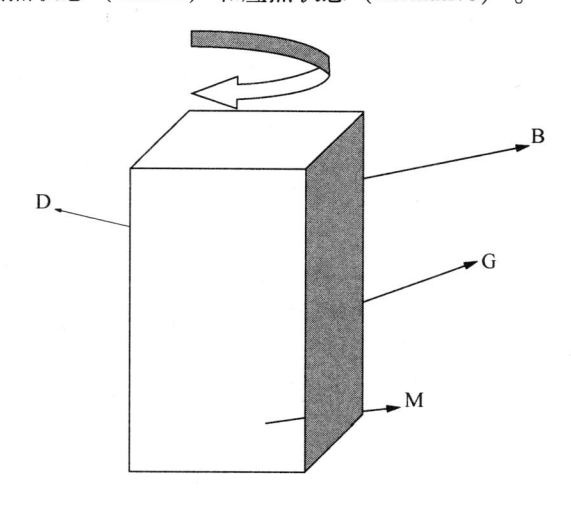

图3 目标企业生命周期治理关系子模型 I 的四个生命周期截面

---

① 在西方法律思想史上，应然法与实然法的划分，源于自然法理论，有着悠久的发展历史。首先将法律作实然与应然严格区分的是英国的边沁（Jeremy Bentham）。英国的休谟（David Hume）以他的怀疑论思想方法第一次明确地从哲学高度提出了实然与应然两个范畴，用以区分人类的两个不同的知识领域。

如图 4 所示,将模型 I 展开成平面,以企业生命周期为横向指标,以公司治理为纵向指标,表明企业在每一个自然生命时期的治理状况。并且,在企业所处的每一个生命期间内,都有理想状态和事实状态。本文分别采用内部法人制衡机制、股东大会治理机制、董事会治理机制、监事会治理机制和总经理报酬激励与约束机制为公司治理指标。以 F 为序列的状况表明了企业治理状况的事实状态,以 N 为序列的状况表明了企业治理的理想状态。

目标企业	公司治理指标	初创期(B) 实然(F)	初创期(B) 应然(N)	成长期(G) 实然(F)	成长期(G) 应然(N)	成熟期(M) 实然(F)	成熟期(M) 应然(N)	衰退期(D) 实然(F)	衰退期(D) 应然(N)
1	内部法人制衡状况	BF1	BN1	GF1	GN1	MF1	MN1	DF1	DN1
2	股东大会治理状况	BF2	BN2	GF2	GN2	MF2	MN2	DF2	DN2
3	董事会治理状况	BF3	BN3	GF3	GN3	MF3	MN3	DF3	DN3
4	监事会治理状况	BF4	BN4	GF4	GN4	MF4	MN4	DF4	DN4
5	总经理报酬激励与约束状况	BF5	BN5	GF5	GN5	MF5	MN5	DF5	DN5

图 4　目标企业生命周期治理关系子模型 I 平面

研究如何变革一个符合生命周期理论的企业及其制度,就是研究在它动态发展的每一个时期,如何将其生长状态由实然向应然状态转变。当然,实然状态是事物发展的最终理想状态,不同历史时期、不同社会制度和政体、不同经济发展水平和经济体制,决定了制度的改革作用于企业发展的态势上,只能是企业发展的实然状态无限趋近于应然状态而无法最终到达。目标企业生命周期治理关系子模型 I 着力解决组织结构的设计和组织权力的运行问题。以事实存在为前提,找出公司治理各项指标之间的内在联系和发展演变的客观规律,以求对公司治理进行系统化、动态化的调控。由此衍生出的预见管理机制将对法制预见性制导系统子模型 II 产生重要的作用。

(二) 法制预见性系统子模型 II——规范机制

巴纳德(1938)认为,一个组织要想存在下去,需要建立相应的条件,包括共同的目标、贡献的意愿和信息的沟通，并依靠"社会性规范"，去协调或维持成员之间的协同。法律，作为国家社会关系的调节器，对企业运行的宏观环境而言，主要是作为企业的外部机制之一的外部环境来对企业运行产生影响；而从微观运行而言，法律正是巴纳德所言的"社会性规范"。如图 5 所示，法制预见性制导系统子模型 II 在本研究中是表征企业运行的统一外部环境，即国有企业不论规模大小、经营状况优劣，都统一运行于一个法制大环境之下。具体而言，企业运行中的各种行为和各种关系都受经济法法律部门的调整和控制。我国的经济法是国家从整体经济发展的角度，对具有社会公共性的经济活动进行干预、管理和调控的法律规范的总称。目前法学界权威认为：经济法具有自己独立的调整对象。经济法的调整对象是指经济法所干预、管理和调控的具有社会公共性的经济关系。

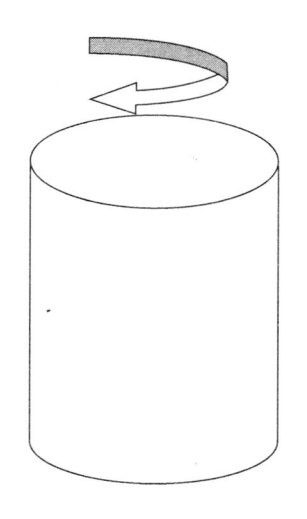

图 5　法制预见性系统子模型 II

如图 6 所示，法制预见性系统子模型 II 是一个动态系统，其横截面以经济法法律部门中对应不同经济关系的法律构成。这些法律在模型 II 的统一大环境中共同作用于企业的各种行为和关系。值得注意的是，企业在其发展的任何一个阶段，其行为都同时受到多种法律法规的界定和规范，其各种行为效力的竞合在本质上说就是企业发展过程中的实然状态。模型 II 的预见性是指由目标企业生命周期治理关系子模型 I 中的状态描述、实然和应然状态的差距分析，来探讨、研究、找出查明什么样的规则可以将企业的发展态势由实然推向必然，这也就是企业变革的内因。

如图 7 所示，模型 II 力求解决组织制度的安排。现行经济法部门中对国有企业治理制度的规定并不能解决改革过程中所出现的问题，即国有企业不论规模大小、经营状况优劣，都统一运行于一个法制大环境之下。具体而言，

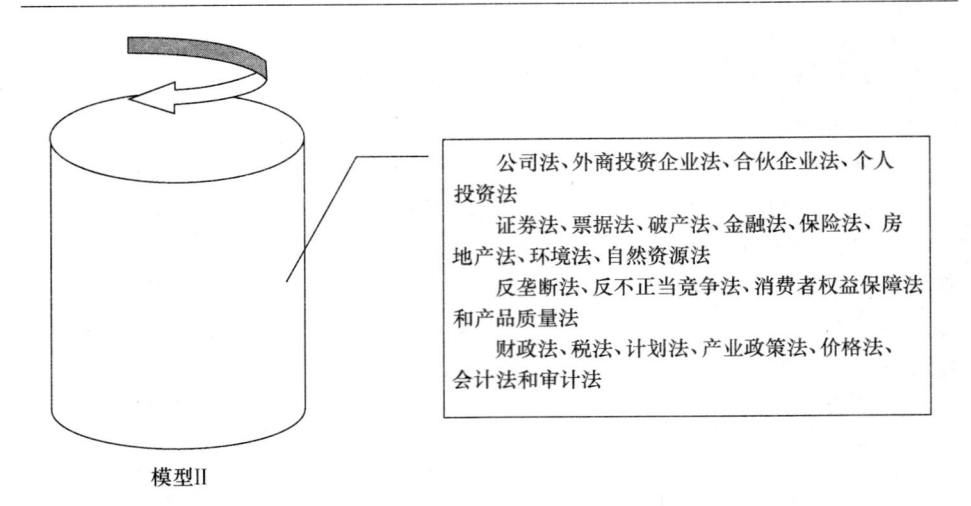

公司法、外商投资企业法、合伙企业法、个人投资法
证券法、票据法、破产法、金融法、保险法、房地产法、环境法、自然资源法
反垄断法、反不正当竞争法、消费者权益保障法和产品质量法
财政法、税法、计划法、产业政策法、价格法、会计法和审计法

模型Ⅱ

图 6　模型Ⅱ横截面平面图

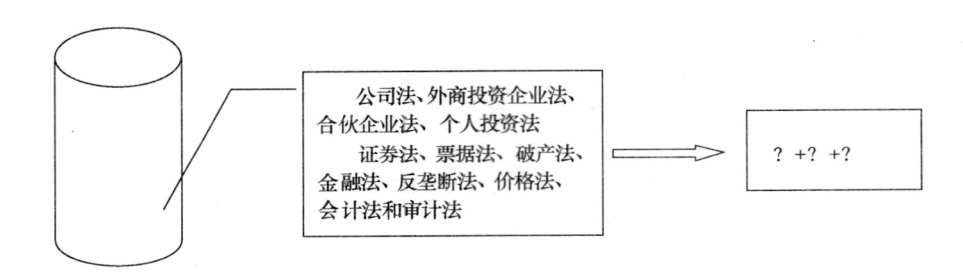

公司法、外商投资企业法、合伙企业法、个人投资法
证券法、票据法、破产法、金融法、反垄断法、价格法、会计法和审计法

? +? +?

图 7　模型Ⅱ横截面平面应然图

企业运行中的各种行为和各种关系都受经济法法律部门的调整和控制，这种不加以区别的做法严重违背了企业的生命周期理论，我国法律应该有针对性地建立特殊法人制度。对于国有企业改制问题，国内有些学者基于在已经进行的阶段式的国有企业改革进程中不断出现的问题：国有资产的流失、职工的合法权益未能得到很好地维护，等等，认为主要原因是缺乏通盘考虑，没有提出一部系统的法律来指导国有企业改制，从而提出采取统一立法的手段来确保国有企业改制的顺利进行，提出对国有企业的整个改革过程要采取统一的立法，主张构建统一的《国有企业改制法》或《国有企业改革法》等，统一规定国有企业的改制所涉及的问题，进行集中规制。但是，笔者认为，这种做法实际上是一种立法实用主义态度，忽视了国有企业改制过程的法律属性和法律过程。因此，国有企业改制"合"的立法模式没有系统思考到国有企业改制过程的复杂性，不具有可操作性。

(三) 国有企业治理制度的规范性控制系统模型Ⅲ

复杂适应系统（CAS）理论把系统的成员看做是具有自身目的性、主动性、积极性的主体。更重要的是，CAS 理论认为，正是这种主动性以及它与环境的反复的、相互的作用，才是系统发展和进化的基本动因。宏观的变化和个体分化都可以从个体的行为规律中找到根源。在本文中，依据两个子系统来改善人与人的行为和关系，就是要从本质上解决企业内部法人如何制衡、股东大会如何治理、董事会如何治理、监事会如何治理、总经理报酬激励与约束机制如何建立的问题。理论上，管理学研究企业治理制度的切入点是搭建经济研究和法学研究之间的协调应用型机制，即：首先从解释企业的生命周期开始，再由法哲学上实然和应然状态的差距性分析得出企业治理制度改革的内涵；其次是依据实然和应然状态的差距性分析的结果来指导立法改革，立法改革又会重新指导国有企业制度的运行，从而形成一个良性的循环。这也是管理的艺术性的价值体现。钱德勒（1977）的研究也表明，企业的效率来自管理的有效性，而不单纯来自资源配置的方式。

本文的研究视角主要是制度性嵌入和结构性嵌入的耦合[①]。如图 8 所示，模型Ⅲ是模型Ⅰ和模型Ⅱ的嵌入式组合，目的是将对企业治理制度的研究框入法制环境中来进行相互关系的研究。所以，模型Ⅲ是一个研究二者关系的定性模型，即回答：国有企业生命周期的各个阶段发展状况和现行企业运行的法制环境之间究竟应该是一种什么样的关系的问题。对二者关系的认定在本文体现的创新点是管理的预测机制。

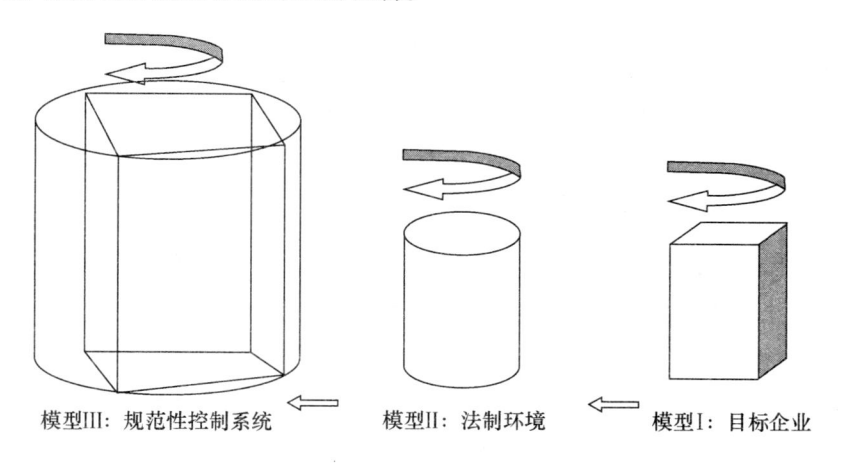

模型Ⅲ: 规范性控制系统　⇐　模型Ⅱ: 法制环境　⇐　模型Ⅰ: 目标企业

图 8

[①] Zukin 和 DiMaggion (1990) 把嵌入分为四类：结构性嵌入——行动者之间的资源质量和关系结构、认知性嵌入——导致经济逻辑的结构化的心理过程、文化性嵌入——达成经济目标的共享信念和价值观和制度性嵌入——对经济权利和经济激励的制度性制约。

如图 9 所示,从模型Ⅲ的顶面截面图来看,模型Ⅲ是一个动态的系统。当模型Ⅰ和模型Ⅱ的运行方向一致时(即企业生命周期的运行方向和法律体制的调控方向一致),表征国有企业生命周期的各个阶段发展状况和现行企业运行的法制环境之间的正相关关系;当模型Ⅰ和模型Ⅱ的运行方向相反时,则表征二者之间的负相关关系。

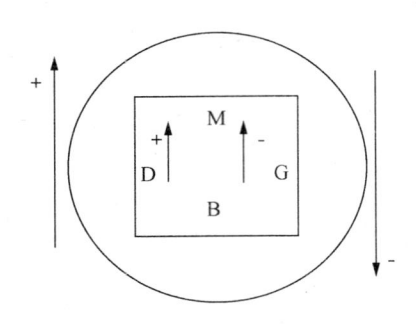

图 9 模型Ⅲ上顶面平面图

五 研究结论及对国有企业治理制度改革的启示

(一) 研究结论

本文将我国国有企业的发展进行类生命体借喻,并对其基本的出生期、成长期、成熟期和老化期进行研究,而且,将每一个生长时期又区分为实然状态和应然状态。企业的目标是盈利和持续增长,那么,在企业动态发展的每一个时期,企业的发展就可以看成是一个企业生长态势由实然向应然,不断运动、发展的动态的过程。

(1) 当模型Ⅰ和模型Ⅱ的运行方向一致时,对应性的预测管理机制起促进作用,并表征国有企业产权生命周期的各个阶段发展状况和现行企业运行的法制环境之间的正相关关系;当模型Ⅰ和模型Ⅱ的运行方向相反时,则表征二者之间的负相关关系,对应性的预测管理机制起阻碍作用。

(2) 根据马斯洛需求层次理论,企业也具有自身不同发展时期的不同层次的需求。因此,应该在不同时期采取有针对性和特殊性的战略,反映在宏观层次,就是要根据不同的时期来分别采取不同的制度模型。制度不是天然就有的,制度的形成与完善是一个不断演化变迁的过程。

(3) 在管理因变量和环境自变量之间存在着一种函数关系,但不一定是因果关系,这种函数关系可以解释为"如果—就要"的关系,"如果"发生或存在某种环境情况,"就要"采取相应的管理思想、管理方式。这种"如果……就要……"的关系就是本文所指出的规范性控制管理机制，必须指出的是，这种机制的来源和形成是自发性的，其演化过程也是自发性的"看不见的手"，所以当环境自变量不断对其发生作用时，管理因变量所发生的变化也是自发性的，这种自发性就表现为企业成长过程中的实然状态。这也当然符合CAS理论的最重要特征适应性。本文研究的目的就是规范企业行为自发性的边界，即规范企业的自组织过程。但这种规范不是经验性的总结，而是来源于企业生命周期理论，由CAS理论支撑、演化而生，依靠法律手段加以固定和运行的。由管理机制指导后的立法也将不断调整公司治理的实然状态，使其不断走向应然和更高层次的成长阶段。

（二）对国有企业治理制度改革的启示

CAS的复杂性起源于其中的个体的适应性，正是这些个体与环境以及与其他个体间的相互作用，不断改变着它们自身，同时也改变着环境。CAS最重要的特征是适应性，即系统中的个体能够与环境以及其他个体进行交流，在这种交流的过程中"学习"或"积累经验"，不断进行着演化学习，并且根据学到的经验改变自身的结构和行为方式。根据权变理论，管理方式和技术要随企业内外环境的变化而变化。对国有企业的治理制度进行研究，就是研究其在企业生长的过程中不断发生着哪些变化，变化又引起了哪些矛盾？对国有企业进行制度性的研究，就是要形成采取特殊法人制度的观点，即：在国有企业发展的不同时期，采用有针对性的动态制度模式。社会规范、法律制度和企业治理制度中的各种制度性安排形式不是事先给定的，而是随着企业的不断成长而相应演进的。不同制约因素下的企业成长要求有相应的制度与之匹配，以使企业发展最大化；而治理制度又反过来制约着企业的成长。对于不断成长的企业而言，有效的制度安排不会对应于企业成长的全过程，它只能适应于企业成长的某一特定阶段。对于不断演进的企业制度而言，最优的成长模式也不会对应于企业制度演进的全过程，它只能适用于企业制度演进过程中的某一特定阶段或多阶段。更进一步来探讨，企业制度和社会制度必须满足匹配性，企业微观系统和社会宏观系统才能和谐相处。依靠法律这种刚性规则对其加以固定时，必须借助于管理柔性化的配合。而且，这种法律规则的制定将会阶段性地呈现出程序性、保护性、方法性和指导性等特征。

参考文献

1. Martin Wildberger, Complex Adaptive Systems—Concepts and Power Industry Applications [J]. *IEEE Control Systems*, 1997 (12).

2. Lee Fleming, Olav Sorenson, Technology as a Complex Adaptive System: Evidence from

Patent Data [J]. *Research Policy*, 2001 (30).

3. 彼得·圣吉:《第五项修炼》,郭进隆译,上海三联书店1997年版。

4. 陈佳贵:《关于企业生命周期与企业蜕变的探讨》,《中国工业经济》1995年第11期。

5. 陈禹:《CAS理论的发展与应用》,《首都经济贸易大学多主体仿真理论与应用研讨会主题报告》,2005年。

6. 席西民:《企业外部环境分析》,高等教育出版社2001年版。

7. [美]弗莱蒙特·E.卡斯特、詹姆斯·E.罗森茨韦克:《组织与管理——系统方法与权变方法》(第四版),中国社会科学出版社2000年版。

8. John Holland:《隐秩序——适应性造就复杂性》,上海科技教育出版社2000年版。

9. 博登海默:《法理学:法律哲学与法律方法》,邓来译,中国政法大学出版社2004年版。

10. 休谟:《人性论》,商务印书馆1963年版。

11. 沈艺峰、许年行、杨榴:《我国中小投资者法律保护历史实践的实证检验》,《经济研究》2004年第9期。

12. 吕政:《对深化国有企业改革的再认识》,《中国工业经济》2002年第10期。

【综　述】

高层管理团队、战略决策与企业绩效：文献综述[*]

曹志来

内容提要　在企业战略竞争与团队合作的时代，高层管理团队与战略匹配的问题凸显出来，而且二者的匹配对企业绩效至关重要。汉布里克和梅森（Hambrick and Mason）的高层梯队理论模型首次提出"高层管理团队—战略决策—企业绩效"的研究范式。本文以该理论模型为核心，从高层管理团队与战略决策关系、战略决策过程对企业绩效的影响、高层梯队理论模型与模型拓展等方面对该研究范式的相关文献进行综述，总结研究进展路径，分析并指出现有研究的不足与发展趋势。

关键词　高层管理团队　战略决策　企业绩效

中国企业的外部环境已经发生了以市场化、现代化与国际化为主要特征的剧烈变化，企业不但拥有越来越多的战略抉择空间，而且从产品竞争时代进入战略竞争时代。与此同时，社会的信息化与专业化使得企业领导人单打独斗的传统战略决策方式难以适应日趋激励的市场竞争，战略决策必然成为团队行为。在这种形势下，高层管理团队与战略匹配的问题凸显出来，而且二者的匹配对企业绩效至关重要。

现代企业战略管理理论形成于20世纪60年代初，但直到20世纪七八十年代，理论界才从过分重视企业中物的要素和过分理性化的研究方法转变为重视企业中人的要素、文化要素和非理性要素。汉布里克和梅森（1984）首次提出"高层管理团队—战略决策—企业绩效"这样的研究范式，其后诸多学者对此研究范式进行拓展与深化。

---

[*] 基金项目：教育部人文社科研究青年基金项目"经济转型进程中高管与企业战略的原配"（10广JC630013）、辽宁省教育厅高等学校科研项目"海归创业决策：城市创业环境感知与创业地点选择"（W2010119）。

作者简介：曹志来，经济学博士，东北财经大学经济与社会发展研究院副研究员。

一　高层管理团队与战略决策

（一）高层管理人员的职能

关于高层管理人员（简称高管）职能的详细论述可以追溯到 1938 年巴纳德提出的高管三项基本职能。巴纳德认为，在一个企业中，高管的作用就是作为一个信息相互联系的中心，并对组织中各个成员的活动进行协调，以便使组织正常运转，实现组织的目标。他提出了高管需具有三项基本职能：（1）建立和维持企业内信息交流的系统；（2）促使员工同组织建立协作关系进而愿意为企业提供服务；（3）提出和制定企业目标。钱德勒（1962）则从决策与资源配置的角度阐述了高管的职能，即涉及整个企业资源配置的企业家决策和涉及既定资源配置条件下的运营决策。明茨伯格（1973）基于对企业管理实践的具体观察，将高管的职能归纳为三类角色：一是组织的正式权威和地位，产生了高管的人际关系角色（名义首脑、领导者和联络者）；二是人际关系角色又会使高管成为信息中枢，同外部的交往带来外界信息，内部信息在他那里集中，产生了高管的信息角色（监听者、传播者和发言人）；三是掌握信息的独特地位和组织赋予的权力地位，使经理在决策尤其是战略中处于中心位置，产生了高管的决策角色（企业家、故障排除者、资源分配者和谈判者）。

（二）高管在战略决策过程中的作用

首先，战略决策理论的不同学派基于对企业战略的选择空间与形成方式的认识不同，对企业高管在战略决策过程中的作用存在很大的分歧。

早期的战略管理文献（Andrews，1971；Ansoff，1965；Hofer and Schendel，1978）提出了理性的战略选择的标准模型（rational normative model），在该模型中，企业高管运用一系列从他们分析中得出的客观标准，考察企业的外部环境与内部条件，从而决定企业战略，该学派在很大程度上是将战略变化的决策视为一种机制，并没有将人（包括高管）的因素考虑在内（Hitt and Tyler，1991），至多认为高管在企业战略决策过程中起到监督和控制职能。

主要由组织理论和产业组织经济学者组成的外部控制学派（external control perspective）认为战略决策成功与否在很大程度上取决于外部环境的特征（Romanelli and Tushman，1986），强调企业的自主性战略选择的空间非常有限，组织适应所处环境中不同生存空间的能力也非常有限（Aldrich，1979），因此高管并不重要，也不积极主动，仅仅作为企业的象征（Astley and Van de Ven，1983；Pfeffer and Salancik，1978）。

战略选择学派强调高管对战略决策产生的潜在影响,认为是人(特别是企业高管)而不是组织作出决策,而且决策依赖于人的由先前过程形成的感觉和评价(Child,1972),战略决策过程被认为受到高管自身导向的约束,而这种导向则基于高管的需求、价值、经验、预期和认知(Child,1972;Montanari,1978)。

其次,学者总结出不同的战略决策过程模式,在这些战略决策过程模式中,企业高管和员工在战略决策过程中的角色和互补程度存在很大的差异。哈特(1992)基于战略决策过程中企业高管和员工角色的差异,将已有战略决策过程研究模式和观点进行归纳和重新分类,划分为5种模式(见表1):命令模式(command mode)、象征模式(symbolic mode)、理性模式(rational mode)、交互模式(transitive mode)和内部企业家模式(generative mode)。

表1 基于企业高管和员工角色差异的5种战略决策过程模式

描述	命令模式	象征模式	理性模式	交互模式	内部企业家模式
风格	(专制)战略由领导者或人数不大的高层管理团队驱动	(培育)战略由企业使命和愿景驱动	(分析)战略由正式结构和计划体系驱动	(程序)战略由内部过程和互动调整驱动	(有机)战略由组织行动者的倡议驱动
高管的角色	(指挥官)提供方向	(教练)激励	(上司)评价和控制	(调节人)授权和促进	(发起者)认可和支持
组织成员的角色	(士兵)服从命令	(运动员)应对挑战	(下属)跟随系统	(参与者)学习和改进	(企业家)实验和承担风险

资料来源:Hart, S., 1992, An Integrative Framework for Strategy – Making Processes, *Academy of Management Review*, Vol. 17, pp. 327 – 351。

(1)命令模式。明茨伯格(Mintzberg,1973)认为战略执行是一个有意识、受控制的过程,集权于组织最高层。高管作为指挥官制定战略,而组织成员则是忠实执行战略的好士兵(Bourgeois and Brodwin,1984;Mintzberg and Waters,1982)。科林斯和穆尔(Collins and Moore,1970)等对企业史进行研究,表明亨利·福特(Henry Ford)时代的福特汽车公司、汤姆·沃森(Tom Watson)时代的IBM公司、比尔·盖茨(Bill Gates)时代的微软公司以及史蒂夫·乔布斯(Steve Jobs)时代的苹果公司,都拥有非常强势的领导者,他们提出综合的规划,并成功地实施。

(2)象征模式。企业的长期使命清晰地反映出战略意图(Hamel and Prahalad,1989)并被翻译成组织内外部的具体目标,这些目标激励组织成员取得更高层次的成就(Hasegawa,1986;Imai,1986)。而高管就像运动项目中的教练员激励组织成员（Nonaka，1988）。通过讲演、劝说、口号、新的方案和认知，高管提供必要的关注点和动力以指导组织行动者的创造性行为（Itami，1987）。象征模式中反映出的企业高管和员工在战略决策过程中的角色主要通过对日本企业（如小松制造）的研究而得出。

（3）理性模式。可以归类为理性模式的战略决策过程理论遵循理性的战略选择标准模型。战略决策过程通常通过正式的战略规划实施，包括书面的战略及其实施规划（Armstrong，1982；Rhyne，1986；Wood and Lafoge，1979）。哈特（1992）指出，按照理性的战略选择标准模型，为了保证战略的有效实施，高管需要细致地监督和控制下属的活动。通过结构和正式系统，组织成员被引导按照理想的方式行为。

（4）交互模式。菲奥尔和莱尔斯（Fiol and Lyles，1985）认为战略决策需要基于相互作用与学习而不是对预先制订计划的执行。有限的认知（Slovic，Fischhoff and lichtenstein，1977）和环境的不确定性（Dutton，Fahey and Narayanan，1983；Lyles and Mitroff，1980）制约了高管的能力，并将战略决策与战略实施分离开来。反馈与学习的需要使战略决策成为一个反馈与学习的过程（Argyris and Schon，1978）。在这种情况下，高管考虑促进与关键的利益相关者交互作用，并根据整个过程中这些交互作用的结果来确定战略方向（Mintzberg，1987）。

（5）内部企业家模式。战略是通过内部企业家制定的，比如，新产品的想法是自下向上的，员工倡议形成了企业的战略方向（Kanter，1983；Peters and Waterman，1982）。新的战略萌芽于经营组织中日常工作的各种创新活动（Tushman and Nadler，1986）。在这种情况下，高管主要对下面出现的高潜力建议进行选择和培育（Mintzberg and McHugh，1985）。

（三）战略决策中 CEO 个人还是高层管理团队更重要

在汉布里克和梅森（1984）提出"高层梯队理论"之前，关于高管与其所从事企业战略之间非常有限的研究（Carlson，1972；Helmich and Brown，1972），几乎完全集中于 CEO 个人，没有围绕高层管理团队来进行研究的。即使在欧美国家那样以个人主义、自由、民主为特色的文化背景下，大多数企业中仍然是 CEO 权力最大。在这种企业权力格局下，高层管理团队和 CEO 的特征都对企业战略决策过程产生影响，但前者的影响要强于后者（Papadakis and Barwise，2002）。在以集权、重视权威为特色的中国文化背景下，虽然杨云（2008）对中国饭店行业的研究表明高层管理团队组成特征的异质性不会影响到企业决策与绩效（因为饭店高层管理团队的领导者才是最终决策者），但是，以国内企业为样本的许多研究（如魏立群、王智慧，2002；孙海法、姚振华、严茂胜，2006；张平，2007）都证明企业高层管理团队的诸多人口学特征与企业战略决策的重要结果（主要是绩效指标）显著相关。

二 战略决策过程对企业绩效的影响

企业绩效改进是战略管理的核心(Venkatraman and Ramanujam, 1986),因此从理性模型到政治/行为模型在内各类战略决策过程模型或多或少都涉及战略决策过程对企业绩效的影响。Rajagopalan (1993) 等在对各类战略决策过程模型进行仔细研究基础上,提出了一个战略决策过程的整合模型。在这个模型中,企业战略决策过程中的环境因素、组织因素、特定的决策因素以及决策过程特征通过影响战略决策,进而直接或间接地影响到企业绩效,这个影响过程是复杂的、多方面的。从这个战略决策过程的整合模型中可以看出,企业高层管理团队特征作为组织因素之一,与其他因素一起共同影响企业绩效。按照 Rajagopalan 等的整合模型,已有的研究可以分成如下几类。

(一) 环境因素 (作为调节变量)、决策过程与企业绩效

弗雷德里克森(Fredrickson, 1984)、弗雷德里克森和米切尔(Mitchell, 1984)、弗雷德里克森和 Iaquinto (1989) 的研究表明:在稳定的环境下,全面性的战略决策过程与好的企业经济绩效相联系;在不稳定的环境下,全面性的战略决策过程与不好的企业经济绩效相联系。与上述研究不同,艾森哈特(Eisenhardt, 1989)发现,在高速变化的环境中,有效的战略决策虽然是在短时间内做出的,但也是全面的;贾奇和米勒(Judge and Miller, 1991)发现,全面性的战略决策与决策速度正相关,尽管这仅仅在高速变化的环境中产生好的经济绩效。Rajagopalan 等(1993)认为,不同研究结论之间的矛盾,部分原因在于组织因素的影响,在艾森哈特的研究中,考虑到权利分配和信息加工等因素的影响,而在弗雷德里克森的研究中则对此未予考虑。此外,戈尔和拉什德(Goll and Rasheed, 1997)的研究表明,在资源宽厚(munificence)的环境中,理性决策与好的经济绩效正相关。这个分析角度的已有研究大多集中于环境变化或不确定性环境因素方面,而涉及其他环境因素(如资源宽厚性、复杂性)的研究则更少。

(二) 组织因素 (作为调节变量)、决策过程与企业绩效

艾森哈特(1989)和艾森哈特和布儒瓦(Bourgeois, 1988)的研究发现,在快速变化的环境中,权力集中与企业高层管理团队中活跃的政治活动相关,导致企业战略决策的非理性和较差的经济绩效。在 20 世纪 90 年代以前,这个分析角度很少受到注意。此后,其他研究往往考察组织因素—决策过程—过程绩效(Hough and dtogilvie, 2005),而很少进一步分析与企业绩效的关系。

(三) 决策过程与企业绩效

布儒瓦 (1980) 和德斯 (Dess, 1987) 发现决策过程中高管的一致性与企业绩效正相关,而布儒瓦 (1985) 和格林耶等 (Grinyer, 1975) 则发现二者是负相关关系。普里姆 (Priem, 1990) 对此提出一种可能的解释:决策过程中高管的一致性与企业绩效之间关系,会受到环境变化的强烈影响,需要将环境变化作为调节变量。同时他提出一种假设,在稳定的环境中,高管决策高度的一致性与好的企业绩效相关;在变动的环境中,高管决策低度的一致性与好的企业绩效相关。普里姆 (1990) 进一步指出决策过程中高管的一致性本身就是组织因素的结果,具体来说是高管特征与组织结构的结果。凯勒曼斯等 (Kellermanns, 2005) 则对战略决策中高管一致性有关研究得出相互矛盾结论,在理论和方法方面的原因进行详细描述与分析。

(四) 过程绩效与企业绩效

艾森哈特 (1989) 发现决策速度与企业绩效之间正相关。伍德里奇和弗罗伊德 (Wooldridge and Floyd, 1990) 考察了决策过程特征、过程绩效和企业绩效之间关系,他们发现:中层管理者在战略形成过程中更多的参与,能够带来对战略的更多理解与保障,进而提升企业绩效。Rajagopalan 等 (1993) 认为,这个分析角度的研究对一些重要关系仍未涉及,比如,战略决策过程特征与组织学习程度/类型之间关系有哪些模式,这些模式对企业绩效有些什么影响。

三 高层梯队理论模型

汉布里克和梅森 (1984) 最初提出的高层梯队理论模型 (见图1),并没有涉及战略决策过程,而是直接将"高层梯队特征作为战略选择的决定因素,通过这些选择,决定组织绩效"。他们认为,高层梯队特征部分反映了组织所面对的环境 (并对其中的因果关系特别进行了解释),至多认为某些环境状况和高层梯队特征的组合产生战略选择,在这种情况下,高层梯队特征和战略选择互动决定组织绩效。该模型的上述思想在后面所提出的命题中得到充分体现,比如,关于高层梯队的年龄特征,提出年轻的高层梯队更倾向于采取更具风险的战略 (具体形式包括非相关多元化、产品创新和财务杠杆),拥有年轻高层梯队的公司成长性和盈利波动性高于行业平均;关于高层梯队的职能经历,高层梯队中特定职能经历的突出程度与该种职能战略的采用程度正相关,高层梯队中产出职能 (output functions,包括营销、销售和产品研发) 经历的突出程度与企业成长正相关,在稳定的大众化商品行业中产能职能 (throughput functions,包括生产、过程工程和会计) 的经历与利润率之间存在着正相关关系，在动荡、多样化的行业里产出职能的经历与利润率之间存在着正相关关系。

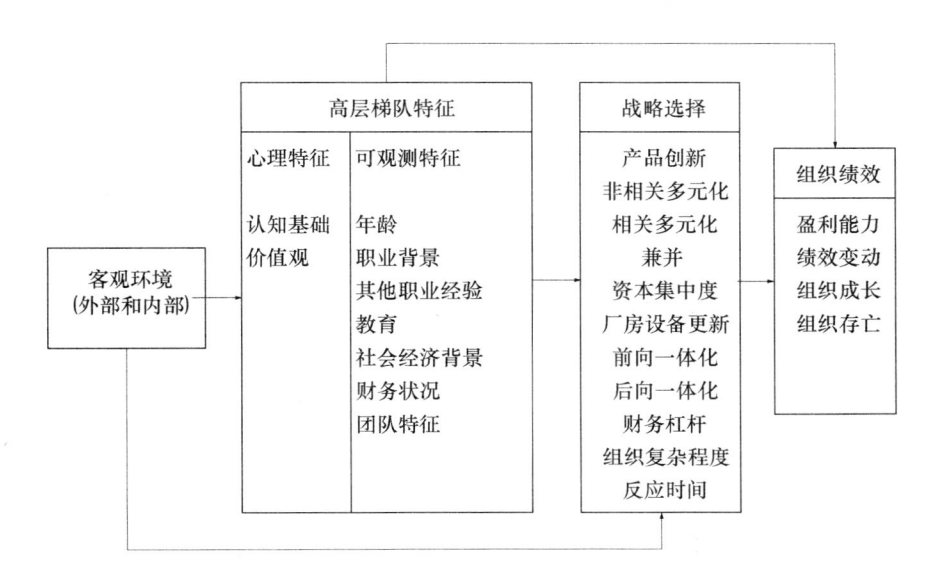

图 1　汉布里克和梅森的高层梯队理论模型

汉布里克和梅森在 1984 年的论文中仅仅提出高层梯队理论模型、高层梯队的多种特征与战略选择及组织绩效相关关系的命题、研究设计思路，并没有对此进行经验研究检验。其后，许多后续的研究验证了战略选择或组织绩效至少是部分依赖于高层管理团队的构成。汉布里克和梅森所称高层梯队（Upper Echelons）与后来文献所称的高层管理团队（Top Management Team，简称 TMT）含义相同，汉布里克本人后来的研究（如 Finkelstein and Hambrick，1990）也采用高层管理团队这个术语。艾森哈特和布儒瓦（1988）通过 8 家计算机行业企业的案例研究表明"高层管理团队的传记性特征在高层管理团队的运行中起重要作用"。班特尔和杰克逊（Bantel and Jackson，1989）以美国中西部 199 家银行为样本，对高层管理团队传记性特征与企业创新之间的关系进行了经验研究，主要考察了高层管理团队的平均年龄、在企业中的平均任期、教育程度，以及年龄、任期、教育程度、职业背景的异质性特征，同时也考虑到银行规模、区位和团队规模可能产生的影响，研究表明教育程度高、具有多样化职业背景的高层管理团队领导的银行具有更强的创新性。威斯曼（Wiersema）和班特尔（1992）以 1980 年美国《财富》期刊 500 强制造企业随机选择的 100 家企业为样本，对高层管理团队传记性特征与企业战略变化（多元化水平的变化）之间的关系进行了经验研究，考虑到以往企业绩效、企业规模、团队规模、产业结构可能产生的影响，研究发现平均年龄较低、企业任期较短、教育水平较高、教育的专业异质性较高、自然科学领域学术训练程度较高的高层管理团队更倾向于改变企业战略。

四 高层梯队理论模型的拓展

(一) 高层管理团队特征变量、战略选择变量和组织绩效变量的扩展

汉布里克和梅森 (1984) 在其高层梯队理论模型中列出了 7 类可观测高层梯队特征变量、11 类战略选择变量和 4 类组织绩效变量，并在其后的命题中提出了这 7 类特征变量与其中某些战略选择变量或组织绩效变量之间的关系。后来的研究除了继续研究这些变量之间的关系外，还对变量进行了一些拓展。

其一，对高层管理团队特征变量的拓展。所研究的变量主要包括团队的波动性、团队头衔分布、团队的社会网络、团队对环境的关注、团队薪酬差距、行业内流动等。凯克 (Keck，1997) 研究了高层管理团队的职能异质性、团队成员任期差异、团队的波动性、团队头衔分布、团队平均任期分别在动荡、平稳的环境下与企业绩效的关系，以 74 家 (包括 18 家微型计算机企业和 56 家水泥制造企业) 美国企业为样本进行经验研究，得出结论：在平稳的环境下，团队头衔偏高、团队成员任期差异大的企业资产收益率增长快。在动荡的环境下，对于水泥制造企业来说，高层管理团队的高异质性、团队成员任期高差异性、团队的高波动性、团队头衔偏低、团队平均任期短与好的财务绩效相联系；对于微型计算机企业来说，团队的高波动性、团队平均任期短、团队头衔偏高与好的财务绩效相联系。

科森斯和克拉克 (2003) 研究了高层管理团队的社会网络特征与企业绩效的关系，他们将高层管理团队的社会网络分为企业外部和企业内部两类，以美国大西洋沿岸中部地区 73 家高科技上市公司为样本进行经验研究，得出结论：无论是高层管理团队的企业外部还是企业内部社会网络 (大小、范围与强度) 都与企业绩效 (收入增长和股票价格) 正相关。

利维 (Levy，2005) 研究了高层管理团队对环境的关注与企业全球化战略之间的关系，将高层管理团队对所关注的环境分为对外部和内部环境两类，以美国 69 家技术密集型企业 (包括 30 家计算机业企业，16 家制药业企业和 23 家半导体业企业) 为样本进行经验研究，结论是：当高层管理团队更关注外部环境而非内部环境，并考虑外部环境中的多种因素时，企业更倾向采取广泛的全球化战略。

西格尔 (Siegel) 和汉布里克 (2005) 研究了技术密集型企业高层管理团队薪酬差距与企业绩效之间的交互影响关系，他们认为：技术密集型要求在企业高层管理团队内有多种方式的信息处理过程，这是一个合作过程，如

果高层管理团队内薪酬差距过大，则合作受阻。他们以67家美国企业为样本进行经验研究，得出结论：高层管理团队内部薪酬差距对企业随后的绩效产生负面影响，而且对高技术企业的影响程度超过低技术企业。

其二，对企业战略选择变量的拓展。所研究的变量主要包括战略持续性、战略的行业一致性、企业竞争性行动、市场进入领域、国际多元化、战略集合的复杂程度。芬克尔斯坦（Finkelstein）和汉布里克（1990）研究了高层管理团队任期在不同的自由抉择环境下对企业战略持续性、战略与绩效的行业一致性的影响，以100家美国企业（包括35家计算机业企业、35家化学行业企业、30家天然气配送企业）为样本进行经验研究，得出结论：长任期团队具有战略持续性，其所领导企业的战略更倾向于行业主流战略，绩效更接近于行业平均水平，对于高自由抉择环境的企业来说这种相关关系要强于中低自由抉择环境的企业。

汉布里克、Cho和Chen（1996）研究了高层管理团队的异质性特征与企业竞争性行动（competitive moves）之间关系，以美国32家主要航空公司为样本进行经验研究，得出结论：异质性高层管理团队具有更强的竞争性行为倾向，他们的竞争性反应与行为更加强烈，但采取竞争性行动的速度要慢于同质性高层管理团队，总体来说，有利于企业的绩效（包括市场份额和利润）。

伯克尔（Boeker，1997a）研究了高层管理团队成员行业内流动对企业市场进入领域的影响，以美国加州硅谷地区67家半导体生产企业为样本进行经验研究，得出结论：高层管理团队成员行业内流动往往导致流入企业进入流出企业的产品领域，这种效应受到进行流动的高管成员自身的属性以及流入企业高层管理团队特征的影响，具体来说，当流动的高管成员原来职业背景为研发或工程技术，向原来企业的CEO直接负责，具有更多的产业经验，这种效应更强；当流入企业的高层管理团队规模小、任期短，这种效应不强。

赫尔曼和达塔（Herrmann and Datta，2005）研究了高层管理团队特征与企业国际多元化之间关系，以112家美国制造业大企业为样本进行经验研究，得出结论：具有较高国际多元化程度的企业，其高层管理团队特征为高的教育程度、短的组织任期、成员年轻、丰富的国际化经验；此外，这种相关关系更明显地体现在业绩好的企业中。

费里尔和莱昂（Ferrier and Lyon，2004）研究了高层管理团队异质性特征、企业战略集合的复杂程度与企业绩效之间的关系，以美国35个行业的前2家单一业务企业，计70家企业样本进行经验研究，得出结论：对于由具有异质性特征的高层管理团队领导的企业来说，企业战略集合的简单性与企业绩效正相关；对于具有同质性特征的高层管理团队领导的企业来说，企业战略集合的简单性与企业绩效则是负相关关系。

其三，对企业绩效变量的拓展。首次公开发行股票（IPO）中的资本募集量作为这类变量为数不多的拓展。齐默尔曼（Zimmerman，2008）研究了高层管理团队异质性特征与公司首次公开发行股票（IPO）中资本募集之间的关系，认为公司高层管理团队异质性特征向潜在的投资者提供了该公司IPO质量的信号，他以美国1993—1997年prepackaged software industry172家IPO公司为样本进行经验研究，得出结论：IPO公司高层管理团队职业背景和教育程度的异质性特征与公司IPO所募集的资本量正相关。

（二）加入战略决策过程其他影响因素的拓展模型

从汉布里克和梅森的高层梯队理论模型（见图1）看，高层管理团队特征对企业战略及企业绩效的影响是在一定的内外部环境下，受到内外部环境的约束，尽管他们认为高层梯队特征部分反映了组织所面对的环境。如果从Rajagopalan等（1993）战略决策过程的整合模型看，高层管理团队特征仅仅作为组织因素之一，与其他影响因素共同作用影响到企业战略决策进而企业绩效。后来的研究考虑到高层管理团队特征之外其他因素，有的将一些因素（如企业规模、组织冗余、已往战略）作为控制变量，有的将一些因素（如权力分配、资源宽厚性、不确定性、以往绩效）作为调节变量或交互变量，构成了模型的扩展。

黑尔布利安（Haleblian）和芬克尔斯坦（1993）研究了在不同的环境下高层管理团队规模以及CEO主导的权力分配对企业绩效的影响。以美国两个行业（以高波动、高抉择为行业环境特征的计算机行业，以低波动、低抉择为行业环境特征的天然气配送业）47家企业（26家计算机业企业、21家天然气配送企业）为样本的经验研究表明：相对于稳定的环境，在动荡不确定的环境中，高层管理团队规模大的企业绩效好，CEO主导的企业绩效差；高层管理团队战略决策处于高抉择环境时，上述相关关系更加明显。

戈尔和拉什德（1997）研究了环境的资源宽厚性（munificence）和不确定性对企业战略决策过程组织理性与企业绩效关系之间的调节作用（moderating roles）。基于对美国62家制造业企业样本的经验研究发现：与其他类型的环境相比，资源宽厚且不确定的高自由抉择环境下，组织理性与企业绩效相关型更高。

伯克尔（1997b）研究了CEO、高层管理团队特征与企业（过去）绩效共同作用对企业战略变化的影响，以美国加州硅谷67家半导体生产企业为样本进行经验研究发现：差的企业绩效、CEO与高层管理团队的长任期、高层管理团队任期的异质性与更多的战略变化相联系；另外，在相同CEO和高层管理团队特征下，差的企业绩效加剧了战略变化的可能性。

卡彭特（Carpenter）和弗雷德里克森（2001）研究了环境的不确定性对高层管理团队特征与企业战略态势之间关系的调节作用。以标准普尔工业指数和中资本指数中300家美国工业企业随机样本进行经验研究发现：高层管理团队的国际经验、教育程度异质性、任期异质性与企业全球战略态势正相关，高层管理团队的职能异质性与企业全球战略态势负相关；环境的不确定性增强了教育程度异质性与企业全球战略态势的正相关关系，减弱了任期异质性与企业全球战略态势正相关关系，减弱了职能异质性与企业全球战略态势正相关关系。与高层阶梯理论的观点相反，高层管理团队的职能异质性与企业全球战略态势负相关，卡彭特和弗雷德里克森认为：特别是在高度不确定性的环境下，高层管理团队的职能异质性可能减弱了团队的协同性并可能引起冲突，产生了对组织和组织目标的不同意见（Ancona and Caldwell, 1992; O'Reilly et al., 1993），高层团队成员间的冲突可能反过来促使公司对其战略行为更加保守和以本国或本民族为中心。

（三）加入团队过程影响因素的拓展模型

汉布里克和梅森（1984）的高层梯队理论模型将高层管理团队特征作为他们"认知框架的代理变量"（Hambrick, 2007）。汉布里克（2007）后来也承认："高层管理团队传记性特征指标的使用使我们对驱动高管人员行为真实的心理与社会过程困惑不解，这就是劳伦斯（Lawrence）在1997年提出的著名的'黑箱问题'。"20世纪90年代以后，一些文献借鉴团队过程等领域的研究，在高层梯队理论模型基础上进行了拓展，主要包括高层管理团队内部冲突、团队过程机制（包括社会整合、行为整合、团队沟通、团队凝聚力等）对战略决策和企业绩效的影响。

1. 高层管理团队内部冲突对战略决策与企业绩效的影响

施韦格、桑德伯格和拉根（Schweiger, Sandberg and Ragan, 1986）指出，高层管理团队内部的冲突一方面能够改进战略决策质量，另一方面则削弱了团队共同工作的能力。为了对这一悖论进行解释，阿马森（Amason, 1996）将高层管理团队战略决策过程中发生的冲突分为两种类型，即功能性冲突或认知冲突和非功能性冲突或情感冲突。

当冲突是功能性的，这种冲突一般是任务取向，其焦点在于如何最好地完成共同目标的判断上的差异，这种类型冲突被称为认知冲突。认知冲突起因于人们对任务的目标及完成方法的认识不一致。认知冲突在高层管理团队中不可避免，因为不同处境所看到的环境是不同的。这种认识上的多样性导致如何最好地完成组织的目标上的冲突。认知上的冲突使团队成员获得充分的信息、各种决策的利弊并做出权衡，充分利用了团队的多样性，并关注于组织或团队的目标。认知冲突有利于决策质量是因为来自不同观点的论争的协同综合通常优于各自观点本身。

当冲突是非功能性的，这种冲突是情感取向的，其焦点在于个人间的不相容或争端，这种类型的冲突称为情感冲突；情感冲突和认知冲突经常相伴而生，许多情绪冲突来自于对认知冲突的误解，当高层管理团队内部的认知不同被视为对个人的批评时,情感冲突就会出现。

在上述冲突类型划分的基础上,阿马森(1996)以 53 家美国企业为样本(48 家中小型食品加工企业和 5 家家具制造企业)进行了经验研究,研究发现:认知冲突水平高的企业高层管理团队,产生高质量的战略决策,对决策理解的程度高,具有高水平的情感接受;情感冲突水平高的企业高层管理团队,产生低质量的战略决策,具有低水平的情感接受。

在阿马森(1996)研究的基础上,穆尼和索南费尔德(Mooney and Sonnenfeld,2001)研究了影响企业高层管理团队内部冲突的几个因素,包括高层管理团队异质性,企业战略和行为整合。以美国 42 家上市公司(分布于 27 个州和 39 个行业)为样本进行了经验研究发现:高层管理团队异质性(包括职能、企业任期、权力)与认知冲突显著正相关,但与情感冲突不相关;与假设不一致,前瞻性公司战略与认知冲突负相关,并与情感冲突不相关,穆尼和索南费尔德将此解释为"因为他们正在处理其认知能力所不及的问题而不愿意进行争论";高层管理团队的行为整合与认知冲突负相关(这与假设相反),也与情感冲突负相关。

2. 团队过程机制对战略决策与企业绩效的影响

史密斯(Smith,1994)以美国 53 家高技术企业为样本研究了高层管理团队传记性特征与团队过程对企业绩效的影响,他们认为团队过程中的社会整合(social integration)和沟通作为团队过程绩效的主要指标,所谓社会整合即"团队具有吸引力,对团队中其他成员及团队成员间的社会交往满意"(O'Reilly,Caldwell and Barnett,1989)。他们的研究发现:团队过程与企业绩效直接相关,而高层管理团队传记性特征通过团队过程与企业绩效间接相关,虽然也发现高层管理团队传记性对企业绩效有直接影响。

汉布里克(1994)进一步提出行为整合的概念,将其作为元概念(metaconstruct)以概括出高层管理团队过程中三个相互关联彼此增强的要素,即合作行为的层次、信息沟通的质量和数量、共同决策程度。行为整合不同于社会整合,后者更多的是团队成员喜欢在一起,而行为整合要求团队成员共同行动。汉布里克认为行为整合是团队整合能力比较完整的属性,将社会与工作过程相互关联在一起,概括出组织内进行成员相互之间和集体性互动的程度。西姆西克等(Simsek et al.,2005)在此概念的基础上,研究了企业 CEO、高层管理团队特征对行为整合的影响,以 402 家中小企业为样本进行经验研究,研究发现:企业 CEO 的集体主义倾向、CEO 的任期、企业绩效都与高层管理团队行为整合的水平正相关;高层管理团队目标偏好的多样性、教育的多样性、企业规模与高层管理团队行为整合的水平负相关。

巴里克等(Barrick et al.,2007)认为,汉布里克(1994)提出行为整合这一元概念虽然是迄今为止理解高层管理团队过程最好的尝试,但行为整合看来也包含高层管理团队内部的相互依存关系。鉴于相互依存关系是团队的一个特征并影响到企业绩效，他们认为将团队相互依存关系与团队过程区分开来对于高层管理团队功能与团队、组织绩效之间关系的理解非常关键。因此，他们没有采用行为整合这一概念，而是用团队沟通和团队凝聚力来表现团队过程机制，进而研究团队过程机制与企业绩效的关系。他们以94家美国企业为样本进行经验分析发现：对于高度相互依存的高层管理团队（即真正的团队）来说，当团队具有高度的凝聚力和更多的沟通时，团队绩效即相应的企业绩效更高；对于低度相互依存的高层管理团队（即工作团队）来说，当团队具有低度的凝聚力和更少的沟通时，团队绩效即相应的企业绩效更高。

而恩斯利和皮尔斯（Ensley and Pearce，2001）研究了高层管理团队凝聚力通过影响团队冲突进而对战略决策与企业绩效产生的影响，他们提出一个理论模型：团队凝聚力影响到情感和认知冲突，而团队冲突影响到共享战略认知，共享战略认知进而影响到企业绩效。他们以两组美国创业企业（分别为88家和70家企业）为样本进行经验研究发现：高层管理团队凝聚力与认知冲突无关，高层管理团队凝聚力与情感冲突负相关，认知冲突与情感冲突之间正相关，认知冲突与共享战略认知之间存在弱的正相关，认知冲突与企业绩效正相关，情感冲突与企业绩效负相关。

（四）加入高层管理团队特征代表资源或能力对战略实施影响的拓展模型

汉布里克和梅森（1984）的高层梯队理论模型中，仅仅将高层管理团队特征作为影响企业战略决策进而绩效的"认知框架的代理变量"，而没有考虑高层管理团队特征同时也可以作为资源或能力对企业战略实施进而绩效所产生的影响。包括汉布里克本人在内的后来的研究开始涉及这后一种影响。

吉利特卡尼克兹（Geletkanycz）和汉布里克（1997）研究了高层管理团队的行业内外联系（或者说跨界关系）对企业战略和绩效的影响，以美国食品行业著名企业和计算机行业企业共计55家企业为样本进行经验研究表明：高层管理团队的行业内联系（主要是与行业协会的联系）与企业战略的行业一致性正相关，行业外联系与行业内非主流战略的采用正相关；对于行业环境相对不确定的计算机行业企业来说，战略的行业一致性与企业绩效正相关；对于行业环境相对确定的食品行业著名企业来说，战略的行业一致性与企业绩效负相关；高层管理团队的外部联系与企业战略的信息需求相一致能够提高企业绩效，具体来说，企业战略的行业一致性与高层管理团队的行业内联系的紧密匹配提高企业绩效，企业战略的行业非一致性与高层管理团队的行业外联系的紧密匹配提高企业绩效。关于高层管理团队的外部联系与企业战略匹配关系对企业绩效影响的命题，吉利特卡尼克兹和汉布里克是从管理匹配（managerial fit）的概念引出的，也就是只有企业高层管理团队的能力、经历与他们所从事的战略相匹配时企业才能取得好的绩效（Gupta and Govindarajan, 1984; Michel and Hambrick, 1992)。具体来说，他们认为，除非高层管理团队具有大量的产业内联系，否则企业仅仅是在模仿该行业企业运行外在的方面，而没有能够理解运行中的细节或微妙之处，这是非常危险的。显然，高层管理团队特征对于企业绩效的影响已经涉及战略实施层面。

洛尔克等（Lohrke et al., 2004）研究了企业高层管理团队在制定与实施企业扭转战略中的作用，他们基于对以往研究的综述提出一个企业扭转过程的拓展模型，他们认为企业高层管理团队对绩效危机的反应（包括战略制定与实施）依赖于三方面因素：其一，影响团队认知绩效下降的因素，如对环境的扫描行为和认知复杂性；其二，激励团队对绩效下降是否作出反应的因素，如绩效下降的因果属性和团队的自我利益；其三，影响团队反应并采取行动的能力因素，如权力、共识和资源。在该模型下，他们提出：高层管理团队对环境的扫描行为影响到企业的扭转战略进而绩效；具有更高认知复杂性的团队更可能认识到潜在的绩效下降并不将创新视为威胁而是正面看待创新的作用；如果高层管理团队将绩效下降的原因归结于内部因素会导致企业的战略调整；随着企业绩效的下降，高层管理团队成员可能有动力去做出维护个人利益、短期的决策，如采取反接管的防御机制以避免自己失业；高层管理团队成员之间的权力关系影响到企业扭转的战略选择及绩效；在低不确定的环境下，高层管理团队成员之间的共识增强了扭转战略的保障；在高不确定的环境下，高层管理团队成员之间缺乏共识增加了决策的可选择范围，从而提高了决策质量；高层管理团队所拥有的不同技能与能力对扭转企业衰退起不同的作用，如果引发企业衰退的环境变化并不是剧烈的，那么高层管理团队原有的资源还有价值，如果是环境巨变，那么原有的资源会失去价值。洛尔克等的研究仅仅提出模型、相关问题的研究总结及未来研究机会，并没有进行经验研究检验或其他检验。

五 总结与研究展望

（一）总体特征

1984年汉布里克和梅森高层梯队理论模型的提出是这个研究领域形成的标志。其后的研究主要是围绕高层梯队理论模型从几个方面进行拓展。这个领域研究的先驱者主要是欧美高校的学者，以美国高校学者为主；所研究的样本企业基本上都是以美国企业为研究对象（Yamak and Üsdiken），以其他发达国家企业为研究对象的不多，如威斯曼和伯德（Bird, 1993）以日本企业为研究对象，Papadakis 和 Barwise（2002）以希腊企业为研究对象。

研究方法以经验研究（统计研究）为主，个别采用案例研究方法。经验研究的样本选取，一般选择一类或几类具有某种特色的行业或类型企业，而且这些特色往往对应于某些环境因素,如计算机或高技术行业对应于环境高不确定性或高自由决策空间,天然气配送行业对应于低不确定性或低自由决策空间,很少使用缺乏特征的随机企业样板。

(二) 现有研究的不足与研究展望

已有的研究,甚至是一些最基础性的相关关系研究,如高层管理团队特征异质性与企业绩效之间关系的研究,出现相关关系不显著的,甚至不同样本研究之间结论互相冲突(Pitcher and Smith, 2001)。这类问题的出现暴露出现有的研究仍然存在如下不足,而这些不足与问题正是未来研究的重要关注点及可能突破之处:

(1) 对组织内外环境因素作为调节变量的研究仍然不足。在战略决策模型中,高层管理团队传记性特征与其他各类因素共同影响战略决策与企业绩效,不同的研究样本企业,其他类型影响因素会相差很大,但现有研究中所涉及的调节变量甚至控制变量远远少于现有战略决策模型所提及的,另外仍有一些未被观测的内外部环境因素。

(2) 对中间过程变量的研究仍然不足。由于团队过程理论本身不够成熟,加之高阶梯队模型与团队过程模型融合仍然不够,团队过程中的权力分配、冲突、沟通以及行为整合等因素作为团队特征、战略决策的调节或中介变量所产生的影响仍不够清晰。

(3) 缺乏对制度、文化因素影响的研究。由于现有的研究主要是以美国企业作为样本进行的,所以制度与文化因素的影响被内化。中国文化背景下,高层管理团队领导者的重要性更加突出,富萍萍等(2004)曾指出,对中国企业高层管理团队的研究应该将领导者与成员分开来讨论,虽然不同行业领导者的决定作用会不同,但现有的研究基本上没有考虑到这一建议。

(4) 缺乏对企业中其他群体的研究。哈特(1992)基于战略决策过程中企业高管和员工角色的差异,划分出5种战略决策过程模式,说明不同企业高层管理团队在战略决策中角色会存在较大的差异,当然这又与制度、文化因素有关。此外,战略影响企业的绩效要经过战略制定和战略实施两个阶段,因此企业的绩效不仅仅依赖高层管理人员,还依靠其他管理人员(Carpenter and Fredrickson, 2001),由于缺乏对中层等管理人员相关影响的共同研究,出现不同研究样本之间的结论彼此矛盾的问题。

(5) 忽视团队特征、过程、绩效之间的相互作用。现有的研究对高层管理团队特征、战略决策与企业绩效的研究采取单向机制,而现实中这些因素之间的作用是双互的(Hambrick, 2007)。例如,高层管理团队的构成和行为直接影响组织绩效,同时企业绩效也会影响对团队构成人员的选择;高层管理团队对企业的战略选择直接起作用,但当战略发生变化时团队成员往往也会发生改变,即特征和绩效、特征和战略选择之间是相互作用的。

（6）缺少案例研究。汉布里克和梅森（1984）的高层梯队理论模型，强调的是高层管理团队的背景特征（即人口学特征），而非团队成员的心理属性。高层梯队理论模型在研究方法方面某种程度上解决了研究对象的可观测性（因为企业高层管理人员，特别是大企业高层管理人员的心理特征数据是非常难以得到的），但高层管理团队人口学特征的运用又使研究者对于驱动高层管理人员行为的真实心理与社会过程困惑不解，劳伦斯（1997）称之为高层管理团队研究的"黑箱"问题。现有大多数研究采用统计研究，仅仅有个别的案例研究（如 Pitcher and Smith, 2001），而且案例研究的出现大大晚于统计研究。案例研究采取问卷与访谈等方式，考察了高层管理团队人口学特征与高层管理团队行为之间的心理与社会过程，能够更好地透视"黑箱"。

参考文献

1. 富萍萍、James L. Farr、彭泗清、陈原、阎学煌、王二平、罗凤英、李永娟、付首清、彭庆红：《高新技术企业中的高层管理团队（TMT）的特征和过程》，徐淑英和刘忠明：《中国企业管理的前沿研究》，北京大学出版社 2004 年版。

2. 孙海法、姚振华、严茂胜：《高管团队人口统计特征对纺织和信息技术公司经营绩效的影响》，《南开管理评论》2006 年第 6 期。

3. 魏立群、王智慧：《我国上市公司高管特征与企业绩效的实证研究》，《南开管理评论》2002 年第 4 期。

4. 杨云：《高层管理团队组成特征与饭店绩效关系的实证研究——以湖南、广东省中高档星级饭店为例》，《旅游科学》2008 年第 22 期。

5. 张平：《高层管理团队的异质性与企业绩效的实证研究》，《管理学报》2007 年第 4 期。

6. Aldrich, H. E., *Organizations and Environments* [M]. Englewood Cliffs, NJ: Prentice Hall, 1979.

7. Amason A. C., Distinguishing the Effects of Functional and Dysfunctional Conflict on Strategic Decision Making Resolving a Paradox for Top Management Teams [J]. *Academy of Management Journal*, 1996, 39 (1): 123 – 148.

8. Ancona, D., & Caldwell, D., Demography and Design: Predictors of New Product Team Development [J]. *Organization Science*, 1992, 3: 321 – 341.

9. Andrews, K. R., *The Concept of Corporate Strategy* [M]. Homewood, IL: Richard D. Irwin, 1971.

10. Ansoff, H. I., *Corporate Strategy: An Analytic Approach to Business Policy for Growth and Expansion* [M]. New York: McGraw – Hill, 1965.

11. Argyris, C. & Schon, D., *Organizational Learning: A Theory of Action Perspective* [M]. Reading, MA: Addison – Wesley, 1978.

12. Armstrong, J., The Value of Formal Planning for Strategic Decisions: Review of Empirical Research [J]. *Strategic Management Journal*, 1982, 3: 197 – 211.

13. Astley, W. G. & Van de Ven, A. H., Central Perspectives and Debates in Organizational Theory [J]. *Administrative Science Quarterly*, 1983, 28: 245 – 273.

14. Bantel, K. & Jackson, S., Top Management and Innovations in Banking: Does the Composition of the Top Team Make a Difference? [J]. *Strategic Management Journal*, 1989, 10: 107 – 124.

15. Barrick, M. R., Bradley, B. H. & Colbert, A. E., the Moderating Role of Top Management Team Interdependence: Implications For Real Teams and Working Groups [J]. *Academy of Management Journal*, 2007, 50 (3): 544 – 557.

16. Boeker, Warren (a), Executive Migration and Strategic Change: The Effect of Top Manager Movement on Product – Market Entry [J]. *Administrative Science Quarterly*, 1997, 42 (2): 213 – 236.

17. Boeker, Warren (b), The Influence of Managerial Characteristics and Organizational Growth [J]. *The Academy of Management Journal*, 1997, 40 (1): 152 – 170.

18. Bourgeois, L. J. (b), Strategic Goals, Perceived Uncertainty and Economic Performance [J]. *Academy of Management Journal*, 1985, 28 (3): 548 – 573.

19. Bourgeois, L. J., & D. Brodwin, Strategic Implementation: Five Approaches to an Elusive Phenomenon [J]. *Strategic Management Journal*, 1984, 5: 241 – 264.

20. Bourgeois, L. J. (a), Performance and Consensus [J]. *Strategic Management Journal*, 1980, 1 (3): 227 – 248.

21. Carlson, R. O., *School Superintendents: Career and Performance* [M]. Columbia, OH: Merrill, 1972.

22. Carpenter, M. A. & Fredrickson, J. W., Top Management Teams, Global Strategic Posture, and The Moderating Role of Uncertainty [J]. *Academy of Management Journal*, 2001, 44 (3): 533 – 545.

23. Chandler, A. D., *Strategy and Structure* [M]. Cambridge, MA: MIT Press, 1962.

24. Child, J., Organization Structure, Environment and Performance: The Role of Strategic Choice [J]. *Sociology*, 1972, 6: 2 – 22.

25. Collin, O., & Moore, D., *The Organization Makers* [M]. New York: Appleton – Century – Crofts, 1970.

26. Collins, C. J. & Clark, K. D., Strategic Human Resource Practices, Top Management Team Social Networks, and Firm Performance: The Role of Human Resource Practices in Creating Organizational Competitive Advantage [J]. *Academy of Management Journal*, 2003, 46 (6): 740 – 751.

27. Dess, G. G. Consensus on Strategy Formulation and Organizational Performance: Competitors in a Fragmented Industry [J]. *Strategic Management Journal*, 1987, 8 (3): 259 – 277.

28. Dutton, J., Fahey, L., Narayanan, V. K., Toward Understanding Strategic Issue Diagnosis [J]. *Strategic Management Journal*, 1983, 4: 307 – 323.

29. Eisenhardt, K. M. & Bourgeois, L. J. I., Politics of Strategic Decision Making in High – Velocity Environments: Toward a Midrange Theory [J]. *Academy of Management Journal*, 1988, 31: 737 – 770.

30. Eisenhardt, K. M., Making Fast Strategic Decision in High Velocity Environments [J]. *Academy of Management Journal*, 1989, 32: 543–576.

31. Ensley, M. D., Pearce, C. L., Shared Cognition in Top Management Teams: Implications for New Venture Performance [J]. *Journal of Organizational Behavior*, 2001, 22: 145–160.

32. Ferrier, Walter J. & Lyon, Douglas W., Competitive Repertoire Simplicity and Firm Performance: The Moderating Role of Top Management Team Heterogeneity [J]. *Managerial and Decision Economics*, 2004, 25: 317–327.

33. Finkelstein, Sydney & Hambrick, Donald C., Top Management Team Tenure and Organizational Outcomes: The Moderating Role of Managerial Discretion [J]. *Administrative Science Quarterly*, 1990, 35: 484–503.

34. Fiol, M. & Lyles, M., Organizational Learning [J]. *Academy of Management Review*, 1985, 10: 803–813.

35. Fredrickson, J. W. & Iaquinto, A. L., Inertia and Creeping Rationality in strategic Decision Processes [J]. *Academy of Management Journal*, 1989, 32: 516–542.

36. Fredrickson, J. W. & Mitchell, T. R., Strategic decision Processes: Comprehensiveness and Performance in an Industry with an Unstable Environment [J]. *Academy of Management Journal*, 1984, 27: 399–423.

37. Fredrickson, J. W., The Comprehensiveness of Strategic Decision Processes: Extension, Observation, Future Decisions [J]. *Academy of Management Journal*, 1984, 27: 445–466.

38. Geletkanycz, M. A. & Hambrick, D. C., The External Ties of Top Executives: Implications for Strategic Choice and Performance [J]. *Administrative Science Quarterly*, 1997, 42: 654–681.

39. Goll, I. & Rasheed, A. M. A., Rational Decision-Making and Firm Performance: the Moderating Role of Environment [J]. *Strategic Management Journal*, 1997, 18 (7): 583–591.

40. Grinyer, P. & Norburn, D., Planning For Existing Markets: Perceptions of Executives [J]. *Journal of the Royal Statistical Society*, 1975, 138 (1): 70–97.

41. Gupta, A. K. & Govindarajan, V., Business Unit Strategy, Managerial Characteristics, And Business Unit Effectiveness At Strategy Implementation [J]. *Academy of Management Journal*, 1984, 27: 25–41.

42. Haleblian, J. & Finkelstein, S., Top Management Team Size, CEO Dominance, and Firm Performance: the Moderating Roles of Environmental Turbulence and Discretion [J]. *Academy of Management Journal*, 1993, 36 (4): 844–863.

43. Hambrick, D. C. & Phyllis A. Mason, Upper Echelons: The Organization as a Reflection of its Top Managers [J]. *Academy of Management Review*, 1984, 9 (2): 193–206.

44. Hambrick, D. C., Theresa Seung Cho & Ming-Jer Chen, The Influence of Top Management Team Heterogeneity on Firms' Competitive Moves [J]. *Administrattve Science Quarterly*, 1996, 41: 659–684.

45. Hambrick, D. C., Top Management Groups: A Conceptual Integration and Reconsider-

ation of the Team Label [C], in Staw, B. M. & Cummings, L. L. (Eds.), *Research in Organizational Behavior*, 1994, 16: 171 - 214, Greenwich, CT: JAI Press.

46. Hambrick, D. C., Upper Echelons Theory: An Update [J]. *Academy of Management Review*, 2007, 32 (2): 334 - 343.

47. Hamel, G. & Prahalad, C. K., Strategic Intent [J]. *Harvard Business Review*, 1989, 67 (3): 63 - 76.

48. Hart, S., An Integrative Framework for Strategy - Making Processes [J]. *Academy of Management Review*, 1992, 17: 327 - 351.

49. Hasegawa, K., *Japanese - style Management* [M]. Tokyo: Kodansha International, 1986.

50. Helmich, D. L. & Brown, W. B. Successor Type and Organizational Change in the Corporate Enterprise [J]. *Administrative Science Quarterly*, 1972, 17: 371 - 381.

51. Herrmann, Pol & Datta, D. K., Relationships between Top Management Team Characteristics and International Diversification: An Empirical Investigation [J]. *British Journal of Management*, 2005, 16: 69 - 78.

52. Hitt, M. A. & Tyler, B. B., Strategic Decision Models: Integrating Different Perspectives [J]. *Strategic Management Journal*, 1991, 12 (5): 327 - 351.

53. Hofer, C., & Schendel, D., *Strategy Formulation: Analytical Concepts* [M]. St. Paul: West Publishing Company, 1986.

54. Hough, Jill R., ogilvie, dt., An Empirical Test of Cognitive Style and Strategic Decision Outcomes [J]. *Journal of Management Studies*, 2005, 42 (2): 417 - 448.

55. Imai, M., *Kaizen* [M]. New York: Random House, 1986.

56. Itami, H., *Mobilizing Invisible Assets* [M]. Cambridge, MA: Harvard University Press, 1987.

57. Judge, W. Q. & Miller, A. Antecedents and Outcomes of Decision Speed in Different Environmental Contexts [J]. *Academy of Management Journal*, 1991, 34 (2): 449 - 463.

58. Kanter, R., *The Change Masters* [M]. New York: Simon & Schuster, 1983.

59. Keck, Sara L., Top Management Team Structure: Differential Effects by Environmental Context [J]. *Organization Science*, 1997, 8 (2): 143 - 156.

60. Kellermanns, F. W., Walter, J., Lechner, C., Floyd, S. W., The Lack of Consensus about Strategic Consensus: Advancing Theory and Research [J]. *Journal of Management*, 2005, 31 (5): 719 - 737.

61. Lawrence, B. S, The Black Box of Organizational Demography [J]. *Organization Science*, 1997, 8 (1): 1 - 22.

62. Levy, Orly, The Influence of Top Management Team Attention Patterns on Global Strategic Posture of Firms [J]. *Journal of Organizational Behavior*, 2005, 26: 797 - 819.

63. Lohrke, F. T., Bedeian, A. G. & Palmer, T. B., The Role of Top Management Teams in Formulating and Implementing Turnaround Strategies: A Review and Research Agenda [J]. *International Journal of Management Reviews*, 2004, 5 (6): 63 - 90.

64. Lyles, M. & Mitroff, I., Organizational Problem Formulation: An Empirical Study [J]. *Administrative Science Quarterly*, 1980, 25: 102 - 119.

65. Michel, John G. & Donald C. Hambrick, Diversification Posture and Top Management Team Characteristics [J]. *Academy of Management Journal*, 1992, 35 (1): 9 – 37.

66. Mintzberg, H., Strategy Making in Three Modes [J]. *California Management Review*, 1973, 16 (2): 44 – 53.

67. Mintzberg, H. & McHugh, A., Strategy Formation in an Adhocracy [J]. *Administrative Science Quarterly*, 1985, 30: 160 – 197.

68. Mintzberg, H. & Waters, J., Tracking Strategy in an Entrepreneurial Firm [J]. *Academy of Management Journal*, 1982, 25: 465 – 499.

69. Mintzberg, H., Crafting Strategy [J]. *Harvard Business Review*, 1987, 65 (5): 66 – 75.

70. Montanari, J. R., Managerial Discretion: An Expanded Model of Organization Choice [J]. *Academy of Management Review*, 1978, 3: 231 – 241.

71. Mooney, A. C., Amason, A. C. & Sonnenfeld, J., Exploring Antecedents to Conflict during Strategic Decision Making: The Importance of Behavioral Integration [C]. Academy of Management Meetings, Washington, DC, August, 2001.

72. Nonaka, I., Toward Middle – up – down Management: Accelerating Information Creation [J]. *Sloan Management Review*, 1988, 29 (3): 9 – 18.

73. O'Reilly, C., Snyder, R. & Boothe, J., Effects of Executive Team Demography on Organizational Change [C], in G. Huber & W. Glick (Eds.), *Organizational Change and Redesign*, 147 – 175, New York: Oxford University Press, 1993.

74. O'Reilly, C. A., Caldwell, D. F. & Barnett, W. P., Work Group Demography, Social Integration, and Turnover [J]. *Administrative Science Quarterly*, 1989, 34: 21 – 37.

75. Papadakis, V. M. & P. Barwise, How Much Do CEOs and Top Managers Matter in Strategic Decision – making? [J]. *British Journal of Management*, 2002, 13: 83 – 95.

76. Peters, T. & Waterman, R., *In Search of Excellence* [M]. New York: Harper & Row, 1982.

77. Pfeffer, J. & Salancik, G., *the External Control of Organizations: A Resource Dependence Perspective* [M]. New York: Harper & Row, 1978.

78. Pitcher P, Smith A D. Top Management Team Heterogeneity: Personality, Power, and Proxies [J]. *Organization Science*, 2001, 12 (1): 1 – 18.

79. Priem, R. L. Top Management Team Group Factors, Consensus, and Firm Performance [J]. *Strategic Management Journal*, 1990, 11 (6): 469 – 478.

80. Rajagopalan, N, A. A. Rasheed & D. Datta, Strategic Decision Processes: Critical Review and Future Directions [J]. *Journal of Management*, 1993, 19 (2), 349 – 384.

81. Rhyne, L., the Relationship of Strategic Planning to Financial Performance [J]. *Strategic Management Journal*, 1986, 17: 423 – 436.

82. Romanelli, E. & Tushman, M. L., Inertia, Environments, and Strategic Choice: A Quasi – Experimental Design for Comparative – Longitudinal Research [J]. *Management Science*, 1986, 32: 608 – 621.

83. Schweiger, D. M., Sandberg, W. R. & Ragan, J. W., Group Approaches for Improving Strategic Decision Making: A Comparative Analysis of Dialectical Inquiry, Devil's Advoca-

cy, and Consensus Approaches to Strategic Decision Making [J]. *Academy of Management Journal*, 1986, 29: 51 - 71.

84. Siegel, P. A. & Hambrick D. C., Pay Disparities within Top Management Groups: Evidence of Harmful Effects on Performance of High - Technology Firms [J]. *Organization Science*, 2005, 16 (3): 259 - 274.

85. Simsek, Z., Veiga, J. F., Lubatkin, M. H. & Dino, R. N., Modeling the Multilevel Determinants of Top Management Team Behavioral Integration [J]. *Academy of Management Journal*, 2005, 48: 69 - 84.

86. Slovic, P., Fischhoff, B. & Lichtenstein, S., Behavioral Decision Theory [J]. *Annual Review of Psychology*, 1977, 28: 1 - 39.

87. Smith, K. G., Smith, K. A. & Olian, J. D. et al., Top Management Team Demography and Process: The Role of Social Integration and Communication [J]. *Administrative Science Quarterly*, 1994, 39: 412 - 438.

88. Tushman, M. & Nadler, D., Organizing for innovation [J]. *California Management Review*, 1986, 28 (3): 74 - 92.

89. Venkatraman, N. & Ramanuiam, V., Measurement of Business Performance in Strategy Research: A Comparison of Approaches [J]. *Academy of Management Review*, 1986, 11 (4): 801 - 814.

90. Wieraema, M. F. & Bird A., Organizational Demography in Japanese Firms: Group Heterogeneity, Individual Dissimilarity and Top Management Team Turnover [J]. *Academy of Management Journal*, 1993, 36: 996 - 1025.

91. Wiersema, M. F. & Bantel, K. A., Top Management Team Demography and Corporate Strategic Change [J]. *Academy of Management Journal*, 1992, 35 (1): 91 - 121.

92. Wood, D. & La Forge, R., The Impact of Comprehensive Planning on Financial Performance [J]. *Academy of Management Journal*, 1979, 22: 516 - 526.

93. Wooldridge, B. & Floyd, S. W., Strategy Process, Middle Management Involvement and Organizational Performance [J]. *Strategic Management Journal*, 1990, 11 (3): 231 - 242.

94. Yamak, Sibel & Behlül üsdiken, Economic Liberalization and the Antecedents of Top Management Teams: Evidence from Turkish Big Business [J]. *British Journal of Management*, 2006, 17 (3): 177 - 194.

95. Zimmerman, Monica A., The Influence of Top Management Team Heterogeneity on the Capital Raised Through an Initial Public Offering [J]. *Entrepreneurship Theory and Practice*, 2008, 32 (3): 391 - 414.

单边效应与合并模拟的研究进展及判例评述[*]

刘丰波 吴绪亮

内容提要 传统的合并竞争分析主要集中在市场集中度及协调效应分析,而随着计算机模拟技术和单边效应理论的发展,运用合并模拟方法来分析单边效应越来越成为一种趋势。合并模拟量化了合并的单边效应,这有助于反垄断当局对合并计划作出合理的分析。但是,合并模拟模型使用存在很多限制条件,在合并分析中往往需要结合合并模拟分析和传统的结构分析。当前世界主要反垄断执法机构对合并模拟方法均采取"附条件采用"的态度。

关键词 单边效应 合并模拟 反垄断法

一 引言

合并活动既可以带来巨大的规模经济和范围经济等收益,又可能限制竞争,阻碍创新,从而影响经济的发展。一般而言,横向合并的竞争分析包括市场界定(market definition)、市场份额和市场集中度计算、单边效应分析、协调效应(coordinated effects)分析、市场进入(entry)分析、抗衡性买方势力(countervailing buyer power)、效率(efficiencies)分析和破产企业(failing firm)抗辩等。传统的合并竞争分析主要集中在市场集中度以及协调效应分析,而随着计算机模拟技术和单边效应理论的发展,单边效应分析起着越来越大的作用,并且其中合并模拟(merger simulation)等方法日益成为分析单边效应的重要工具。

在不同的市场中,企业通过单边作用减少竞争的形式也不相同,具体可

---

[*] 国家自然科学基金项目《转型经济中买方垄断势力的成因、作用机理与公共政策研究》(70603024)、辽宁省教育厅文科基地项目《中国典型产业买方垄断问题的理论重构与实证检验》(WJ2010026)。

作者简介:刘丰波,东北财经大学产业组织与企业组织研究中心研究生;吴绪亮,清华大学法学院博士后研究人员,东北财经大学产业组织与企业组织研究中心研究人员。

分为差别产品市场上的单边效应、同质产品市场上的单边效应和拍卖市场上的单边效应三种情况。

差别产品市场是消费品竞争的重心。实际上，几乎所有的消费品都存在各种差别，有些差别是物质上差异引起的，有些差别是地理上的，而有些差别则是观念上的。但是，不管这个差别是怎么造成的，都使得不同产品之间并不能完全替代，而且每两种产品的替代性都是不一样的，有些产品的替代性较强，而有些产品的替代性较差。如在啤酒市场上，一般存在黑啤酒、浓啤酒和淡啤酒三种类型的啤酒，两种淡啤酒之间的替代性比一种淡啤酒和一种浓啤酒的替代性强。因而即使是市场上有许多竞争者，但是，由于各产品之间是有限替代的，而替代性强弱各不相同，所以竞争并不是完全的。在这种情况下，如果两家生产替代性很强的产品的企业进行合并，就可能产生市场势力，削弱市场上的竞争。相反，两家替代性较弱的企业进行合并，虽然合并后占有较大的市场份额，也可能不会对市场竞争产生实质的影响。正如Budzinski 和 Ruhmer（2009）指出的，"一起在合并后占有相对较小的市场份额但产品之间的替代性很强的合并所产生的危害，远远大于一起合并后占有显著较高的市场份额但产品之间的替代性较弱的合并"。

在同质产品市场上，企业之间的区别主要在于产能，如果两家企业的合并使得合并后的合并企业占有相当大的市场份额，那么就能获取较大的市场势力，从而有能力和动机单方面提高价格或者降低产量。因为合并企业占有如此大的份额，以至于其他企业不能充分替代其减少的产出，最终价格会上涨。只要价格上涨带来的收益能够弥补由于价格上涨而带来的销售流失所产生的损失，那么涨价就是有利的。

在某些情况下，产品以拍卖形式进行交易，在这个市场上如果市场是不对称的，两家最可能中标（评价最高）的投标者进行合并就会压低中标价格，损害委托人的利益。在第一密封价格拍卖市场上，中标价格仅仅比第三高的评价高一点，而在第二密封价格拍卖市场上，合并企业赢得拍卖，并以第三高的评价支付。可见不管是何种形式的拍卖，评价最高的两位投标者进行合并都会损害委托人的利益。

而如果市场是对称的，那么合并就会减少参与拍卖的投标者的数量，此时包括参与合并的投标者和未参与合并的投标者的最优反应都是压低出价，这种压低出价是由于参与拍卖的投标者的数量减少所致，而不是合谋所致。参与拍卖的投标者的市场势力因合并减少投标者的数量而得到增强，相应地就会压低出价，最终中标的价格也会下降，从而损害委托人的利益。

二　理论研究进展评述

实证分析单边效应的方法通常包括合并模拟（merger simulation）、简化估计（reduced-form estimation）、剩余需求估计（residual demand estimation）和事件研究法（event-study methodology）等，其中，合并模拟方法的应用与发展最为迅速。

合并模拟使用博弈论模型定量预测一起合并的单边效应。Werden 和 Froeb（2008）将合并模拟定义为"合并模拟根据产业里诸如价格、产出等重要特征来校正一个一次非合作寡头博弈模型（one-shot noncooperative oligopoly game），而后使用校正的模型来计算合并后的均衡，这种均衡内化了个合并企业之间的竞争"。合并模拟的目的在于仅使用合并前的数据来预测在合并后的新市场结构下，每种产品的均衡价格和数量的变化。

合并模拟主要用于差别产品市场，因为在该市场上产品之间并不是完全替代的，所以以市场份额和市场集中度测量为代表的传统合并分析方法得出的结果存在很大的问题。两种差别产品的合并所引起的反竞争效应主要取决于价差价格弹性，而市场份额几乎不能够直接反映出交叉价格弹性。在过去的十多年里，合并模拟和需求弹性的计量估计已普遍用于分析差别产品市场的合并。甚至有人说，"合并政策的分析框架的最大变化就是模拟分析的出现"（Werden and Froeb，2008）。

在合并模拟中，模型的选择至关重要，所选择的模型必须能够与所分析的行业的特征相吻合，虽然这并不意味着模型必须与市场的每个细节都要吻合。正如 Werden 等（2004）说的"除非用于模拟的寡头模型与产业吻合，否则执法当局或法院并不会重视合并模拟"。

Budzinski 和 Ruhmer（2009）利用两步法来对合并模拟模型进行分类，第一步根据竞争模式把诸多模型分为伯川德模型（Bertrand models）、拍卖模型（auction models）以及古诺和供给函数模型（cournot and supply function models），第二步根据需求模式把伯川德模型细分为线性和双对数线性模型（linear and log-linear demand models）、离散选择需求模型（discrete choice demand models）、近乎理想需求模型（AIDS）和按比例校准的近乎理想需求模型（PCAIDS）以及多层需求估计模型（multi-level demand estimation model）。拍卖模型分为第一密封价格拍卖模型（the first-price veiled auction model）和次价拍卖模型（the second-price auction model）。而离散选择模型又可以细分为 Logit 模型（Logit model）、嵌套 Logit 模型（Nested logit model）和随机系数模型（Random coefficients model）。此外，由于距离测量模型（distance-metric model）分析的也是差别产品市场，所以本文认为应将其归入伯川德模型之中。

（一）伯川德模型

虽然伯川德模型包含众多模型，每个模型的具体需求形式都不一样，但是这些模型都假设边际成本在一定产出范围内不变，也不存在市场进入。为了预测合并后的价格，就要计算出各产品的自价格弹性（own-price demand elasticities）和交叉价格弹性（cross-price demand elasticities）。弹性系数又取决于模型的需求曲线，所以需求曲线的选择严重影响模拟的结果。克鲁克等（Crooke et al.，1999）指出，在其他条件相同时，双对数线性模型预测的价格增长最大，其次是 AIDS，而 Logit 模型和线性需求模型预测的价格增长较低。

1. 线性和双对数线性模型

线性和双对数线性模型是最简单的需求模型。根据 Budzinski 和 Ruhmer（2009）的描述，该模型的一般表述为

$$q_i = a_i + \sum_j b_{ij} p_j + \sum_k \gamma_{ik} z_k \tag{1}$$

$$\log q_i = a_i + \sum_j \beta_{ij} \log p_j + \sum_k \gamma_{ik} z_k \tag{2}$$

其中，z_k 为需求转移变量的向量，q 为数量，p 为价格。

线性和双对数线性模型的优点在于评估合并价格效应时非常简单，因为模型的自价格弹性和交叉价格弹性固定不变，可以直接纳入模型之中。但其缺点在于脱离现实，当一起合并显著改变价格和市场份额的时候，势必会改变自价格弹性和交叉价格弹性，因而线性和双对数线性模型的假设难以成立。双对数线性模型甚至在有些情况下不存在均衡解，或者预测出负的结果。因此，在实际中很少使用线性和双对数线性模型来进行单边效应分析，即使执法当局使用线性和双对数线性模型来分析，也仅仅将其结果作为参考而已（Budzinski and Ruhmer，2009）。

2. 离散选择需求模型

如果可以获取价格、数量和其他产品特征等信息的话，就可以使用离散选择模型来描述市场需求（Budzinski and Ruhmer，2009）。离散选择模型基本思路为：消费者的效用取决于价格等可观察的产品特征、不可观察的产品特征和消费者个人偏好，消费者会选择一组使其效用达到最大化的产品。离散选择模型把总市场[①]上的商品定义为内在商品（inside good）和外在商品（outside good）。内在商品是在被研究的市场上可供消费者选择的商品；外在商品是指消费者会选择但是不属于内在商品的商品。如在存款市场上，可以把主要的大型商业银行提供的存款服务当做内在商品，而把其他的小银行、信用社和其他提供存款服务的机构提供的服务视为外在商品。外在商品的定义非常重要，如果没有外在商品，价格上涨可能不会对总需求产生影响，这与微观经济理论相悖。但是，外在商品的定义也产生了不便之处，这时候市场份额不再能够根据观察到的数值直接计算得到（Budzinski and Ruhmer，2009）。比里（Beery，1994）建议用家庭的数目确定潜在市场规模，或者用总市场数据来估计市场份额。

---

① 总市场就是所有能够满足消费者某需求的产品组成的市场。

根据上文可知，离散选择模型具体包括 Logit 模型、嵌套 Logit 模型和随机系数模型。这三个模型，从前往后越来越复杂，计算工作量也越来越大，但是结果也是越来越精确。所有的离散选择模型都存在的缺点是：从空间上看，模型只考虑了多种产品中的一种；从时间上看，模型只考虑了一小段时间（Budzinski and Ruhmer，2009）。在连续选择需求市场里，离散选择模型并不能描述消费者的实际选择行为[①]。

（1）Logit 模型。又称反垄断 Logit 模型（简称 ALM），是目前使用最广泛的模型。该模型假设市场上有 n 家企业，每家企业只生产一种产品。记消费者 i 购买企业 j（$j \in n$）的产品 j 所获得的效用为 $U(\zeta_i, p_j, x_j, \xi_i, \theta)$，其中 ζ_i 为未观察到的消费者个人所特有偏好，p_j 为价格，x_j 为已经观察到的产品属性，ξ_i 为经济计量学家无法观察到的产品属性，如产品质量、售后服务、广告等，θ 为需求参数。进一步假定只存在唯一的消费者个人所特有偏好 ε_{ij}，则效用函数可表示为

$$U(\zeta_i, p_j, x_j, \xi_j, \theta) = x_j\beta - \alpha p_j + \xi_j + \varepsilon_{ij} = \delta_j + \varepsilon_{ij} \tag{3}$$

其中 $\delta_j = x_j\beta - \alpha p_j + \xi_j$ 为产品 j 的平均效用水平。有关消费者的偏好通过 ε_{ij} 进入模型，如果进一步假设 ε_{ij} 是独立同分布（i.i.d）的随机扰动项，服从双指数分布 $\exp(-\exp(-\varepsilon_{ij}))$[②]，就可以通过以下的 Logit 公式求出产品 j 的市场份额

$$s_j(\delta) = e^{\delta_k} / \sum_{k=0}^{n} e^{\delta_k} \tag{4}$$

用 0 表示外在商品，其平均效用为零，那么有

$$\ln s_j - \ln s_0 = \delta_j = x_j\beta - \alpha p_j + \xi_j \tag{5}$$

利用上式对收集到的数据进行回归，计算出产品 j 市场份额之后就可以计算出 δ_j。这样就可以根据估计参数 α、价格 p_j 和市场份额 s_j，得出产品 j 的自价格弹性 η_{jj} 和交叉价格弹性 η_{jk} 以及总需求弹性 η。

$$\eta_{jj} = -\alpha p_j(1 - s_j) \tag{6}$$

$$\eta_{jk} = \alpha p_k s_k \tag{7}$$

$$\eta = \alpha p^* s_0 \tag{8}$$

其中 p^* 为合并前所有产品的加权平均价格，权数为合并前各产品所占市场份额。从上式可知，Logit 模型只包括总需求弹性 η 和估计参数 α 两个参数，总需求弹性 η 度量了外在商品和内在商品的替代性，而估计参数 α 度量的是内在商品之间的替代性。

一般使用最大似然估计来估计 Logit 模型。Logit 模型的优点在于计算简

[①] Foncel、Ivaldi 和 Motis（2006）将需求模型分为连续选择模型和离散选择模型，双对数线性模型和 AIDS 都属于连续选择模型。日常生活产品的需求属于连续选择需求。

[②] 双指数分布又称 Weibull 分布、第 I 类极值分布（Type I extreme value distribution），即：$F(\varepsilon_{ij}) = \exp(-\exp(-\varepsilon_{ij}))$。

单,所需资料也少,因此备受经济学家的推崇。但是 Logit 模型得出的结果并不精确,所有的弹性与价格和市场份额成线性相关,在弹性矩阵里,同一列里的所有非对角线的元素相等。只有在不存在关于个人偏好的先验信息,或者不能够通过实证检验时才使用该模型。此外,s_j 是产品 j 在总市场里占有的比例,而总市场还包括外在产品,所以估计的弹性对外在产品的选择非常敏感。尽管如此该模型仍然被视为"对传统反垄断分析的重大跨越"(Werden et al., 1996)。

其实,Logit 模型的最大缺点在于受到"独立于无关产品"(independence of irrelevant alternatives, IIA)假设的严格限制。IIA 规定任何两种产品的选择概率比,只取决两产品的效用,与其他任何产品的总效用(systematic utilities)完全无关,即:

$$\frac{s_j(\delta)}{s_l(\delta)} = \frac{e^{\delta_j} \Big/ \sum_{k=0}^{n} e^{\delta_k}}{e^{\delta_l} \Big/ \sum_{k=0}^{n} e^{\delta_k}} = \frac{e^{\delta_j}}{e^{\delta_l}} \tag{9}$$

这意味着,当一种产品的价格上涨时,消费者按照市场上其他产品的市场份额成比例地转移到其他产品上去。IIA 假设极大便利了模型的估计,而且还使新产品需求估计成为可能。但是 IIA 假设不符合现实,根据前文可知在差别产品市场上不同的产品具有不同的替代性,产品之间的替代性有强有弱。

(2) 嵌套 Logit 模型(简称 NL),是简单 Logit 模型的一般化。前者与后者的不同之处在于,为了解释不同产品之间的替代程度,它引入了组(nest 或 group)的概念。这些"组"是预先划定的,在把总市场分为外在产品和内在产品之后,再将内在产品细分为若干组,这些组囊括内在市场上所有的产品,而且每种产品只能归属于其中一个组,而将外在产品分入组 0。分的组越多,计算就越复杂,结果越精确。分组的结果是组间产品替代性比组内产品的替代性差。例如,轿车市场可以分为经济型、标准型和豪华型三个小组,与标准型内各汽车品牌的替代性相比,经济型与标准型的替代性较差。

嵌套 Logit 模型的需求等式为

$$\ln s_j - \ln s_0 = x_j \beta - \alpha p_j + \sigma \ln s_g^j + \xi_j \tag{10}$$

其中,s_g^j 为产品 j 在其所属的小组 g 的份额。参数 σ($0 \leq \sigma \leq 1$)度量的是组内的偏好的相关关系,在简单 Logit 模型里等于零。

在嵌套 Logit 模型中,自价格弹性和交叉价格弹性为:

$$\eta_{jj} = -\alpha p_j \left[1 \Big/ (1-\sigma) - s_j - \sigma \Big/ \frac{\sigma}{(1-\sigma)} s_g^j \right] \tag{11}$$

$$\eta_{jk} = \begin{cases} \alpha p_k \left[s_k + \sigma/(1-\sigma) s_g^k \right] & k \neq j, \ k \in g \\ \alpha p_k s_k & k \neq j, \ k \notin g \end{cases} \tag{12}$$

上式计算出来的弹性比简单 Logit 模型计算出来的弹性更具一般性。在弹性矩阵里,同一列里的非对角线的元素具有两个值,取决于相互竞争的产品是否属于同一小组,如在同一小组下弹性相等,否则不等。

此外还可以对嵌套 Logit 模型进行扩展。有一种扩展方法是令参数 σ 为产品特征的函数,即 $\sigma_j = \sigma(x_j)$。如葡萄酒的产品特征一般为酒精度、生产的酒庄、年份和产品类型。这种扩展允许弹性随着这些特征而不同。

一般来说,可以使用最大似然估计来估计嵌套 Logit 模型。嵌套 Logit 模型的优点在于如果组的划分合理的话,那估计出来的结果更加精确,更加符合现实,却保持了简单 Logit 模型的运算优势。但是,该模型仍然受到 IIA 的限制,因为组内的产品依然暗含着 IIA 假设(Nevo,2000)。而且如果产品可以根据多种产品特征来划分小组,那就要对这些产品特征的重要性进行排序。模型估计出来的结果与排序密切相关。此外,估计结果对外在商品的选择非常敏感。

(3) 随机系数模型。Logit 模型和嵌套 Logit 模型假设所有的消费者对于同一产品的偏好相同,且仅用 ε_{ij} 来描述消费者个人所特有偏好的影响,这是不符合实际情况的,实际上对同一件产品,不同的消费者具有不同的偏好。比里等(1995)提出的随机系数模型正好可以解决这个问题,该模型认为个人和产品特征之间存在相互关系,不同的消费者对于同一件产品的偏好是不同的。在随机系数模型里,产品 j 的效用由平均效用水平 δ_j 和消费者个人所特有偏好对平均效用的偏离 μ_{ij} 组成,其中 μ_{ij} 表示个人和产品特征之间的相互关系。则效用函数表示为

$$U(\zeta_i, p_j, x_j, \xi_j, \theta) = x_j\beta - \alpha p_j + \xi_j + \mu_{ij} + \varepsilon_{ij} = \delta_j + \mu_{ij} + \varepsilon_{ij} \tag{13}$$

其中,$\delta_j = x_j\beta - \alpha p_j + \xi_j$ 为产品 j 的平均效用水平;μ_{ij} 表示的是不同消费者所得到的效用对平均效用的偏离,它随消费者和产品的不同而不同,这也反映了随机系数在刻画不同消费者对于商品的不同偏好所起的作用。其他符号的含义与上文相同。

在随机系数模型中,消费者 i 选择产品 j 的概率 s_{ij} 为

$$s_{ij} = \frac{e^{\delta_j + \mu_{ij}}}{1 + \sum_{k=1}^{n} e^{\delta_k + \mu_{ik}}} \tag{14}$$

那么,产品 j 的市场份额为

$$s_j = \frac{1}{ns}\sum_{i=1}^{ns} s_{ij} \tag{15}$$

自价格弹性和交叉价格弹性为

$$\eta_{jj} = -\frac{p_j}{s_j}\frac{1}{ns}\sum_{i=1}^{ns} \alpha_i s_{ij}(1 - s_{ij}) \tag{16}$$

$$\eta_{jk} = \frac{p_k}{s_j}\frac{1}{ns}\sum_{i=1}^{ns} \alpha_i s_{ij} s_{ik} \tag{17}$$

通常采用广义矩估计来估计随机系数模型。随机系数模型最大的优点在

于模型得出的需求弹性在解释不同程度的替代性时更加符合实际情况。但是，该模型的缺点也是非常明显的，它需要大量关于消费者特征的详细数据，而且运算也非常复杂。

3. AIDS 和 PCAIDS 模型

与线性和双对数线性模型一样，AIDS 和 PCAIDS 模型也是连续需求函数模型，但更具有灵活性。PCAIDS 是针对 AIDS 的缺点而提出来的一个改进模型。

（1）AIDS 模型。Deaton 和 Muellbauer（1980）提出的几乎理想需求体系（almost ideal demand system，简称 AIDS）模型在直观上是合理的，得到广泛的接受。它可以根据收集到的数据灵活表述自价格弹性和交叉价格弹性。模型假设市场上有 n 家企业，每家企业只生产一种产品。AIDS 指定每种产品的市场份额取决于市场上所有产品的价格，更加严谨的表述是产品 j 的市场份额 s_j 是相关市场上所有产品的价格的自然对数的函数。即：

$$s_j = a_j + \sum_{k=1}^{n} b_{jk} \ln p_k + b_{jz} z \tag{18}$$

可以从系数 b 得出自价格弹性和交叉价格弹性。其中，自系数 b_{jj} 是产品 j 的价格对其市场份额的影响，因为某一产品的价格上升会降低其市场份额，所以 b_{jj} 为负，与其自价格弹性的同号。交叉系数 b_{jk} 是产品 k 价格对产品 j 的市场份额的影响，因为一种产品的价格上升会引起其他品牌的市场份额上升，所以 b_{jk} 为正，与相应的交叉价格弹性的符号一致。

虽然 AIDS 有着灵活性等优点，但是从上文可以看出，n 家企业有 n^2 个系数，其中有 $n(n-1)$ 个交叉系数，n 个自系数。如果一个产业有 100 种产品，这样就有 10000 多个系数。要估计这么多的参数，因此要么需要收集大量的数据，要么增加假设来减少估计参数，而这都使得 AIDS 的应用前景大打折扣。比如，经济计量估计一般采用超市扫描数据来估计 AIDS 的需求参数，而采用超市扫描数据存在很多问题，爱泼斯坦和鲁宾费尔德（Epstein and Rubinfeld，2002）对此总结如下：第一，只有在超市和大药店以及贩量式采购时才能够获得扫描数据，常常不能够得到小商店的销售价格。此外，许多消费品和大部分中间产品的销售都不通过扫描设备。第二，扫描数据反映的是零售价格，而许多合并发生在生产和批发阶段。这种情况下使用扫描数据要充分考虑批发价和零售价之间的价格加成和利润率问题。第三，一般使用复杂的计量程序来分析扫描数据，这有时会引起许多批评。在能够区分需求效应和供给效应之前，必须解决涉及模型识别和估计等计量问题。第四，在尽最大的努力之后，可能得出不合常识和直觉的结果。由于要估计很多参数，常常会出现这种情况，有些估计出来的交叉价格弹性统计不显著，或者出现错误的符号。

（2）PCAIDS 模型。针对 AIDS 上述问题，爱泼斯坦和鲁宾费尔德（2002）

提出一个改进的 AIDS 模型，即按比例校准的近乎理想需求模型（Proportion-ality – Calibrated AIDS，简称 PCAIDS）。该模型大大减少了参数，这在不能够收集到大量数据的时候，或者存在估计问题的时候，抑或是需要快速的低成本分析的时候具有非常重要的作用。它在保留了 AIDS 的优点的同时提供了非常便利的分析。PCAIDS 最重要假设是按份额分配假设（proportionality assumption），即一种产品由于价格上涨失去的市场份额，按照原市场份额成比例地分配到相关市场上其他产品上去。

假设市场上有 n 家企业，产品 j 的价格上涨对自己的市场份额的影响为 b_{jj}，对产品 k 的市场份额的影响为 b_{kj}。根据按份额分配假设，由于产品 j 价格上涨而失去的市场份额按比例分配到其他产品中去，其中产品 k 可以分配到的份额取决于在产品 j 之外的市场中产品 k 所占的市场份额。如此则可以用 b_{jj} 来表示 b_{kj}：

$$b_{kj} = -\frac{s_k}{\sum_{t}^{n-j} s_t} b_{jj} \tag{19}$$

这样估计参数就从 n^2 个降低到 n 个，只需要 n 个自系数就可以求出剩余 $n(n-1)$ 个交叉系数。更一般地说，按份额分配假设假定与某一特定价格变动的所有交叉系数和自系数存在着直接的关系。所以，现在只存在 n 个未知数。按份额分配假设并不需要知道所有的自系数或者弹性，PCAIDS 能够仅用某一产品的价格弹性和行业价格弹性（industry price elasticity），加上市场份额就可以算出所有的自系数。如知道产品 1 的需求弹性，那么：

$$b_{11} = s_1 [\eta_{11} + 1 - s_1 (\eta + 1)] \tag{20}$$

则其他自系数可以按照以下公式计算：

$$b_{jj} = \frac{s_j}{1-s_1} \times \frac{1-s_j}{s_1} b_{11} \tag{21}$$

从上文可知，只要知道自系数 b_{jj} 就可以计算出交叉系数 b_{kj}。这意味着不管市场上有 3 种产品还是 1000 种产品，只要知道市场份额、其中任何一种产品的价格弹性和行业价格弹性，就足以计算出 PCAIDS 里的所有参数。

在计算出 b 之后，就可以直接根据系数 b、市场份额 s 和行业价格弹性 η，计算出所有的自价格弹性 η_{jj} 和交叉价格弹性 η_{jk}。如下：

$$\eta_{jj} = -1 + b_{jj}/s_j + s_j (\eta+1) \tag{22}$$

$$\eta_{jk} = b_{jk}/s_j + s_k (\eta+1) \tag{23}$$

在行业价格弹性低于自价格弹性的假设下，PCAIDS 意味着交叉价格弹性的符号为正。PCAIDS 具有很多优点，最重要的就是，它只需要市场份额、行业价格弹性和某一产品的需求弹性等市场信息，而这些信息都可以获得。市场份额通常是已知的。通过合并各方的有关文件的市场研究，计量分析和会计数据，至少可以获得一种属于合并参与者的产品的自价格弹性。由于行业价格弹性小于任何一种产品的自价格弹性,所以可以假定合并前的行业价格弹性为 -1[①]。

加上按份额分配假设,就可以快速得知可能的合并价格效应,当市场的产品不存在很大的差别,或者参与合并的企业的产品不存在很强的或者很弱的替代性时,这种快速得出的效应可能是可靠的。但是 PCAIDS 的按份额分配假设类似于 IIA 假设,使之受到严重的限制。对于某一价格变化的交易前所有交叉价格弹性是相等的,不过通过引入组(nest 或 group)来克服这个问题。

4. 距离测量模型

企业之间在许多方面进行竞争,既存在价格竞争,也存在非价格竞争,如改进产品质量、精心设计商标和包装、改善售后服务以及广告宣传等。为了使实证估计更加简单,最好根据可能得到的先验信息只考虑其中几个方面。平克斯等(Pinkse et al., 1998)以及平克斯和斯莱德(Pinkse and Slade, 2004)在归元二次效用函数(normalized-quadratic utility function)之上提出了距离测量模型(distance-metric demand model,简称 DM)。该模型在某种程度上比嵌套 Logit 模型更加灵活,它允许研究人员试验和决定竞争的范围。事实上,几乎任何有关距离测量的产品竞争的假设都包含在 DM 框架中,但最后通常只剩下最重要的那个(Slade, 2006)。

DM 与嵌套 Logit 模型的区别在于,前者的交叉价格弹性既依赖于产品 j,又依赖于产品 i,而后者只取决于产品 i。为此,价格和产品及地域特征就必须相互影响。但不幸的是,如果市场上有大量的产品,就不可能估计出所有的竞争对手的价格,更不可能估计这些价格和对手以及自己的特征的相互影响(Slade, 2006)。

根据 DM,差别产品的需求为:

$$q_i = a_i + \sum_j b_{ij} p_j - \gamma_i y + \xi_i \tag{24}$$

其中 y 为总收入。尽管函数形式很简单,但是大部分应用都难以进行实证估计,因为矩阵 $B = [b_{ij}]$ 有 $n(n+1)/2$ 个参数。为了简化,假定 a_i 和 b_{ii} 是产品 i 的特征的函数,即 $a_i = a(x_i)$,$b_{ii} = b(x_i)$。矩阵 B 的非对角线元素是距离变量向量 d_{ij} 的函数,即 $b_{ij} = g(d_{ij})$。如葡萄酒市场,距离变量可能是生产年份,或者是是否属于同一种类型的哑变量,抑或者是是否属于同一家企业的哑变量。可以用参数或半参数方法估计函数 $g(\cdot)$。最后,代表未被观察到的产品特征的随机变量 ξ 可以是异方差和空间相关的。

自价格弹性和交叉价格弹性为:

[①] 如果所研究的市场是一个反垄断市场,该行业的价格弹性的绝对值应该是大于等于1,所以这种假设下估计出来的合并价格效应算是保守的。

$$\eta_{ii} = \frac{p_i a\ (x_i)}{q_i} \tag{25}$$

$$\eta_{ij} = \frac{p_j g\ (d_{ij})}{q_i} \tag{26}$$

DM 的弹性与嵌套 Logit 模型一样都取决于价格和市场份额。但是 DM 的弹性更加灵活。特别是，通过选择适当的距离变量，可以取得替代方式取决于先验产品分类的模型。可以得到一个交叉价格弹性取决于像酒精度这样的连续距离变量的模型。

5. 多层次需求估计模型

豪斯曼等（1994）提出使用多层次需求函数模型来估计差别产品市场的需求。该方法把市场需求分为高层需求、中层需求和底层需求三个层次的需求。高层需求考虑的是市场整体需求，如轿车市场的高层需求为全部的轿车需求；中层需求为各细分市场（segment）中的产品需求，细分市场的划分是根据消费者的偏好而划分的，这在差别产品市场上非常普遍，如轿车市场可以分为经济车型市场、标准车型市场和豪华车型市场；底层需求考虑的是细分市场内各个品牌的需求，如豪华车的底层需求就是奔驰、宝马和雷克萨斯等品牌的需求。估计出各个层次的需求之后再结合起来，就可以得出每种品牌的自价格弹性和交叉价格弹性。一般而言可以采用逆向估计法来估计，首先估计出底层需求，为了使底层估计的结果与更高层次的估计相一致，再用价格指数理论表示出底层估计的结果（Budzinski and Ruhmer，2009）。

不同层次的需求用不同的需求模型来估计，豪斯曼等（1994）使用 AIDS 模型估计底层需求，而用双对数线性模型来估计中层和高层需求。具体底层需求的函数形式为

$$s_{int} = \alpha_{in} + \beta_i \log\ (\frac{y_{Gnt}}{P_{nt}})\ + \sum_{j=1}^{J} \gamma_{ij} \log p_{jnt} + \varepsilon_{int} \tag{27}$$

其中，s_{int} 表示在时期 t（$t=1$，…，T）品牌 i（$i=1$，…，J）在城市 n（$n=1$，…，N）的细分市场 G 占有的市场份额；y_{Gnt} 表示细分市场 G 的全部支出；P_{nt} 表示价格指数；p_{jnt} 表示时期 t 里品牌 j 在城市 n 的价格。豪斯曼等（1994）指出估计需求时使用什么样的需求函数形式并不是最重要的。使用灵活的模型可以使消费者偏好不受限制，而使用施加某些限制的模型可以减少估计的参数。之所以使用 AIDS 模型，就是因为该模型的灵活性，它不受任何假设（包括 IIA 之类的假设）的限制，由于在细分市场下各品牌的竞争非常激烈，所以最好使用不受限制的模型来估计底层需求，这对以后的估计更加有利。

估计出底层需求之后，就可以计算出各个细分市场的价格指数，而后进行下一步的需求估计。豪斯曼等（1994）使用双对数线性模型来估计中层需求，具体为

$$\log q_{mnt} = \beta_m \log y_{nt} + \sum_{k=1}^{M} \delta_k \log p_{knt} + \alpha_{mn} + \varepsilon_{mnt} \tag{28}$$

其中，q_{mnt}为在时期 t 里细分市场 m（$m=1$，…，M）在城市 n 里面临的市场需求；y_{nt}为整个市场的支出；p_{knt}为细分市场的价格指数。

高层需求的具体模型为

$$\log u_t = \beta_0 + \beta_1 \log y_t + \beta_2 \log \Pi_t + Z_t \delta + \varepsilon_t \tag{29}$$

其中，u_t为总体需求，y_t为居民的可支配收入，Π_t为价格指数，Z_t为解释地域性差异、季节性差异等变量。

这样多层次需求模型就同时具备了 AIDS 模型和双对数线性模型的优点，但是也具备了这两个模型的缺点，用 AIDS 估计底层需求时需要大量详细数据，而用双对数线性模型估计中高层需求时得出的结果可能不精确。值得注意的是，多层次需求模型的优点源于需求结构的划分，而不是各个层次上的需求函数形式（Hausman and Leonard，1997）。

（二）古诺和供给函数模型

在同质产品市场上，通常使用古诺模型和供给函数模型来分析单边效应。古诺模型假定各企业生产的产品是同质的，企业进行数量竞争，企业之间的区别在于产能。供给函数模型是古诺模型的推广，供给函数模型认为企业同时进行价格竞争和产量竞争，企业根据价格的供给曲线选择最优战略。

古诺模型假定一个市场有 n 家企业，每家企业面临的需求曲线为 $P = \alpha - \beta Q$，其中 $Q = \sum q_i$，边际成本为 c，则每家企业的均衡产量 q_i 为 $(\alpha - c) / [\beta(n+1)]$，市场总产量为 $Q = n(\alpha - c) / [\beta(n+1)]$，均衡价格为 $(\alpha + nc)/(n+1)$。古诺模型可以扩展到成本不对称的情形。

供给函数模型假设市场上有 n 家企业，市场面临的需求曲线为 $Q(p) = a - bp$，企业 i 生产单位产量 q_i 的成本为 $c_i = \dfrac{q_i^2}{K_i}$。边际成本曲线随着资本的增加而递减，即 $MC(i) = q_i/K_i$。每家企业的供给函数为 $q_i(p)$。存在一个均衡价格，使得 $Q(p) = \sum q_i(p)$，每家企业根据自己的供给函数生产一定数量的产品。

可以看出两个模型预测的市场价格都满足纳什均衡，在给定竞争对手的产量或者供给函数的时候，每家企业选择使自己利润最大化的产量或者 q_i 或供给函数 $q_i(p)$。如果想使预测结果更加贴近实际情况，可以在模型中加入产能约束。为了求出均衡价格，就要知道相关市场上的企业数量、各企业的产量、成本结构和需求结构。在纳什古诺均衡下，价格成本差与市场份额的关系为：$(p - c_i)/p = s_i/\eta$，其中 η 为市场需求弹性。供给函数模型的策略空间是一个无限维的函数集，难以求得均衡解，这时的问题是企业会选择哪一条供给曲线（Maa and Zwart，2005）。

上述两个模型，古诺模型计算起来更加简单，但是供给函数模型描述的企业行为更加贴近实际情况。古诺解通常是供给函数的上限值（Budzinski and Ruhmer, 2009）。

（三）拍卖模型

目前应用于合并模拟的模型主要是第一密封价格拍卖模型和次价拍卖模型。

1. 第一密封价格拍卖模型

第一密封价格拍卖模型是许多拍卖方式中的一种，在这种拍卖中，投标者同时将自己的出价写下来装入一个信封内，密封之后交给拍卖人，拍卖人打开信封，出价最高的投标者赢得该拍卖，并按他的出价支付价格。达尔基尔等（Dalkir, 2000）提出一个第一密封价格拍卖市场上的合并效应模拟模型。需要说明的是，达尔基尔等人的模型是一个竞标模型。模型假定在某一竞标市场上，有 M 个投标者（卖方），投标者 i 有 k_i 条成本曲线，可以从中选取最低的成本曲线参与竞标。各个投标者为向唯一的买方销售产品和服务而进行竞价，买方只向出价最低的投标者购买一定数量的产品和服务，即出价最低者胜出，而每位投标者能够报出的最低价取决于其成本曲线。记投标者 i 的单位成本为 c_i，其由共同成本 μ 和投标者特定成本组成 ε_i，即

$$c_i = \mu + \varepsilon_i \tag{30}$$

其中，μ 为共同知识（common knowledge）；ε_i 为私人信息（private information），其他投标者只知道它的分布而不知道其具体数值。假定 ε_i 为随机数值，均匀地在共同区间 $[-\Delta, \Delta]$ 服从独立同分布，其中 $\mu \geq \Delta > 0$。买方以最低的价格向出价最低者购买一定数量的产品和服务，他对该笔交易所购买到的产品和服务的评价 $v = \mu + \Delta$ 是共同知识，所以均衡价格的在区间 $[\mu - \Delta, \mu + \Delta]$ 之间。

如果拍卖市场是一个对称的市场，每个投标者都只拥有一条成本曲线，即 $k_i = k_j = 1$，则市场上有 N 个投标者，那么投标者 i 的均衡价格为

$$p^* = \frac{(N-1)c_i + 1}{N} \tag{31}$$

显然，p^* 随着 N 的增加而下降。特别地，当 $N \to \infty$ 时，$p^* \to c_i$，也就是说，投标者的数量越多，买者支付的价格就越低，当投标者的数量趋向于无穷时，买方几乎可以以边际成本的价格购买到所需的产品和服务。因此，让更多的投标者参与投标是买方的利益所在。

达尔基尔等（2000）构建了一个简单的不对称市场模型。模型假设市场上只有两个投标者，却有三条成本曲线，其中 $k_1 = 1$，$k_2 = 2$。简化后的一阶条件为

$$c'_1(p) = \frac{1 - c_1(p)}{p - c_2(p)} \tag{32}$$

$$c'_2(p) = \frac{1 - c_2(p)}{2[p - c_1(p)]} \tag{33}$$

达尔基尔等（2000）证明了上述等式存在均衡解，而且均衡解是唯一的。

在合并前，投标者 i 和投标者 j 分别拥有 k_i 和 k_j 条成本曲线，合并后合并企业就拥有 $k_i + k_j$ 条成本曲线。这样就要根据合并前的市场是不是对称市场来分别讨论合并效应。如果合并前是一个对称市场，每个投标者拥有相同数量的成本曲线，那么合并后合并企业就拥有其他投标者两倍的成本曲线，这样就会造成不对称性，合并企业可供选择的成本曲线比其他投标者多，这样的话就可能产生价格效应。而如果合并前是一个不对称市场，每个投标者所拥有的成本曲线数量相异，这时合并后的情况可能使拍卖更加对称。达尔基尔等（2000）证明与增加市场更加不对称性的合并相比，增加市场对称性的合并所带来的价格效应较小。

该模型的最大缺陷在于成本密度函数的形式过于简单，而合并效应严重取决于分布的方差，如果用一个更加复杂的分布建立一个更好的成本模型，价格效应就会完全不同，可能会高估，也可能会低估。

2. 次价拍卖模型

Brannman 和 Froeb（2000）依据前人的研究，系统性地描述了合并模拟的次价拍卖模型。模型假设在某拍卖市场上有 n 个投标者，记投标者 i 对拍卖品的评价（valuation）为 V_i，其由共同评价 Y 和具体投标者评价 X_i 两部分组成，而具体投标者评价 X_i 又可分为已观察到的部分 η_i 和未观察到的部分 U_i。模型假设 Y 为共同知识，X_i 为私人信息。则有

$$V_i = Y + X_i = Y + \eta_i + U_i \tag{34}$$

其中，Y 为均值为 0，方差为 σ^2 的随机变量，因为它不会影响谁胜出，中标的价码（winning bid）和合并后中标价格的变化，所以下文主要讨论 X_i。U_i 服从位置参数（location parameters）和扩散参数（spread parameters）为 $(0, \mu)$ 的极值分布（extreme-value distribution），因而 X_i 服从参数为 (η_i, μ) 的极值分布。X_i 的均值和方差为

$$E(X_i) = \eta_i + \gamma/\mu \tag{35}$$
$$Var(X_i) = \pi^2/6\mu^2 \tag{36}$$

其中，γ 为欧拉常数（Euler-Mascheroni constant），近似值为 0.577218。

在构建拍卖模型时，极值分布的作用来自它在最大化函数的闭包（closure）。如果各投标者取自均值相同但方差不同的独立极值分布，那么他们的评价的最大值服从均值相同但方差更大的独立极值分布。最大化函数的作用在于计算出胜出概率（即一投标者的评价高于所有其他投标者最高评价的概

率)、支付的价格(所有其他投标者的最高评价)和合并的影响。用 $-i$ 来表示除投标者 i 之外的其他所有投标者,则投标者 i 胜出的概率 p_i 为

$$p_i = \text{pro}(X_i > X_{-i}) = e^{\mu\eta_i} \Big/ \sum_{k=1}^{n} e^{\mu\eta_k} \tag{37}$$

该式使得各投标者的竞争具有不对称性。当未观察到的评价 U_i 的方差上升时($\mu \to 0$),已观察到投标者之间的差别就没有那么重要了,各个投标者胜出的概率趋向于 $1/n$;当 U_i 的方差下降时($\mu \to \infty$),已观察到投标者之间的差别就十分重要了,已观察到的最高评价者胜出的概率趋向于 1,其他投标者胜出的概率趋向于 0。此外,投标者最高评价的分布满足 IIA 要求,即不依赖于投标者评价的顺序。中标价格的分布由高评价者中的次高评价推出。这样如果胜出的概率越大,那么预期的出价或中标价格就越低,因为高评价企业不会和自己竞争。

记 A_i 为投标者胜出的最高评价,B_i 为次高评价。则 B_i 的累积分布函数为

$$F_{B_i}(t) = \frac{1}{p_i} F_{-i}(t) + \left(1 - \frac{1}{p_i}\right) F_{\max}(t) \tag{38}$$

那么,投标者 i 的期望中标价格为

$$E(B_i) = E(Y) + E(X_{\max}) + \frac{\log(1-p_i)}{\mu p_i} \tag{39}$$

其中 $X_{\max}$ 为所有投标者的具体投标者评价的最大值。原则上,可以用次高评价的分布矩阵为中标价格构建一个使用拍卖数据的矩估计(methods of moments estimator)。但是,由于拍卖常常只涉及单件物品,所以不同物品之间的拍卖数据存在很大的差别,这时候使用矩估计就不再合适了。在建模中,纳入了 Y 来描述这种差异,但是,这样的话只建立在中标价格之上的估计,难以区分拍卖内方差(within-auction variance)和拍卖间方差(between-auction variance)。

有一种方法是通过区别输家的出价来消除 Y,从而估计出分布参数。记 B_{ij} 为第三高评价,Δ_{ij} 为次高评级和第三高评价之间的差别,则 Δ_{ij} 的累积分布函数为

$$F_{\Delta_{ij}}(t) = 1 - \frac{p_i + p_{-ij}}{p_i + p_{-ij}\exp(\mu t)} \times \frac{1}{p_i + p_j + p_{-ij}\exp(\mu t)} \tag{40}$$

用概率 p_i 而不是 η_i 来表示分布,使得我们可以使用两步有限信息最大似然估计(two-step limited-information maximum-likelihood estimator, LIML)。第一步假定最高评价者赢得拍卖,可以用投标者特定的特征来估计胜出的概率;第二步用估计出来的概率为次高评价和第三高评价者构建似然比(likelihood)。通过最大化已购建的似然比可以估计出参数 μ。这个过程只需要投标者和其胜出的概率,包括输家在内的投标者特征,包括输家出价在内的所有出价。口头拍卖(oral auctions)可以显示出输家的出价。在口头竞价中,投

标者轮流出价,如果轮到某投标者出价而其放弃出价时,那么该投标者就退出拍卖,以他的最后一次出价作为他的出价。如果次高出价者和第三高出价者进行竞争性竞价,那么次高出价和第三高出价的差别等于次高评价和第三高评价的差别。相反,因为最高评价者只需比次高评价者的出价高一点就可以胜出,因而最高出价和次高出价的差别不能够显示出最高评价和次高评价的差别。

使用估计出来的分布参数和合并企业的胜出概率就可以估计出合并的价格效应。根据上文可知,投标者 i 的期望利润为

$$\pi_i = [E(X_{max}) - E(B_i)] p_i = -\frac{\log(1-p_i)}{\mu} \tag{41}$$

如果投标者 i 和投标者 j 进行合并,那么合并后企业胜出的概率为 $p_i + p_j$,因为合并后企业可以赢得每一个原企业可以赢得的拍卖。那么合并企业的额外利润为

$$\Delta_{ij} = \pi_{ij} - \pi_i - \pi_j = -\frac{\log(1-p_i-p_j) - \log(1-p_i) - \log(1-p_j)}{\mu} \tag{42}$$

这种方法适合那些次价口头拍卖是描述市场行为的最佳方式的产业。然而,这个模型也存在几点不足。首先,它建立在 IIA 要求的基础上,上文已经详细阐述了 IIA 要求的缺点。其次,为了使用 LIML 估计需要许多拍卖市场的详细数据。最后,这个模型把每个被观察的拍卖视为独立的(Budzinski and Ruhmer,2009)。

三 典型判例进展分析

自从 1983 年萨伦特(Salant)等人从理论上提出单边效应(unilateral effects)概念以来,单边效应理论研究如雨后春笋般发展。在实践中,欧美等国的反垄断执法机构和参与合并各方都已经开始用合并模拟方法来评估合并计划对市场竞争的可能影响(Budzinski and Ruhmer,2009)。例如,美国在 20 世纪 80 年代末就开始使用单边效应来分析合并案例,并于 1992 年正式将单边效应写入《合并指南》,在 2010 年最新修订的《横向合并指南》里更加突出单边效应的作用。而欧盟也把单边效应[1]写入了 2004 年出台的《横向合并指南》[2]。与此同时,欧美各国也产生了一批运用合并模拟方法来分析合并单边效应的典型判例。

1995 年的 Interstate Bakeries 公司收购 Continental Baking 公司案是美国第

---

[1] 欧盟委员会称之为非协调效应(Non-coordinatedeffects)。
[2] 全称为 Guidelines on the assessment of horizontal mergers under the Council Regulation on the control of concentrations between undertakings (2004/C31/03),即《根据〈理事会关于企业之间集中控制条例〉的横向合并评估指南》。

一件反垄断法执法当局使用合并模拟分析的判例（Budzinski，2008）。Interstate Bakeries 公司和 Continental Baking 公司都是美国三大白面包生产商之一，它们之间的合并将导致 Interstate Bakeries 公司垄断南加州和中西部的白面包市场。沃登（Werden）教授以美国司法部专家的身份对此案出具了一份报告，在报告中进行了 SNNIP 分析、弹性估计和合并模拟等（Werden，2000）。他假设白面包市场为一个伯川德产业，选用 Logit 模型来模拟洛杉矶和芝加哥合并后的价格。由于所采用的数据是零售扫描数据，而合并企业又处于批发阶段，所以需要对零售扫描数据进行调整。最终估计出的结果见表1。此案最终在庭外达成和解，所以模拟的结果并没有影响该案。但是值得注意的是，沃登模型没有考虑市场进入，也没有充分讨论 Logit 模型的假设和局限性，因此存在一定的不足。

表1　　　　预计芝加哥和洛杉矶的白面包的平均批发价的增长　　　　单位:%

品牌	芝加哥	洛杉矶
Continental 的顶级白面包	10.3	10
Interstate 的顶级白面包	5.5	8.3
所有品牌的顶级白面包	6.5	8.3
所有白面包	3.1	5.9

资料来源：Werden, Gregory J. and Luke M. Froeb (2008)。

同年稍后的 Kimberly – Clark 公司收购 Scott Paper 公司案是美国第一件合并企业在诉讼中使用合并模拟模型的判例（Budzinski，2008）。美国司法部预计该合并会引起面巾纸（facial tissue）和婴儿湿巾（baby wipes）产品的价格上升，从而损害竞争，因此打算附加资产剥离条件通过该合并。Kimberly – Clark 公司聘用豪斯曼和伦纳德（Leonard）两位教授为经济顾问进行辩护，豪斯曼和伦纳德建立一个多层次需求模型，使用1992—1995年的周扫描数据来模拟卫生纸（bath tissue）市场的价格效应。估计结果为在不考虑效率时，Kimberly – Clark 公司和 Scott Paper 公司旗下的三个卫生纸品牌的价格分别上涨2.4%、1.2%和1.4%，几乎可以视为价格不变（Hausman and Leonard，1997）。如果考虑效率的话，价格效应将更低，甚至为负值。但是该案也是在庭外达成和解，模拟模型的结果同样没能影响结果。

此后的 Kraft 公司收购 Nasbico 公司案里，为了评估合并所带来的单边效应，合并企业聘请的经济学专家估计了相关的弹性，得出相关两个品牌的交叉价格弹性太低，所以不能够产生显著的反竞争效应。法院同意了合并企业的证据，批准了该合并。

1997年的 Staples 公司合并 Office Depot 公司案是第一件全面使用单边效

应理论、大量的经济计量分析、效率分析和市场进入的可能性分析的案例，是应用现代定量经济分析工具的里程碑案例（Budzinski and Ruhmer, 2009）。尽管在该案中合并模拟只是其中一种证据，但是该案是一个用数量分析和实证分析预测未来价格的重要判例。合并企业 Staples 公司和 Office Depot 公司是美国第一、第二大办公用品超市（office superstore, OSS）公司，联邦贸易委员会运用了大量数据①来分析、预测合并将产生的价格效应，结果表明，该合并将会降低办公用品超市市场上的竞争，从而造成长期较大幅度的价格上涨，因此会损害消费者的利益。

联邦贸易委员会根据以下四点理由认为相关产品市场是办公用品超市市场：第一，办公用品超市与其他办公用品零售商所提供的是不同的产品和服务；第二，办公用品超市将彼此视为主要的竞争对手；第三，其他办公用品零售商对办公用品超市的定价不能构成有力的约束；第四，如果这三家办公用品超市合并将会造成他们之间办公用品销售价格的显著上涨，而如果办公用品超市和其他办公用品零售商合并的话就不会出现该结果。联邦贸易委员会通过对办公用品的价格建立一个大型的经济计量模型，来考察办公用品超市合并而产生的垄断是否会导致合并后办公用品的售价会提高 5% 或 5% 以上，证实了该市场界定。联邦贸易委员会认为一个新的办公用品超市的进入威胁无法阻止合并企业抬高价格，除非该进入确实发生。而且在该市场，进入成本中很大一部分是沉没成本，并且在位者能够针对进入快速地调整价格。因此，办公用品超市商品的价格不会受到潜在进入的影响。此外该市场还存在明显的进入壁垒，如广告、渠道网络。联邦贸易委员会还测算了合并将会带来的效率，合并效率只占销售额的 1.4%，并且其中只有 1/7 会转移给消费者，即效率改进只有 0.2%。最终不考虑效率时，用经济计量模型测算出合并将造成价格上涨 7.3%，考虑效率之后价格也将上涨 7.1%。

Staples 公司和 Office Depot 公司强烈反对联邦贸易委员会的市场界定，认为正确界定的相关市场应该为办公用品零售市场，办公用品超市和其他的办公用品零售商都属于这个市场，只是所采用的经营形式不一样而已。此外，Staples 公司和 Office Depot 公司认为，合并会使合并企业的购买量增加，会降低进货价格，还会降低管理、营销、广告以及销售成本。按照被告的估算，合并带来的成本减少的 2/3 会转移给消费者，因而 Staples 公司和 Office Depot 公司在合并之后会大幅度的降价。最终它们的经济计量分析报告显示，不考虑效率改进时，两者的合并只会使价格上涨 2.4%，如果用 Staples 公司销售的所有办公用品来平均的话，价格只上涨 1.3%；若是用所有 Staples 公司旗下店铺的全部商品进行均摊，价格的涨幅只有 0.8%。

最终法院倾向支持联邦贸易委员会的裁决，同意发出初步禁止令。法官

---

① 联邦贸易委员会对 Staples 在 40 多个城市 400 多家店铺为期 18 个月的每周数据进行了分析。

托马斯·F. 霍根（Thomas F. Hogan）指出，法律只要求联邦贸易委员会给出合并可能对竞争造成损害的适当理由，即可得到初步禁止的准许。

相对美国而言，欧盟运用合并模拟方法分析单边效应的步伐要稍慢一点。欧盟第一件使用合并模拟模型来分析合并的判例是1999年的沃尔沃（Volvo）公司合并Scania公司案（Budzinski, 2008）。Ivaldi和Verboven教授为欧盟委员会在伯川德竞争和嵌套Logit模型的基础上建立了一个合并模拟模型。他们使用了1997—1998年欧洲16个国家的七家主要卡车生产商生产的两种类型的卡车的面板数据。而后把市场上的产品分为重型卡车、牵引车和外在商品三个小组（nest）。该模型的预测结果为在斯堪的纳维亚国家和爱尔兰地区，合并企业的大型卡车的价格将上涨10%—23%，牵引车的价格将上涨7%—13%，而竞争对手对价格上涨的反应却不大。即使考虑可能的效率，成本至多节约5%，也不足以抵消价格效应（Ivaldi and Verboven, 2005）。但是该模型受到沃尔沃公司经济顾问的激烈批评，他们认为数据中存在大量计量错误，而且结果也缺乏规范测试。再结合更多的传统分析之后，欧盟委员会宣布该合并与共同市场不相容，因为该合并会使沃尔沃公司在重型卡车、旅游巴士、城际间巴士和市内巴士市场上占有主导地位。

2001年的GE公司收购Honeywell公司案既受到美国当局的审理又受到欧盟委员会的审理。在GE公司收购Honeywell公司案里，美国和欧盟使用了不同的合并模拟模型，最终使得美国和欧盟的决议不一致，美国当局在附加资产剥离条件之后批准了该合并计划，而欧盟委员会认为GE提供的补救措施不足以解决限制竞争问题，因而禁止了该计划。

2003年的Oracle公司收购PeopleSoft公司案同样既受到美国反垄断当局的审理又受到欧盟委员会竞争机构的审理。该案在美国法庭激烈讨论的焦点正是合并模拟模型的应用，也是第一个由欧盟委员会内部经济学家提出合并模拟模型的案例（Budzinski and Ruhmer, 2009）。Oracle公司和PeopleSoft公司分别是世界上第二大和第三大的企业应用软件提供商。麦卡菲（McAfee）为美国司法部构建了一个合并模拟模型来测量该合并所引起的单边效应，他选择英式拍卖模型为模拟模型，使用市场份额来表示胜出的概率，为了校正市场份额界定了两个相对狭窄的相关市场，即美国高功能财务管理系统和美国高功能人力资源软件。这两个相关市场只包括Oracle公司、PeopleSoft公司和SAP公司，把其他的小竞争者排除出模型，并且不考虑市场进入。而且麦卡菲认为已有证据表明合并不会带来边际成本的下降，因而不考虑合并效率。该模型预测该收购计划将造成财务管理系统软件的价格上涨5%—11%，人力资源管理软件将上涨13%—30%（McAfee, 2004）。

欧盟委员会的内部经济学家则使用密封价格拍卖模型为合并模拟模型，在该模型里各个软件供货商只知道市场上的竞争者，而不知道顾客对各个竞争者的产品的评价，投标者在缺乏其他投标者的出价时，根据期望利润来出价。欧盟委员会专家的市场界定与麦卡菲的相似,只不过把地域范围扩展到整个世界。同时该模型也考虑了两种可能的合并效率,合并后产品的质量没有改变和合并后产品的质量得到提升。最终得出该收购计划会引起财务管理系统软件的价格上涨 6.8%—21.1%,人力资源管理软件将上涨 14.3%—29.9%。消费者即面对更少的选择,又要承担更高的价格。美国司法部和欧盟委员的结果比较见表 2。虽然欧美采用的模型不同,市场界定也存在差异,但是得出的价格效应相似。然而,美国司法部的模型被法院驳回,而欧盟委员会也没有采用它们专家的模型,原因是结果缺乏可信度,错误的市场界定,最终大洋两岸都批准了该收购计划。

表 2 Oracle 收购 PeopleSoft 案的模拟价格效应

价格上升	美国司法部	欧盟委员会
高功能财务管理系统市场	5%—10%	6.8%—21.1%
高功能人力资源软件市场	13%—30%	14.3%—29.9%

资料来源:Budzinski and Ruhmer(2009)。

欧盟委员会还 2003 年 Lagardère 公司合并 Natexis/VUP 公司案中再次运用合并模拟方法加以分析。欧盟委员会聘请的经济学家将模型设定在平装书和精装书这两种差别产品市场,在伯川德竞争和嵌套 Logit 模型的基础上建立一个合并模拟模型。该模型把消费者的需求选择分为两个层次,第一层次为书的类型,第二层次为所选的具体书籍。模型预测的结果为,如果把平装书和精装书视为同一个相关市场,则价格将上涨 4.84%;如果把它们视为不同的市场,则平装书的价格将上涨 5.51%,精装书的价格将上涨 1.57%(Ivaldi,2005)。合并企业认为,首先,这一模型忽略了图书市场的纵向结构。其次,该模型没有充分区别平装书和精装书。此外,该模型也没有考虑实际中图书是如何印刷,价格是如何制定的。欧盟委员会认为合并企业的批评没有根据,最终的裁决参考了该模型的分析结果,附加条件地通过了该合并。

在 2003 年 Nuon 公司收购 Reliant 公司案中,荷兰竞争管理局[1]考察了能源研究中心和 Frontier Economics[2]提出的模拟模型。能源研究中心使用古诺模型来预测荷兰、比利时、德国和法国所有的发电企业的价格效应,得出价格效应在冬季用电高峰期里最高,价格将上涨 7.9%,在夏季最低,价格仅上涨 3.4%,而平均价格将上涨 5.9%。Frontier Economics 应用供给函数模型进行模拟。模拟结果显示,在合并后初期似乎会引起更高的价格,而后的时

---

[1] Nederlands Mededingingsautoriteit,简称 NMa。
[2] Frontier Economics 是欧洲一家领先的经济咨询公司,该公司在伦敦、科隆、悉尼和墨尔本等城市开设了办事处。

期就要区分三种情况，低价格水平时价格几乎不上涨，中间价格水平时价格将上涨约13%，高价格水平时将更高。竞争管理局在参考它们的分析之后批准了该收购计划，但是附加严厉的资产剥离条件。但Nuon公司上诉到鹿特丹法院，向法院呈交了NERA经济咨询公司提供的对竞争管理局采用的合并模拟模型的批判评论。最终鹿特丹法院推翻了竞争管理局的决议，认为合并模拟是不可靠的，部分内容甚至是任意杜撰的，因而摒弃了合并模拟模型的结果。

四 综合评价与展望

如果一起合并计划在审查的时候得到批准，但是在交易完成后却引起很大的反竞争效应，此时再对其进行拆分的成本就非常高昂。而如果使用合并模拟来分析该合并计划，就可以避免交易后的拆分。合并模拟的最大优点莫过于它量化了合并的单边效应，这有助于反垄断当局对合并计划作出合理的分析，提高了决策的效率和决议的准确性，节约了不必要的人力、物力和时间。就像供给需求曲线使得经济学在描述供给和需求理论时更加简洁明了一样，在分析合并引起的单边效应中引入量化的方法，也使得合并价格效应的描述变得更加简单，只要一个模型就可以直接得出合并带来的效应的方向和大小。而且在构建模拟模型的时候，要根据合并所在行业的竞争和需求特点来选择合适的模型，而后把现实中的关键要素抽象出来，并制定一些重要假设，之后将分析集中于模型中包含的关键要素和假设之上，这有助于当局充分利用现有数据，提高工作效率，最终有利于兼并的审查。

合并模拟模型不仅可以用来分析单边效应，也可以用来评估潜在合并效率能够抵消价格上升带来的反竞争效应，分析生产重置和重新进入的竞争效应，评估计划的剥离是否充足，分析对在位垄断企业进行分离会不会带来更高的效率。虽然合并模拟不能给出一个准确的价格上涨，但是它能够指出一起合并会不会带来反竞争效应，并且提供补救措施，这是其他现在可以使用的方法不能达到的。在充分了解合并模拟模型的优点与缺点之后，模拟模型可以帮助我们对所关注的合并进行思考。特别是在有些情况下，不用计算市场份额和集中度就可以知道一起合并会不会引起反竞争效应，如生产替代性很强的两种产品的合并就很容易引反竞争效应。

此外，合并模拟包含了传统分析的集中度指数，这意味着单边效应分析涵盖了集中度分析。与集中度指数相比，合并模拟不仅考虑了市场的供给方，也考虑了需求方，所以合并模拟比集中度指数更加完整。

合并模拟方法虽然有其优越性的一面，但是其使用却存在很多限制条件。只有充分了解到这些限制条件，才能够合理使用它，据此估计出可信的合并竞争效应。

首先，合并模拟方法运用的一个显著缺点是对数据的要求较高。在许多市场里，这种数据并不能够轻松获取，或者根本就不能得到这些数据，这使得许多模型的应用受到限制。

其次，合并模拟严重依赖于前提假设，如 Logit 模型和嵌套 Logit 模型依赖于 IIA，PCAIDS 依赖于按份额分配假设。如果假设不合理，那么又用模型预测的结果的可信度不高，就可能得出与事实相反的结果。

再次，合并模拟的结果严重依赖于所选择的模型，所选择的模型不同，即使是使用相同的数据，也可能得出完全相反的结果。如果选择的模型不能反映实际的需求和竞争行为，就会得出错误的结果。此外对模型进行校正涉及了许多参数，是一件非常烦琐的事情，容易受到当局分析人员的主观因素的影响，从而得出错误的结果。合并的实际情况通常非常复杂，所涉及的参数异常众多，要使用模型来描述就必须减少要考虑的参数，将模型简化到当局能够经济地分析[①]，因而并不存在一个最佳的模型既能够反映现实情况又能够合理估计。即使存在这样一个模型，法院是否有充足的知识水平理解模拟模型，并对该模型的结果做出裁决。在分析一起合并计划的时候，要权衡模型的简洁性和准确性，如果模型太简洁了往往会脱离现实，容易得出错误的结果，而如果模型太复杂了，虽然符合实际情况，但是模型的透明度就下降了，除了分析人员之外，鲜有人能够理解该模型，这样法院往往会拒绝使用该模型的结论。因而复杂的模型也受到有限时间的限制。

此外，合并模拟忽视了不可量化效应和长期竞争效应。由于短期的价格和产出效应非常重要，也容易计量，所以大多数合并模拟模型只关注短期的价格与产出效应。但是竞争机制之所以是优秀的在于它包含了分配效率、创新效率、适应效率、消费者主权和经济自由。除了分配效率是短期效率，其他的都是中长期效率。诸如进入和退出、买方势力、品牌、促销和分销以及货架竞争等短期不可量化的竞争因素也不能够纳入合并模拟模型中去。因此在分析合并中过分依赖于合并模拟模型，有些重要的效率就会被忽视，那就可能得出错误的决议。

最后，使用合并模拟分析的成本高昂。使用合并模拟分析的成本包括直接成本和间接成本两部分。直接成本包括收集数据、聘请专家以及计算中花费的时间和人力、物力等。与间接成本相比，直接成本只是冰山一角。由于合并模型的评估结果难以预计，这种法律的不确定性增加了合并的成本，因而理性的经营者可能会放弃一起可能会带来巨大效率的合并。此外，如果当局的合并模拟模型不利于合并前企业，合并企业倾向于高薪聘请专家来构建自己的合并模拟模型来挑战当局的模型，尽管这种做法可能无益于最终的结果。

---

① 在实际的合并分析中，竞争当局往往只有有限的时间来决定是否干预一起合并。

由于合并模拟模型存在种种局限性，所以并不能够单独依靠合并模拟的结果来决定是否批准一起合并，合并模拟在短期内不能够完全取代传统的结构分析，在合并分析中往往需要结合合并模拟分析和传统的结构分析。因此，美国2010年的《横向合并指南》明确提出使用合并模拟分析单边效应，但是该指南也指出："反垄断当局并不把合并模拟本身当做是令人信服的证据，当局更加注重这些合并模拟模型是否都一致预测价格大幅上涨，而不是任何一个单个模型的精确结果。"这也反映了当前世界主要反垄断执法机构对合并模拟方法所采取的"附条件采用"的共同态度。

参考文献

1. Ashenfelter, O. & D. Hosken, The Effect of Mergers on Consumer Prices: Evidence from Five Selected Case Studies [J]. NBER Working Paper Series No. 13859, Cambridge, MA., 2008.

2. Baker, J. B., Econometric Analysis in FTC v. Staples [J]. *Journal of Public Policy & Marketing*, 1999, 18 (1): 11 – 21.

3. Baker, J. B. & D. L. Rubinfeld, Empirical Methods in Antitrust Litigation: Review and Critique [J]. *American Law and Economics Review*, 1999, 1 (1/2): 386 – 435.

4. Baker, Jonathan B. & Timothy F. Bresnahan, Estimating the Elasticity of Demand Facing a Single Firm: Evidence of Three Brewing Firms [J]. Stanford: Stanford Workshop on Factor Markets, Department of Economics, Stanford University, 1984, No. 54.

5. Bengtsson, C., Simulating the Effect of Oracle's Takeover of PeopleSoft [A]. *Modelling European Mergers: Theory, Competition Policy and Case Studies* [C]. edited by P. A. G. van Bergeijk & E. Kloosterhuis, Cheltenham: Edward Elgar, 2005.

6. Berry, Steven T., Estimating Discrete Choice Models of Product Differentiation [J]. *Rand Journal of Economics*, 1994, 25: 242 – 262.

7. Berry, Steven T., James Levinsohn & Ariel Pakes. Automobile Prices in Market Equilibrium [J]. *Econometrica*, 1995, 63: 841 – 890.

8. Brannman, L. & L. M. Froeb, Mergers, Cartels, Set – Asides, and Bidding Preferences in Asymmetric Oral Auctions [J]. *The Review of Economics and Statistics*, 2000, 82 (2): 283 – 290.

9. Budzinski, O. & A. Christiansen, The Oracle/PeopleSoft Case: Unilateral Effects, Simulation Models and Econometrics in Contemporary Merger Control [J]. *Legal Issues of Economic Integration*, 2007, 34 (2): 133 – 166.

10. Budzinski, Oliver, *A Note on Competing Merger Simulation Models in Antitrust Cases: Can the Best Be Identified?* [J]. Available at SSRN: http://ssrn.com/abstract = 1116181, 2008.

11. Budzinski, Oliver & Isabel Ruhmer, Merger Simulation in Competition Policy: A Survey [J]. Working Paper. University of Southern Denmark: Department of Environmental and Busi-

ness Economics, available at SSRN: http://ssrn.com, 2009.

12. Crooke, P., L. M. Froeb, S. Tschantz & G. J. Werden, Effects of Assumed Demand Form on Simulated Postmerger Equilibria [J]. *Review of Industrial Organization*, 1999, 15: 205 – 217.

13. Cowling, Keith & Michael Waterson, Price – Cost Margins and Market Structure [J]. *Economica*, 1976, 43: 267 – 274.

14. Dalkir, Serdar, John Logan & Robert T. Masson, Mergers in Symmetric and Asymmetric Noncooperative Auction Markets: The Effects on Prices and Efficiency [J]. *International Journal of Industrial Organization*, 2000, 18: 383 – 413.

15. Deaton, A. & J. Muellbauer, An Almost Ideal Demand System [J]. *American Economic Review*, 1980, 70 (3): 312 – 326.

16. Epstein, Roy J. & Daniel L. Rubinfeld, Merger Simulation: A Simplified Approach with New Applications [J]. *Antitrust Law Journal*, 2002, 69: 833 – 919.

17. Epstein, R. J. & D. L. Rubinfeld, Merger Simulation with Brand – Level Margin Data: Extending PCAIDS with Nests [J]. *Advances in Economic Analysis & Policy*, 2004, 4 (1), Art. 2.

18. Fama E., Fisher L., Jensen M. & R. Roll, The Adjustment of Stock Prices to New Information [J]. *International Economic Review*, 1969, 10 (1): 1 – 21.

19. Foncel, Jerome, Marc Ivaldi & Jrissy Motis, Identifying Merger Unilateral Effects: HHI or Simulation? [J]. Available at http://www.soc.uoc.gr/econ/Seminars/seminars/Motis.pdf, 2006.

20. Hausman, J. & G. K. Leonard, Economic Analysis of Differentiated Products Mergers using Real World Data [J]. *George Mason Law Review*, 1997, 5 (3): 321 – 346.

21. Hausman, J., G. K. Leonard & J. D. Zona, Competitive Analysis with Differentiated Products [J]. *Annales d' Économie et de Statistique*, 1994, 34: 159 – 180.

22. Ivaldi, M. & F. Verboven, Quantifying the Effects from Horizontal Mergers in European Competition Policy [J]. *International Journal of Industrial Organization*, 2005, 23: 669 – 691.

23. Ivaldi, M., Mergers and the New Guidelines: Lessons from Hachette – Editis [A]. *Modelling European Mergers: Theory, Competition Policy and Case Studies* [C]. edited by P. A. G. van Bergeijk & E. Kloosterhuis. Cheltenham: Edward Elgar, 2005.

24. Landes, William M. & Richard A. Posner, Market Power in Antitrust Cases [J]. *The Review of Economic Studies*, 1981, 1 (3): 157 – 175.

25. Nevo, A., A Practitioner's Guide to Estimation of Random – Coefficients Logit Models of Demand [J]. *Journal of Economics & Management Strategy*, 2000, 9 (4): 513 – 548.

26. Maa, J. de & G. Zwart, Modelling the Electricity Market: Nuon – Reliant [A]. *Modelling European Mergers: Theory, Competition Policy and Case Studies* [C], edited by P. A. G. van Bergeijk & E. Kloosterhuis, Cheltenham: Edward Elgar, 2005.

27. McAfee, R. P., Testimony of R. Preston McAfee in *United States v. Oracle* [J]. available at http://vita.mcafee.cc/PDF/OracleTestimony.pdf, June 21, 2004.

28. Perry, Martin K. & Robert H. Porter, Oligopoly and the Incentive for Horizontal Merger [J]. *American Economic Review*, 1985, 75 (1): 219 – 227.

29. Pinkse, J., M. E. Slade & C. Brett, Spatial Price Competition: A Semiparametric Approach [J]. *Econometrica*, 2002, 70: 1111−1155.

30. Pinkse, J. & M. E. Slade, Mergers, Brand Competition, and the Price of a Pint [J]. *European Economic Review*, 2004, 48: 617−643.

31. Pflanz, M. "Oracle/PeopleSoft": The Economics of the EC Review [J]. *European Competition Law Review*, 2005, Vol. 26 (3): 123−127.

32. Scheffman, David T. & Mary Coleman, Quantitative Analyses of Potential Competitive Effects from a Merger [J]. *Geo. Masson Law Review*, 2003, 12 (2): 319−369.

33. Slade, Margaret E., Merger Simulations of Unilateral Effects: What Can We Learn From the UK Brewing Industry? [J]. Working Paper. University of Warwick, Department of Economics, Coventry, available at http://wrap.warwick.ac.uk/82/, 2006.

34. Salant, Stephen W., Sheldon Switzer & Robert J. Reynolds, Losses from Horizontal Merger [J]. *Quarterly Journal of Economics*, 1983, 98 (2): 185−213.

35. Werden, Gregory J., Luke M. Froeb & Timothy J. Tardiff, The Use of the Logit Model in Applied Industrial Organization [J]. *International Journal of the Economics of Business*, 1996, 3: 83−105.

36. Werden, Gregory J., Expert Report in United States v. Interstate Bakeries Corp. and Continental Baking Co. [J]. *International Journal of the Economics of Business*, 2000, 7 (2): 139−148.

37. Werden, Gregory J. & Luke M. Froeb, Unilateral Competitive Effects of Horizontal Mergers [A]. *Handbook of Antitrust Economics* [C]. edited by Paolo Buccirossi. Cambridge, Mass.: MIT Press, 2008.

38. Werden, Gregory J., Luke M. Froeb & David T. Scheffman, A Daubert Discipline for Merger Simulation [J]. *Antitrust*, 2004, 18 (3): 89−95.

39. 陈甬军、胡德宝：《中国电信产业垄断分析——基于剩余需求法的实证研究》，《广西社会科学》2008年第8期。

40. 董红霞：《美国欧盟横向并购指南研究》，中国经济出版社2006年版。

41. 吕振通、胡伟民、朱东明：《中国新购汽车市场的需求估计与并购模拟分析——BLP模型的应用》，中国人民大学汉青经济与金融高级研究院：《第二届Five Star经济论坛研讨会论文》，中国人民大学2009年版。

42. 王继平：《临界损失分析的新进展：讲述一个完整的故事》，《产业组织评论》2010年第4期。

【书 评】

《不完全竞争经济学》评介*

杨晓萌

【著作信息】

Joan Robinson. *The Economics of Imperfect Competition*. Macmillan and Co., Limited, January 1, 1933.

【本书精要】

《不完全竞争经济学》放弃了新古典经济学关于完全竞争的假设,转向从不完全竞争的角度,分析经济均衡的条件。从内容上看,该书分为两大部分,按照罗宾逊夫人的说法就是:"垄断,即卖的原理,和买方垄断,即买的原理。"该书为经济分析提供了一系列实用的工具,对现今的经济分析仍具意义。

【作者简介】

琼·罗宾逊(Joan Robinson,1903–1983),原名琼·瓦奥莱特·莫里斯(Joan Violet Maurice),于1903年10月出生在英国坎伯利的一个高层军官家庭。她是世界级经济学家当中的唯一女性,有史以来最著名的女性经济学家,新剑桥学派最著名的代表人物和实际领袖。

琼的一生与剑桥结缘,在剑桥学习和执教了近50年。1922年10月,琼进入剑桥大学的格顿(Girton)学院攻读经济学。当时,新古典学派的集大成者马歇尔(A. Marshall)还在世,但已垂垂老矣,主要由他的高足庇古(A. Pigou)给学生讲授马歇尔的经济学。可以说她是马歇尔、庇古共同的学生。1925年琼以优异的成绩毕业,并获得了二等荣誉奖。1927年琼与经济学家罗宾逊结婚,从此以罗宾逊夫人闻名于师友间和全世界。1931年罗宾逊夫

---

* 作者简介:杨晓萌:东北财经大学产业组织与企业组织研究中心助理研究员、经济学博士。

人成为初级助理讲师，6年后升为讲师，1949年升任高级讲师。1965年获得正教授头衔，自此，罗宾逊夫人就一直主持剑桥大学的政治经济学讲座，并成为经济系的名誉教授，是剑桥里许多大学生最崇拜的学者之一。

1933年，琼发表了《不完全竞争经济学》一书，该书使她一跃进入当时经济理论研究的最前沿。这部作品成书于当时持续了10年之久的关于成本曲线和资本收益法则的激烈争论中。早在1926年，斯拉法就已经在《成本与产量之间的关系》（1925年）及《竞争条件下的收益规律》（1926年）两篇论文中指出，马歇尔的以完全竞争模式为假定前提条件的价格理论是不成立的，并以此为基调，对垄断竞争作出了概括性的分析。他的这一思想给罗宾逊很大的启发。在此基础上，罗宾逊提出了她的"不完全竞争"理论，并于1933年出版了《不完全竞争经济学》这本名副其实的巨作。在书中，她舍弃了马歇尔的价格理论所立足的完全竞争的前提假设，而将完全竞争作为不完全竞争的一个特殊情况来处理。有趣的是，同年在美国，哈佛的张伯伦（Edward Chamberlin）也出版了《垄断竞争理论》，二人的理论都是针对非自由竞争条件下价格的形成，但又各不相同。

1936年约翰·凯恩斯出版了《就业、利息与货币通论》（简称《通论》），罗宾逊夫人开始了对《通论》的阐释工作。这个时期的罗宾逊夫人为凯恩斯主义在全球渐入人心充当了引路人。罗宾逊夫人的左翼学术倾向在遇见波兰经济学家卡莱茨基（M. Kalecki）后开始逐渐显现。20世纪30年代末，她开始研读马克思主义经济理论，并于1942年出版了《论马克思主义经济学》，至今还是西方研究马克思主义经济学的经典文献。

第二次世界大战以后，刚取得正统地位的凯恩斯经济学出现了重大的分野。罗宾逊夫人等剑桥学者试图将凯恩斯理论拓展到长期经济增长的领域中，使之具有普遍性，创建了新剑桥学派经济增长模型，同时把经济学重心放在分配理论上，史称英国凯恩斯主义。美国坎布里奇的萨缪尔森却主张要认祖归宗，并自称主流，史称美国凯恩斯主义。这是在经济学思想史上最为硝烟的一页。

1971年，罗宾逊从剑桥退休。晚年的她获得了无数荣誉，如1979年，她成为剑桥国王学院（King College）建院以来的第一位女院士，是由全院经济学家一致推举的；1980年，即她去世的前三年，哈佛大学授予她该校的最高荣誉奖——法学名誉博士。然而令人遗憾的是，在这一系列荣誉中，独独少了经济学界的最高荣誉——诺贝尔经济学奖。经济学界中的人一再议论，罗宾逊夫人是没有获得但实际应该得到诺贝尔经济学奖的最伟大的得主，连她学术上的对手萨缪尔森在她去世后所撰写的悼念文章中，也为这一点而鸣冤叫屈。不过，值得欣慰的是她的弟子阿马蒂亚·森和约瑟夫·斯蒂格利茨替她拿到了诺贝尔经济学奖。

【作品内容】

  罗宾逊一生出版了很多经济学著作,《不完全竞争经济学》是其中最有影响的著作之一,代表了罗宾逊自己的经济理论观点。此书出版于1933年,与美国哈佛大学张伯伦的《垄断竞争经济学》几乎同时出版,被认为奠定了现代价格理论的基础。全书除绪论、结论和附录外,共分10篇27章:第一篇分析方法,包括第一章假设、第二章几何;第二篇垄断均衡,包括第三章垄断均衡、第四章需求的变动、第五章成本的变动;第三篇竞争均衡,包括第六章供给曲线、第七章竞争均衡、第八章论租金、第九章完全竞争下的供给曲线;第四篇垄断产量与竞争产量的比较,包括第十章论四成本曲线、第十一章垄断产量与竞争产量的比较、第十二章比较评述、第十三章垄断价格的控制、第十四章对比较的反对意见;第五篇价格歧视,包括第十五章价格歧视、第十六章价格歧视的利弊;第六篇买方垄断,包括第十七章论买主、第十八章买方垄断、第十九章买方垄断和垄断对完全竞争的关系;第七篇生产要素的需求,包括第二十章论边际净生产力、第二十一章单个雇主的劳动需求、第二十二章产业的劳动需求曲线;第八篇垄断与竞争下的劳动需求比较,包括第二十三章垄断劳动需求与竞争劳动需求的比较、第二十四章对比较的修正;第九篇剥削,包括第二十五章垄断对劳动的剥削、第二十六章买方垄断对劳动的剥削;第十篇垄断世界,包括第二十七章垄断世界。附录为"报酬递增与报酬递减"。该书是讨论经济分析方法的著作,用罗宾逊夫人本人的话说,"本书的目的是在于给分析经济学家准备一箱工具"。

(一) 分析方法

  罗宾逊提出,"该书的目的在于表明,一种商品的产量与价格可以用一种以研究个人决定为基础的方法来进行分析"。全书的分析都是建立在经济人假设的基础上,即"各人在其所处的环境中都根据自己的经济利益来有理智地行动"。她的研究方法是把影响个人决定的因素分为两部分,并假定两个因素相互独立,两个因素分别用两条曲线来表示,并根据主体的不同而不同。对于生产者其销售由成本曲线和不由其支配的需求曲线决定;对于买主(包括作为生产要素买主的生产者)其购买由需求曲线和供给曲线决定。罗宾逊还特别说明,"该书所述的方法是用来研究均衡状态的方法,时间经过所造成的结果是不提的"。

  罗宾逊对商品、企业、工业、需求曲线、供给曲线、效用曲线、弹性、需求弹性、供给弹性、无弹性、由弹性、完全无弹性、完全有弹性、完全竞争、生产要素、生产单位、自然单位等本书中重要的词语进行了定义,还提供了一些论证中有用的解释,如需求曲线、个别需求曲线、供给曲线、时间、曲线的形状、企业家。

在分析方法中,罗宾逊着力介绍了边际曲线与平均曲线,这是贯穿全书的重要分析工具。边际曲线与平均曲线的基本关系是,就任何一定的产量来说,边际曲线下的面积等于平均曲线对面的矩形。若两条曲线都是直线,则通过平均曲线上的任意一点向 Y 轴所作的垂线被边际曲线二等分,也就是说,边际曲线的下降率(或上升率)是平均曲线下降率(或上升率)的二倍。这一基本关系为我们提供了根据平均曲线画出边际曲线的方法。此外,罗宾逊还具体分析了各种特殊情况下边际曲线与平均曲线的关系,这些关系为读者在罗宾逊本书以后论证的许多方面提供了参考。

(二) 垄断均衡

在对垄断均衡的探讨中,作者分析了一个简单的问题——在生产者一定、需求及成本情况一定的条件下,个别生产者对其商品索要的价格由什么决定。作者认为,边际收入曲线与边际成本曲线决定个别生产者的产量和价格,而平均成本曲线和平均收入曲线则决定企业利润的大小。

罗宾逊假定个别企业对自己事物的安排总是使得他在其所处的特定情况下能够获得最大的利润。这种假设是她边际曲线价值分析方法的基础。由此引申出"边际收入等于边际成本"时利润最大化的原理。她分析了不完全竞争下,生产者的个别均衡条件和充分均衡条件。认为垄断条件下,个别生产者的产量与价格由边际收入等于边际成本这一点决定,并推导出了垄断价格是边际成本和需求弹性的函数。罗宾逊认为,"在相当长的时期内,如果需求和供给的情况不变,垄断者只要比较边际收入和边际成本,就能求出准确的垄断产量。当他调整其销售量,达到垄断产量实现均衡时,即使有其他均衡点同时出现,并提供较大净收益,也不会使其移动"。罗宾逊还进一步分析了需求、成本发生变动的影响。

1. 需求变动对垄断价格和产量的影响

垄断价格是边际成本和需求弹性的函数,因此,需求变动对价格的影响取决于边际成本和需求弹性的变动。如果需求曲线提高后新旧曲线是等弹性的,则价格上涨、下落或不变要看边际成本是上升、下降或不变而定。如果边际成本不变,而且新需求的弹性要比旧需求的小,则价格将上升;如果它的弹性比旧需求大,则价格将下降。很显然,在很多情况下,价格的变动是由这两种方向相反的力量造成的,价格的变动要综合二者变动的情况来具体确定。

需求的变动对垄断产量产生的影响是:若价格不变,则产量会增加。若价格下降,则产量的增加必然大于需求的绝对变动;若价格上升,则产量的增加必然小于需求的绝对变动。

2. 成本变动对垄断价格的影响

罗宾逊在分析成本变动前指出，由于成本的变动形式更加复杂，为了简化分析，假定"成本是在最简单的可能方式下增加的"，如因定额税的成本增加，这样平均成本曲线与边际成本曲线因税收而一致提高，但曲线形状不变。需求曲线的凹度与价格呈正向变动关系，即需求曲线的凹度越大，成本的一定增加使其价格的上升越大。罗宾逊通过分析得出结论，"通常，每单位产品所附税额的影响是提高价格，且价格提高的程度小于全部税额。只有当边际成本曲线比需求曲线下降得快，或需求曲线有足够的凹度时，价格的上涨才等于或大于税额。如果边际成本随着产量的增加而上升，或如果需求曲线是凸形，则税对价格的影响有减弱的趋势；在供给完全没有弹性，或需求曲线的凸度为无限大，因而曲线上有一拐点的极端情况下，价格全然不会提高"。但是，罗宾逊自己也指出，"这些结论只能是用于很窄的范围"，即"只适用于分别加以考察的一个企业"。

（三）竞争均衡

在对单独一个企业的产量和价格进行分析后，罗宾逊讨论了多个企业生产的某种商品的供给曲线。罗宾逊指出，供给曲线的确定有很多困难。首先，完全竞争在现实世界难以实现，原因在于：完全市场要求顾客对不同买主所收取的不同价格都有相同的反应，但在现实中，顾客在购买时除了考虑价格外，还要考虑许多其他因素，比如运输成本、质量保证、服务的便利等，此外还会受到广告的影响。其次，时间因素也是困难之一，因为不论什么时候，某产业中的各个企业并不都是处于均衡状态的。罗宾逊认为，在不完全竞争情况下，决定个别生产者产量的是边际收益，而不是价格，同时二者之间的关系取决于个别需求曲线的形状，而一定商品总需求的增加对产量的影响将随着它对个别需求曲线影响的不同而不同。

在竞争均衡的讨论中，罗宾逊首次考虑了垄断利润对销售任何一种商品的生产者数量的反作用。罗宾逊指出，利润水平可以左右是否有新企业加入。正常利润下，没有新企业家加入或旧企业退出，该产业处于完全均衡状态。如果利润小于正常利润，则产业衰退（企业退出）。完全均衡状态需要两个条件：边际收入等于边际成本；平均收入（或价格）等于平均成本。当商品的需求增加，由于此时各企业将获得超过正常利润的额外利润，新企业将被吸引到该产业中来。当各企业的需求曲线再一次切于平均成本曲线时，就会出现一个长期均衡的新局面。

罗宾逊还试图为读者提供以该书的抽象程度来分析任何一定条件下的某种商品的供给曲线的思路。该思路是从两个方面分析产业产量的变动对所生产商品价格的影响：一方面，假定工业产量的变动对个别卖主的成本没有影响，则这种变动对它的需求的影响如何；另一方面，假定他的需求发生了一种极其简单的变动,则对她的成本有何影响。罗宾逊通过这两方面的分析得出结论认为,在其假设条件下,需求变动可以使供给价格上升、下降或不变,最终结果取决于需求曲线变动的移动方式。她还指出,完全竞争是竞争条件的一个特例,"完全竞争与不完全竞争的区别只是程度上的区别"。

(四) 垄断产量与竞争产量的比较

在对垄断均衡和竞争均衡进行了分别讨论后,罗宾逊对垄断产量与竞争产量进行了比较分析。罗宾逊对二者的比较实际上是在其他条件不变的情况下,分析了某完全竞争产业中的许多独立生产者化为一个生产者的时候对该产业产量的影响。

在进行分析前,罗宾逊首先就支配垄断产量的成本曲线与支配竞争产量的成本曲线进行了分析。罗宾逊将成本曲线细分为租金在内的边际成本曲线、包括租金在内的平均成本曲线、不包括租金在内的边际成本曲线、不包括租金在内的平均成本曲线四条。在根据一个生产要素的任何单位的转移成本不以所使用的该要素的量为转移这一假设基础上,分别分析了各种情况下四条成本曲线之间的关系。

在明确了不同情况下个成本曲线间的关系后,罗宾逊对垄断产量和竞争产量进行了比较分析。在分析了不同情况下的垄断产量和竞争产量的关系后,罗宾逊得出结论:"只有存在稀有要素(垄断者不付全部租金)、同时有大规模工业的经济(economics of large - scale industry)时,垄断产量才可能大于竞争产量。而在所有其他场合,垄断产量(在极端的假设下)可以等于竞争产量,但不能超过它。"

在对比较的评述中,罗宾逊指出,"认为垄断产量和竞争产量的关系取决于供求弹性的这种一般性观点是错误的"。正确的命题应该是,"如果供给曲线和需求曲线的斜度随着产量的缩减向着有利于垄断者的方向改变,就会鼓励他进一步缩减产量","反之,对产量的限制程度有降低的趋势",并且这一命题只有在严格的假设下才是正确的。

罗宾逊还提出了使垄断者生产竞争产量的两种方法:一种是在成本下降的情况下,将最高限价规定为竞争价格;另一种是在成本上升情况下,向垄断者提供等于竞争产量的边际成本与平均成本之差的补贴。

最后,罗宾逊就各种反对意见给予了解释。第一,罗宾逊对反对意见"就一些很普通的垄断(自然垄断),这种比较是没有意义的"的解释是,"在这种类型的垄断场合下,不能和竞争产量进行比较,因为它的情况使竞争成为不可能"。第二,罗宾逊对反对意见"竞争产业的成本曲线并不因垄断的形成而有所改变这一假设在现实中极其罕见"的回答是,现实中不存在完全竞争,而在完全竞争中这一假设是完全站得住脚的。第三,罗宾逊指出,在不完全竞争市场中,生产者进行垄断的动机是提高价格和通过改善组织结构来降低成本，而在完全竞争市场中，这种动机只剩下了提高价格，并且在完全竞争市场上维持垄断的困难更大。因此完全竞争转变为垄断的可能性很小。第四，罗宾逊对"为保证垄断者的成本曲线和竞争下的成本曲线相同，垄断的产量管理机构必须毫无所费且有无限大的能力"这一假设的可能性进行了解释。第五，罗宾逊指出，比较分析的缺点在于，作为比较基础的假设"不论产量的大小，垄断者的平均成本和竞争产业的平均成本相同"只有在很特殊的场合才能实现。

（五）价格歧视

罗宾逊把价格歧视强调为不完全竞争的一个重要特点，认为只有在市场竞争不完全，顾客不容易从一个卖者转移到另一个卖者时，才会出现某种程度的价格歧视。罗宾逊将价格歧视定义为，"一个机构监督下生产出来的同种商品按照不同价格售与不同买主的行为"。实现价格歧视的前提条件是：（1）企业能够清楚地了解市场的不同部分或不同买者集团的需求价格弹性，以便根据不同的需求弹性制定不同的价格。（2）主观和客观上能够防止买者从贱价市场购买货物到高价市场转手倒卖。罗宾逊指出，价格歧视下的垄断产量是垄断者的边际成本曲线和总边际收入曲线的交点决定的，这种总产量由各个市场的销售量构成，各个市场的边际收入等于总产量的边际成本，各个市场的价格是那里所出售产量的需求价格。罗宾逊认为，价格歧视的存在取决于各可能销售的市场的需求弹性之间的差别，垄断者在弹性最小的市场收取最高价格，而在弹性最大的市场收取最低价格。

罗宾逊还进一步对单纯垄断产量和歧视垄断产量进行了比较。她指出，价格歧视下的总产量大于或小于单纯垄断下的总产量，将依各个不同市场的弹性较大的需求曲线的凹度大于或小于弹性较小的需求曲线的凹度而定，如果需求曲线都是直线或它们的凹度相等，则总产量将不变。

对于价格歧视是好是坏，罗宾逊阐述了自己的观点。从全社会的角度看，不可能断言价格歧视的好坏。如果任何商品没有生产到它的边际效用等于它的边际成本的那一点，从社会角度看，显然是一种浪费。但在单纯垄断下，边际收益等于边际成本，因此垄断产量少得不能令人满意。所以，从某种程度上看，价格歧视在导致产量增加的一切场合被认为优于单纯垄断。但还必须把这种利益和价格歧视是资源在各种用途中间的分配不均这种事实加以权衡。在对价格歧视的好坏下定论之前，有必要比较产量增加的利益与上述不利之处在价格歧视减少产量的情况下，从两方面看它都是不好的。

（六）买方垄断

罗宾逊对买方独占分析，实质上是从一个买主的观点介绍了价格分析。罗宾逊只考察了买主垄断和买主完全竞争的市场，没有涉及买主不完全竞争市场的分析。在这一分析中,罗宾逊使用了福利经济学中的效用和边际效用作为分析工具之一。罗宾逊认为虽然效用在经济分析中经常使用,但是对效用的定义没有一个是令人完全满意的,而且边际效用曲线是价值一连串的边际分析上最弱的一环。

罗宾逊指出,买主间的完全竞争所需要的条件是:"组成一个市场的买主人数很多,因此其中任何一个买主的购买量变动对市场总购买量的影响小得可以忽略不计",以及"卖主们不管对谁都一视同仁地供给自己的商品"。如果买主间存在完全竞争,各买主的边际效用必然等于商品的价格。

罗宾逊对买方垄断的分析与她对垄断的分析思路相似,对买方垄断与买方竞争进行了比较,认为买方垄断者要获取最大的消费者剩余。同时,她还指出,如同垄断者有价格歧视一样,买方垄断也有价格歧视,并且对其的分析与垄断价格歧视的分析完全对应。罗宾逊对买方垄断分析的独特之处在于她指出了"重要的买方垄断情况因垄断而产生","垄断者必然是他所使用的生产要素的买方垄断者"。

在对买方独占进行了分析后,罗宾逊道出了买方垄断、垄断和完全竞争的共同之处,那就是"一个人将使边际收益(不论是效用或收入的)等于边际成本"的这一准则在三种场合都同样适用。

(七) 对买方垄断和垄断的深入研究

罗宾逊为了对买方垄断和垄断进行深入研究,考察了一个生产要素(劳动)的需求曲线,并比较了垄断与竞争条件下的劳动需求,还分析了垄断和买方垄断对劳动的剥削。

首先,罗宾逊考察了以劳动为代表的一个生产要素的需求曲线性质。罗宾逊从商品的需求曲线、生产技术条件和其他生产要素的供给曲线入手,分析了劳动需求曲线的确定和性质。其中特别对马歇尔关于劳动需求弹性的几个命题进行了考察。(1) 在对马歇尔"一种生产要素在总成本中所占的比例越小,它的需求弹性也就越小;其他要素的供给弹性越小,该要素的需求弹性也越小"的命题进行考察后,罗宾逊指出:该命题只有在替代不可能的情况下才成立,而且马歇尔忽略了替代可能时所引起的复杂情况。(2) 罗宾逊指出,马歇尔的命题"劳动对资本的比例越小,劳动的需求弹性就越小"只适用于工资下降时资本总量增加,即替代弹性小于商品的需求弹性的场合。而在替代弹性等于或大于商品的需求弹性的场合下,该命题是不正确的。(3) 罗宾逊在分析了各种情况后指出,马歇尔的另一个命题"资本的供给弹性越小,劳动的需求弹性就越小",只有在商品的需求弹性等于替代弹性,从而资本数量不变时,才不适用。在其他情况下,该命题都是正确的。

其次,罗宾逊比较了垄断与竞争条件下的劳动需求。可以说垄断与竞争条件下劳动需求的比较与垄断产量与竞争产量的比较是完全对称的,比较步骤相同，分析所使用的几何工具也相同。通过逐步分析，罗宾逊指出，不论在任何场合，垄断条件下所雇用的人数都少于竞争条件下所雇用的人数。但是，如果垄断者不对劳动支付租金，如果大规模工业的经济大得足以保证竞争条件下的劳动需求曲线上升，则垄断条件下所雇用的人数将多于竞争条件下所雇用的人数。

最后，罗宾逊还从垄断和买方垄断两个方面分析了对劳动的剥削。罗宾逊对垄断与竞争下的劳动需求的比较为她阐明与对劳动剥削有关的一系列问题奠定了基础。在罗宾逊的分析中，剥削采用了比较广泛的定义，即如果一群工人的工资小于他们生产的边际物质产品按出售价格所估计的价值，他们就是被剥削的。她指出，剥削产生的根本原因在于劳动供给和商品需求缺乏完全弹性，也就是说，商品市场的不完全和劳动市场的不完全都可以产生剥削。罗宾逊还探讨了各种情况下消灭剥削的方法。她指出，在商品市场不完全而劳动市场完全时，提高工资无法消灭剥削，只有将价格控制在能够从垄断那里取得竞争产量时，剥削才能被消灭；而在商品市场完全但劳动市场不完全时，就会出现买方独占的剥削，这一类型的剥削可以用规定最低工资的办法来消除。罗宾逊在分析中还提出了一个观点：消灭剥削对劳动者并不总是有利的。

（八）垄断世界

罗宾逊不再对垄断进行价值理论的探讨，而是进入福利经济学的领域中，试图说明如何将垄断的价值分析与福利经济学结合起来。罗宾逊对垄断世界的分析与其对其他问题分析的最大不同在于，罗宾逊对这一问题的讨论带有一些伦理性。

在罗宾逊之前，阐述经济学原理时经济学家通常总是首先分析完全竞争世界，而把垄断当作一个特殊事例。而罗宾逊在对垄断世界的分析中将完全竞争视为一般垄断状态中非常特殊的事例，并用该观点分析了这样一个世界，在这个世界中各种商品是在垄断下生产出来的。罗宾逊从垄断世界与竞争世界的比较和垄断世界与不完全竞争世界的比较两方面分析了垄断世界。

首先，在与完全竞争世界的比较中，在不断放松假设后，罗宾逊指出了垄断对国民收入配置、资源配置和生产要素剥削的影响：（1）垄断世界中会产生对生产要素的剥削，而且垄断的规模扩大将提高剥削程度；（2）垄断世界中的国民收入结构与理想境界相去甚远，因为虽然垄断和完全竞争世界都因财富不均而使资源分配不当，但垄断世界因垄断下的边际收入与价格的种种背离加剧了资源分配的不当，而且垄断者造成的国民收入构成的改变会加剧财富分配的不均。

其次，在与不完全竞争的现实世界的比较中，罗宾逊指出了垄断世界具有某些好处，但现实世界中是否应该推行垄断还取决于两个问题的答案：一是垄断化的经济究竟有多大?从扩大企业规模所能期望的工业组织改善(效率提高)有多大?二是生产效率方面多大的利益才足以使垄断被认为是合意的?第一个问题是事实问题,可以从实际情况作出估计;第二个问题是个人的判断问题,仁者见仁、智者见智,但关键要权衡可能有的垄断效率和财富分配更不平等的危险,二者孰轻孰重。

【简要评述】

琼·罗宾逊是为数不多的女经济学家中非常著名的一位,她一生最大的贡献当数不完全竞争理论的提出。这一理论对微观经济学的贡献毫不逊色于希克斯和萨缪尔森对微观经济学的发展。此外,她还尝试将凯恩斯的有效需求原理应用到增长理论中去。这一工作尽管最初是由哈罗德进行的,但"琼·罗宾逊的著作不仅更全面、更富于启示,而且还包含了源于卡莱茨基而不是凯恩斯的有效需求理论"[1]。萨缪尔森这样评价罗宾逊:"琼·罗宾逊对经济学的功劳非常之大,因为她在这个学科的各个领域都作出了许多贡献:不完全竞争、凯恩斯宏观经济学国际贸易、对马克思主义分析方法的贡献和对它的批判、增长理论、经济哲学,以及其他很多。"[2]

很多著名经济学家都认为应该将诺贝尔经济学奖颁给琼·罗宾逊,但她最终却没有获奖。斯库拉斯说道:"琼·罗宾逊在经济学界有两个独特之处:她是迄今为止所有伟大经济学家中唯一的女性;也是在世的[3]伟大经济学家中唯一还没有获得诺贝尔奖金的人。这两点是经济学界的耻辱。"弗里德曼在他的讲演中说道:"整个经济学界几乎会无异议地同意,在这段时期内,可能只有一位女性候选人完全符合相关的评鉴标准——她就是英国的经济学家罗宾逊夫人。"[4]

《不完全竞争经济学》作为琼·罗宾逊的学术代表作,其价值就在于此书突破了"斯密传统"。亚当·斯密以后的一两百年里是自由资本主义发展的鼎盛时期,那时垄断还是个别现象。当资本主义进入垄断阶段之后,经济学理论已无法对其进行解释,现实世界中的普遍垄断现象开始引起经济学家的关注。从 19 世纪初的西斯蒙第、穆勒、麦克库洛赫,到 19 世纪末和 20 世纪初的马歇尔、古诺、埃奇沃思、西奇威克,尤其是庇古和斯拉法,他们早已对垄断理论和市场的不完全性作了大量的研究。但问题在于,他们始终沿

---

[1] 塞诺斯·斯库拉斯:《琼·罗宾逊的经济学》,载沙克尔顿和洛克斯利编《当代十二位经济学家》,商务印书馆 1992 年版,第 223 页。
[2] 同上书,第 232 页。
[3] 当时是 1981 年。
[4] 米尔顿·弗里德曼:《在瑞典皇家科学院的演讲》,载伯列特、史宾斯编《诺贝尔之路》,西南财经大学出版社 1999 年版。

袭着"斯密传统",即将自由竞争作为普遍现象而把垄断作为例外来构造他们的理论框架。

  一直到 20 世纪 30 年代中期,美国哈佛大学的张伯伦和英国剑桥的罗宾逊夫人分别出版了《垄断竞争理论》和《不完全竞争经济学》才正式宣告"斯密传统"的彻底结束。《不完全竞争经济学》的贡献在于:罗宾逊在书中摈弃了长期以来以马歇尔为代表的新古典经济学关于把"完全竞争"作为普遍的而把垄断看做个别例外情况的传统假定,认为完全竞争与完全垄断是两种极端情况,提出了一套在经济学教科书中沿用至今的用以说明处在两种极端之间的"垄断竞争"的市场模式,并在其成因比较、均衡条件、福利效应等方面运用边际分析的方法完成了微观经济的革命,将市场结构分成了更加符合资本主义进入垄断阶段实际情况的 4 种类型。此书的经济学意义就在于,20 世纪中期宏观经济学之所以能够得到长足的发展,其天然逻辑的发展起点就是对垄断的分析,从这个起点出发,恰恰使得西方经济学比较正确地描述和表达了百年经济历史的本质和现状。

    (产业组织与企业组织研究中心 杨晓萌 编写 吴绪亮 审订)

《规模经济与范围经济》评介

陈艳利

【著作信息】

Alfred D. Chandler, *Scale and Scope: The Dynamics of Industrial Capitalism*. Belknap (Harvard University Press), 1990.

【本书精要】

《规模经济与范围经济：工业资本主义的原动力》以美国、英国、德国三个工业强国 200 家大型工业企业作为研究对象，全面考察了工业资本主义的产生和发展，讨论了三个国家的企业内部权力生态、组织扩展和企业外部环境，发现了三种不同的现代企业的管理模式，即美国的竞争性管理资本主义、英国的个人资本主义和德国的合作管理资本主义，提出了"组织能力"的概念，并指出组织能力是通过对生产、营销和管理三方面的持续投资来获得的，它是工业资本主义的核心动力，只有通过设备和技能的合理整合协调，企业才能在竞争中建立起强大的进入障碍或突破在位企业建立的进入障碍，才能实现规模经济和范围经济。这些研究结论对经济学、管理学等领域产生了广泛而深远的影响，对产业组织、技术变化与经济增长、知识产权、竞争政策均具有重要影响。

【作者简介】

艾尔弗雷德·杜邦·钱德勒（Alfred Dupont Chandler Jr.）生于 1918 年 9 月 18 日，这一时期，正是美国公司走出国门、进军欧亚的时期，钱德勒后来立志研究美国企业的发展与扩张史，正迎合了时代大潮。钱德勒先后就读于埃塞克特学院、北卡罗来纳大学和哈佛大学，1940 年，钱德勒于哈佛大学本科毕业后到海军大西洋舰队摄影特遣队服役 5 年。此后，他在北卡罗来纳大学获硕士学位，并于 1952 年在哈佛大学历史系获哲学博士学位。钱德勒于

1951—1963 年在麻省理工学院教书，1963—1971 年转到霍普金斯大学，1971 年被哈佛大学商学院聘为企业史教授，在那里一直工作到近 80 岁才退休。2007 年 5 月 9 日，钱德勒在整理妻子祖父的传记时，不幸仙逝，享年 90 岁。

钱德勒以企业史的研究而著称。在很大程度上，企业史（美国人称之为商业史）这一研究领域就是他开创的。美国《商业周刊》曾赞誉钱德勒："在商业历史中，BC 意味着在钱德勒之前"（Before Chandler）。所以，商业史时代也被称为 AC（After Chandler）。

钱德勒著作颇丰，包括《罗斯福书信集》（1951—1954）、《普尔：商业编辑、分析家和改革家》（1956）、《战略与结构：美国工商企业成长的若干篇章》（1962）、《铁路：美国的第一个大企业》（1965）、《杜邦和现代公司的造就》（1971）、《看得见的手：美国企业的管理革命》（1977）、《管理者的科层：现代工业企业兴起的比较性透视》（1980）、《规模经济与范围经济：工业资本主义的原动力》（1994）、《由信息转型的国家：信息如何把美国从殖民地时代转变到当前时代》（2000）、《发明电子世纪：消费电子业和电脑业的史诗故事》（2001）、《塑造工业时代：现代化学工业和制药工业的非凡历程》（2005），等等。其中的三本著作《看得见的手》、《战略与结构》以及《规模与范围》奠定了钱德勒不可撼动的学术地位，被冠之为"钱氏三部曲"。《看得见的手》既获得了美国历史著作最高奖——班克洛夫特奖，同时也因其详尽的调查式的描述，获得了美国新闻图书最高奖的普利策奖，钱德勒也因此获得了 1993 年诺贝尔经济学奖的提名。

钱德勒终其一生，坚信现代大企业是国民财富最重要的创造者，是资本主义经济发展的发动机。企业对大规模生产和分配的组织能力不仅提供了企业成长的动力源泉，而且在国际工业领导权的竞争中提供了导致国民经济兴衰的增长动力，决定了企业和国家的兴衰。

【作品内容】

作为钱德勒的扛鼎之作，《规模与范围》也成为企业史的经典著作。这本书的切入点在于一百多年前现代企业制度的形成时期，并由此凸显传统企业和现代企业在管理层面的巨大差异。钱德勒以美国、英国和德国为样本，全面考察了工业资本主义的产生与发展，讨论了美国、英国和德国三种现代企业的不同管理模式，最终推论出了贯穿全书的核心问题——组织能力是工业资本主义的原动力。

钱德勒部分认同经济学家科斯所说的"企业的本质在于节省市场交易费用"，但他认为这仅仅是某种经济学的成本收益逻辑，他的核心观点是"企业的本质是权力分离和经理人阶层的独立化"，而这正是划分资本主义的唯一科学方式。《规模与范围》一书就是钱德勒这种核心思想的延续，通过对美国、英国、德国三国企业内部权力生态与组织扩展和企业外部环境（法律、市场规模、技术推动力）的考察，他将经理人资本主义分成三类：美国是竞争性的经理人资本主义，英国是个人式的经理人资本主义，德国则是合作式的经理人资本主义。

（一）美国：竞争性的经理人资本主义

钱德勒认为，现代企业有两个基本特征：一是它含有一些不同的组成单位，是典型的多部门多单位结构[①]；二是由一些专职的、领薪水的管理人员组成等级制管理团队，由他们从事管理协调，支配企业。在美国，经理的作用特别重要，所以，钱德勒把美国的资本主义称为"竞争性的经理人资本主义"。这种管理资本主义是由现代企业构成的，经理人员在其中发挥着支配性作用的制度。

美国本是英国在北美的十三块殖民地，独立之后，通过购买、吞并等手段，最终成为横跨北美大陆的大国。与此同时，美国的人口迅速增加，这不仅包括本国人口的迅速繁衍，而且包括从其他国家来到这里追寻"美国梦"的大量移民。由于美国相对于英国是一个后发国家，多数人口生活在偏远的农村，特别是由于"西部大开发"，很大比例的美国人散居在中部大平原和西部洛基山区，而美国的工业化速度又非常的快，广阔的市场催生了大型公司。运输和通信革命为大公司提供了必要的条件。迅猛的铁路化，与铁路相伴随的电报网，之后贝尔发明的电话，更加提高了人们通信的准确性和及时性。铁路与早期美国小企业管理上的最大的区别是，铁路必须要进行集中的统一管理和调度，英国式的承包制对铁路不再适用。在这种现实需要面前，铁路界的精英们集中精力探索并设计出了管理铁路的组织方法及财务方法，在世界历史上首次规划出大铁路（尤其是远程运输铁路）的集权化管理方案和分权化管理方案。这些在《看得见的手》中有更详细的描述，在这里的意义却是"为在生产和分配中利用规模和范围经济建立了技术和组织的基础"。铁路模式的示范和推广，为经理占据支配地位的管理资本主义奠定了基础。

在大企业的发展进程中，《反垄断法》所起的作用是一个引人注目的话题。与一般人不同的是，钱德勒在分析了大量数据之后认为，虽然《反垄断法》的立法目的是针对标准石油式的巨型公司，但在事实上，它也同样禁止那些中小企业出于维护自身利益而结成共同体或卡特尔。从这个意义上讲，《反垄断法》没有保护中小企业的利益。当然，该法绝对不允许在美国市场上出现独占式垄断，这一立法意图恰恰加速了寡头垄断的形成。同样，钱德

---

① 钱德勒在《战略与结构》中使用的是"多部门企业"（multidivisional firms）一词，而在《看得见的手》和《规模与范围》中使用的是"多单位企业"（multiunit firm）一词，并以后者定义现代工业企业。显然，在钱德勒的概念中，多部门企业是多单位企业的一种特殊形式。

勒也反驳了所谓"金融资本主义"的说法。他认为，美国的银行代表几乎从来没有在工商企业的董事会中获得决定性的权力，他们最多只有否决权。作为金融行家，他们对企业经营无法提出具有建设性的意见。

在文化教育领域，随着工业化社会的诞生，各种各样有关工程、管理的学术团体纷纷成立，各大学也迅速设立了这类课程，为工商企业培训管理人才。19世纪40年代以后的技术革命，对于美国资本主义起了巨大的推动作用。在这段时间里，各种新技术不断涌现。电力、化工、机械等行业的新发明层出不穷，为大规模生产和分销提供了前提，也有助于企业在集中化的基础上实行相关多元化战略，从而最大限度地降低成本。

上述因素，不仅促成了美国现代企业的诞生，而且在一定意义上也决定了它们的成长方式以及彼此之间的竞争方式。在具备了这些条件后，解释竞争性管理资本主义兴起的关键变量应该是企业家的反应（entrepreneurial response）。根据钱德勒的研究，美国企业家对新机会的反应首先是在分销领域：大规模批发和零售商业代替了靠收取佣金的传统商业。然而，新式交通通信所带来的更大的革命是在生产领域。在19世纪最后的几十年里，没有任何创新能比爱迪生和西门子及其他发明家的导致大规模生产和分配电力的创新更影响深远的了。随着新能源技术的出现，第一批行动者广泛地出现在美国工业企业之中。在那些一两个先驱企业进行了三重投资的工业中，这些企业迅速主宰了市场。然而，美国的现代工业企业更多的是在合并或兼并之后出现的，它们成功的充分条件也是要进行三重投资。

钱德勒首先介绍了美国石油工业，因为它是"规模的成本优势影响企业增长和决定工业结构的惊人范例"。石油工业的第一行动者是洛克菲勒的标准石油公司，它是世界上最早对生产、销售和管理进行三重投资的企业之一。洛克菲勒和他的合伙人从一开始（19世纪60年代末期）就在能利用规模经济潜力的石油加工基础上建立起近乎垄断的地位。到19世纪80年代中期，在设在纽约的多层大楼的总部里，一个庞大的管理层级开始协调、监督并计划这个全球性的工业帝国。它能够通过关闭、重组和新建炼油厂来重组生产过程并协调从采油到消费的流量，以使工业合理化并更充分地利用规模经济。

美国石油工业在20世纪前10年里经历了从近乎垄断到寡头垄断的突然转变，起因是市场对石油产品的需求从煤转到燃油，同时在美国国内和远东、东欧发现了新的原油产地。一批新的石油公司成长起来：到1910年已有8家综合一体化的石油公司名列美国200家最大工业企业的行列。1911年标准石油公司托拉斯被反垄断法解散，这就进一步促进了这种转变：在分离出来的16家大型企业中，有5个列在1917年200家美国最大工业企业的名单上。它仍在20世纪的第二个10年里，为在快速增长的汽油、润滑油和新燃油市场中获取份额，通过纵向一体化迅速成长。在20世纪20年代和30年代，大石油公司继续通过向前结合（销售网络）和向后结合（勘探和采油）在海外扩张。大萧条时期，一些大公司从海外撤资，把海外资产卖给了3家在海外最活跃的公司，即新泽西标准石油、美孚真空石油和德士古石油公司；另外2家，即加利福尼亚标准石油和海湾石油公司，则保留了海外业务。因此这5家企业在第二次世界大战后对石油需求的巨大增长中大获其利。它们再加上英荷壳牌及英国石油公司即所谓的"七姊妹"继续主宰着战后世界石油工业的寡头垄断结构。

美国石油工业的领头企业从出现到第二次世界大战结束的历史提供了一个现代工业企业崛起和增长的范例。第一行动者通过法律上的联合、管理集中化和对炼油、销售和管理的持续大量投资来巩固自己的地位，只是在对特定精炼产品的需求发生变化以及新的原油来源出现以后，其他美国公司才有了能挑战标准石油公司支配地位的第一个真正机会。成功的挑战者是那些进行了三重投资的企业，它们先通过纵向一体化来增长，然后更多地通过职能效率而不是价格来为市场份额和利润互相竞争并与标准石油公司的继承者竞争。到1920年，所有的企业都由那些经验丰富的职业经理管理着，他们绝大部分人只拥有所管理企业的极小比例的股份，在前标准石油公司的后继公司中，洛克菲勒家族成员甚至都没有以外部董事的身份参与管理。

在描述了石油工业之例后，钱德勒从先行者和挑战者两个角度全面分析了大企业在美国主要的工业部门中的发展。钱德勒认为，美国企业设立之后，通过横向合并、纵向一体化、进入新地域市场（尤其是海外扩张）和进入新产品市场四种战略迅速壮大。这四种战略没有明确的时间先后顺序，在某一段时期，某个企业采取的战略可能是其中的一种或多种。

从美国企业的整体来看，横向合并和纵向一体化是早期主要采用的战略。横向合并主要发生在19世纪、20世纪之交，在20世纪20年代也发生了一些小范围的合并，但是这些合并主要发生在业务相互补充的企业之间，而不是相互竞争的企业之间。合并的目的不是要支配市场，而是为了实行多元化。相比之下，纵向一体化在1929年经济大萧条之前要常见得多，其目的要么是消极地控制原料来源或市场销售，要么是积极地对行业进行合理化改革，以降低成本。

第一次世界大战以后，世界各地尤其是欧洲市场的打开，吸引着越来越多的美国公司到国外投资，开始占领全球市场。同时，出于转移战时过剩的生产能力之需，美国公司逐渐开始多元化经营。这两种战略，都对原来公司仅仅局限于一个小的地域范围内或少数生产线的管理体制提出了挑战。适应这种战略，以杜邦公司和通用汽车公司为代表，多部门企业结构被设计出来并不断完善，这又反过来支持了美国企业的海外扩张和相关产品多元化战略。

在实施各种发展战略的过程中，普通机械、电子机械、石油、橡胶、化工、金属等行业，因为能够通过大规模生产和分销降低成本，这些行业的企业家会增加对生产、营销和管理三方面的投资，进一步扩大先行者的优势，逐渐构筑起强大的进入障碍，从而实现企业的持续成长。相反，那些没有这样做的企业，则往往摆脱不了业绩下滑甚至倒闭的命运。这方面的典型例子是福特公司，几乎每个人都知道亨利·福特作为美国汽车大王获得成功的传奇经历，但是，正因为过于相信个人，他没有及时在管理方面进行投资和改革，所以福特公司几乎招致了灭顶之灾。而在相同的年份，在斯隆的领导下，通用汽车借鉴杜邦公司的做法，进行企业结构的改组，组建等级制的管理团队，实行了恰当的战略，业绩蒸蒸日上。

关于上述四种发展战略，钱德勒进一步指出，前两种战略（横向合并和纵向一体化战略）并不涉及组织能力。"这种组织能力是在企业内部组织起来的物质设备和人的技能的总和，包括每个运作部门——工厂、办公室、实验室——以及这些运作部门的员工的技能。"也就是说，在企业发展的早期阶段，即使没有这种组织能力，只要创始者能够进行必要的财务和业务监督，企业仍然可能得到快速发展，这方面以杜兰特时期的通用汽车公司为典型。但是，随着企业的发展壮大，经营活动会越来越超出企业创始者的精力范围，此时，对管理进行投资就变得非常必要。在此基础上，钱德勒指出，正是这种现实的需要，使得美国诞生了新的经理阶层，促进了管理权与所有权的分离，最终形成了美国的竞争性管理资本主义体制。

（二）英国：个人式的经理人资本主义

与美国相比，在英国200家最大企业中，"比美国高得多的比例是生产消费品而不是工业品（生产资料）的企业。更多的企业集中于建立已久的老工业中，如酿造、纺织、出版、印刷、造船及化学和机械工业较老的部门。很少的企业是在新的、技术先进的增长工业中。的确，直到第一次世界大战后，英国石油、电气设备和轻型机械工业中的最大企业还是美国或德国企业的附属"。不仅如此，英国企业的规模比美国的小，在1930年和1948年的200家英国最大企业名单上，只有大约50家的资产可以使它们被列入美国的200家最大企业行列。在钱德勒的眼中，管理资本主义制度一直到20世纪五六十年代才在英国最终确立。那么，在此之前英国是一种什么样的制度呢？钱德勒认为，英国长期以来存在的是个人管理和家族管理的资本主义，这里的"个人管理"具有双重含义：一种是指企业的个人式管理，另一种是指管理的个人式方法即"风格"。而这种对生产、营销和管理缺少投资的体制，使英国企业没有形成自己的组织能力，进而导致了英国在20世纪缓慢发展的落后状态，相对于美国和德国，英国的落后是显而易见的。

当然，英国这种个人管理式资本主义也不是凭空产生的，而是由英国自身的历史文化因素决定的，英国的经济社会和历史文化状况是这种制度产生的土壤。钱德勒认为，决定英国资本主义与美国、德国不同的因素具体如下：

首先，英国本土仅仅包括英伦三岛，国内市场狭小，人口增长缓慢，在第二次技术革命开始的时候与美国的人口持平,但到第一次世界大战结束后,美国的人口已经是英国的 2—3 倍。此外,由于工业革命发端于英国,所以英国是世界上最早实现工业化的国家,同时也是世界上最早完成城市化的国家,这样就造成了不多的人口集中在少数几个城市群周围的局面。

其次,铁路和通信革命的影响不明显。由于在铁路、电报、轮船和海底电报问世之前英国就开始了工业化,这些运输和通信上的革新对工业体制的影响大大低于在美国和德国对工业体制的影响。在美国和德国历史上影响巨大的铁路和通信革命,在英国几乎没有对工业化造成任何影响。

最后,英国的市场状况使得英国的企业家在很大程度上可以依靠自己或家族的力量掌握整个企业运营状况的相关信息,这使得英国企业家在扩大生产、经销、研究开发的投资以及对领薪管理人员的招聘、培训和提升方面踌躇不前。"英国企业组织能力的发展之所以受到阻碍,不仅是因为缺乏企业之间的激烈竞争,也是因为企业创始人及其家族希望保持控制权。这种愿望阻止企业在遥远的地方或对新的未经验证的产品和工艺进行被企业家看做是相对有风险的投资。如果为这种项目筹资而需要新的资本,由此而引起外部持股或长期债务增加就会对家族持续的控制造成威胁。"因此,即使是效率较高的英国家族企业也不如美国管理型企业富有进取心。这种价值观同时也反映在英国的教育机构中,英国大学一直是"绅士、政治家和行政官员的摇篮",对新工业企业的需要以及在培训经理人才等方面作出的反应是迟缓的。

英国企业诞生以后,往往通过合并购置的方式获得发展。但是,英国企业的这种发展战略与美国企业的合并战略是完全不同的,因为英国企业的合并无非是为了合作控制市场,参与合并的企业并没有进行合理化改革,组织结构没有根本变化,从而也就实现不了生产和销售的规模经济。与之相对应的是,美国企业的合并往往是通过职能和战略的竞争来扩大市场实力的第一步,美国多数合并而成的企业会接着进行相关的合理化和集中化,以获取规模经济的好处。

由于信守个人管理的传统,除了石油、橡胶、化工产业内的几个代表性的大公司之外,在纺织工业中,工业组织结构基本保持未变。在有色金属和钢铁工业中,企业规模小和家族控制互为因果,阻碍了战后通过合并和管理集中化进行合理化的可能。轻机械工业始终被美国企业支配着,而造船工业则继续衰落。只是因为依赖美国的技术和管理,英国的电气设备和汽车及零部件企业才取得有限的成功。总体而言,英国企业家没有及时对生产、销售和管理三方面进行相关投资,没有普遍形成自身的组织能力,这就造成了英国企业在美国和德国企业的强大竞争面前不断失败。英国工业地位的相对衰落说明:掌握领先技术并不是经济成功的充分条件。在钱德勒的眼中,英国由原来叱咤风云的"日不落帝国"沦落为经济上的"二流国家",为组织能力在现代企业中的重要作用,作出了最好的反面说明。

（三）德国：合作式的经理人资本主义

钱德勒从德国大型企业的产生发展过程入手，为德国统一后的迅速崛起作了相应解释。德国的资本主义发展有其自身的特色，但更接近于美国而不是英国。

德国作为欧洲中部一个新兴的大国，国内市场很少是城市市场，城市化水平低，人口居住分散。在第一次世界大战前，德国的人均国内生产总值以及国内总资本收益率迅速上升，却仍低于英国和美国。德国的实业家们对国外市场的依赖程度要比美国制造商们严重得多。同美国类似，德国于1871年完成统一后，迅速展开了铁路和通信革命，有利于德国的工业企业家们利用迅速而又大量的运输系统实现规模经济和范围经济。然而，德国的铁路没有像美国那样为后来的企业提供管理和制度上的借鉴。这主要是因为，德国的铁路后来多数已经收归国有，成为官僚政治国家的一个代表机构。

德国的金融、法律、文化教育传统促成了它具有自身特色的资本主义制度的建立。同美国一样，德国铁路的修建促进了德国金融制度的完善，但是，与美英不同的是，德国工业企业主要靠发展全能银行来获得所必需的资金，这导致金融机构代表在德国工业企业的决策中长期以来扮演着重要角色。在经营规制方面，德国没有禁止企业联合的习惯法，这与英国不同，英国的习惯法一直坚持禁止联合，这反映了欧洲大陆法系与盎格鲁-撒克逊法系的不同。因为合作是合法的，所以，企业进行产业间的兼并就没有压力。缺少兼并，组织结构的变革就缺少动力，因为产业间的兼并是产业重组和产业合理化的先决条件。所以，在第一次世界大战前，德国的产业合理化举措远远少于美国。但是，德国的高等教育机构一直提供着世界上最优秀的技术和科学培训，这有助于德国企业的技术创新和组织能力的形成及保持。

在上述条件的基础上，德国企业沿着自己的道路不断前进。与美英相比，德国工业企业的自身特点主要表现在：其一，德国企业之间的关系更多的是一种合作关系，而不仅是职能与战略上的竞争。尤其是在第一次世界大战以后，德国企业更加认识到这种合作对重返国际市场的必要性，各行各业形成了无数的卡特尔、康采恩和共同利益集团。其二，德国的信用银行（也称为全能银行）在德国工业企业的发展过程中始终扮演着重要的角色，德国全能银行首创的风险资本为集中于重化工业的大型德国企业集群提供了为利用规模和范围经济并因此获得先行者优势所需的巨额启动资本，因而成为"金融资本主义最佳的甚至唯一的范例"。其三，德国的大型工业企业主要集中在生产资料领域——化工、金属和机械行业，也就是第二次产业革命诞生的那些资本密集型工业。

通过描述，钱德勒认为，德国工业力量的崛起是因为德国企业家能够为利用规模经济和范围经济而进行三重投资。与英国相比较，最关键的因素似乎是德国企业家愿意依靠职业管理人员队伍。德国的大型现代工业企业在比美国更高的程度上集中于生产资料工业中，尤其是在重型机械、化工和金属工业中，而它们的组织能力是德国工业的核心力量。虽然德国的家族控制更强一些，美、德两国的企业都逐步成为管理型企业，它们之间的差异小于德、英之间的差异。那么为什么德国企业家能够比英国人更多地打破家族所有的局限？钱德勒给出了一个猜测：因为德国有悠久的官僚式管理机构的传统，管理人员班子的概念也许不像对英国企业家那样生疏。在文职人员受到高度尊重的国家。领取薪水的新管理人员即使处于最低的管理层次，也被冠以私营企业高级职员的职称。而在英国，即使是最高级的领取薪水的管理人员也总是属于"公司服务人员"，他们在1920年以前只有极少数进入董事会。而领取薪水的德国管理人员，尤其是握有学士学位或工程博士学位的，到1900年就能进入公司董事会和监事会，而且还常常处于支配地位。

德国企业与美国、英国企业的差别，有一个十分重要的因素，就是两次世界大战的影响。德国是两次世界大战的策源地，同时也是受害最深的国家。这导致了德国企业在国外的投资先后被战胜国接管，遭受了重大的损失。与此同时，英国和法国则宣称要夺回被德国占领的市场。但是，德国国内的局势稳定以后，德国企业迅速夺回了原本属于他们的市场，同时期的英国和法国企业根本不是德国大型企业的竞争对手。德国在第一次世界大战中的战败和战后的危机使德国工业家相信，只有合作才能使德国工业复兴，从而巩固战前发展起来的合作的管理资本主义。钱德勒认为，在国际市场上获得成功的德国工业，都是建立起了组织能力的行业，而那些没有成功建立并维持组织能力的行业，甚至在德国本土市场都无法参与竞争。

（四）结论：组织能力是工业资本主义的核心动力

通过美国、英国和德国资本主义制度的对比，钱德勒详细分析了三个国家的制度差别及其各自的成长过程。同时，他也发现三个国家的资本主义具有共同之处，这就是，凡是具备并维持了组织能力的企业或国家，在国内外市场的竞争中就会成功，否则就会被淘汰。因此，企业发展的"第一推动"，来自于企业作为一个整体的组织能力。只有当设备和技能得到合理的整合和协调的时候，企业才能在国内外参与竞争，并实现规模经济和范围经济。

钱德勒强调，在参与市场竞争和维持企业自身的组织能力方面，管理人员具有责无旁贷的责任。各级管理人员的职能是不同的，中层管理人员不仅需要开发并运用具体产品、具体职能的管理技能，还需要培养低层管理人员的合作和整合能力，并激励和评估其工作。高级管理人员（高层运营经理和公司办事处经理）的能力是企业长期健康发展的关键因素，他们负责招聘和激励中级管理人员，定义和分配他们的责任，监督其工作并对其进行协调，此外，他们还对企业整体进行计划和资源分配。当然，这种组织能力需要去创造，而且一旦被创造出来，就必须加以维持。由于设备折旧和技能萎缩，加上技术的更新和市场的变化所造成的设备和技术的逐步落后，使组织能力的维持并不比组织能力的创造更容易。创业难，守成更不易，高层管理人员的主要技能之一就是维持组织能力，并运用自己的聪明才智，把设备和技术融合到组织整体之中。

反过来，组织能力又为企业的发展提供了源泉和动力，甚至影响企业的和国家的持续发展，使美、德两国在第一次世界大战前的30年间成为世界上最富竞争力的国家。正如上文提到的，在第一次世界大战到第二次世界大战期间，组织能力的保持和更新，对于德国迅速在世界市场上崛起有着至关重要的作用。而正是由于缺乏这种能力，才导致英国和法国企业未能抢占到德国曾经暂时失去的市场。同期，美国企业通过利用其规模经济发展了其组织能力，拓展了其国际业务，从而得到进一步的发展壮大。在石油、橡胶、玻璃、矿业、食品、民用化工等产业中，以及在各类机械制造业尤其是汽车工业中，美国企业迅速发展壮大。第二次世界大战后，这种组织能力对于企业、产业和经济实体的竞争力更为重要。到20世纪60年代，管理型企业基于组织能力的竞争力不断增强，使得竞争日益加剧，同时也给这些企业的战略、组织和融资结构都带来了根本的变化。从这一意义上来说，组织能力是现代工业资本主义的核心动力。

在这里，钱德勒对主流经济学的基本观点展开了挑战。经济学界一般认为，经济的发展依赖于相关要素，不管这些要素是劳动、资本还是土地。如果把这些要素说清了，甚至可以将经济活动以要素函数的方式表达出来。然而，钱德勒则说明，组织能力比这些要素更为根本，更为重要。再进一步，技术也不具有决定作用。英国曾经在钢铁工业的技术上独占鳌头，但美国人和德国人则运用自己的组织能力使相关技术在他们那里获取了巨大的经济收益。钱德勒的研究，最终使经济学落脚于以组织能力为代表和象征的管理问题上。

【简要评述】

钱德勒的企业史研究为动态企业理论提供了必要的经验基础和历史概括，从而成为该理论发展的一个重要思想源泉。在《规模与范围》中，钱德勒比以往更加明确无误地表述了他的思想——是企业组织塑造了市场，规模经济和范围经济的可利用程度由企业的组织能力所决定。相关的理论命题和观点包括：

（1）组织能力即企业整体的组织能力，包括企业的物质设施和人的技能；而其中最重要的是高、中层管理人员的技能，这些技能结合起来是决定企业组织能力的关键因素。

（2）由于生产和经销技术的差异以及市场规模和地点的差异，造成规模经济和范围经济在不同的工业、不同的国家和不同的时期的差异。新技术的发展和新市场的开放，导致规模经济和范围经济并使交易成本减少，从而使大的多单位工业企业在那个时候、那个地方并以那种方式产生。

（3）建立现代工业企业，第一步是对大得足以实现规模经济和范围经济成本优势的生产设施进行投资；第二步是对特殊产品的销售、批发和采购网进行投资；第三步是招聘和组织一体化的等级制管理团队。

（4）19世纪最后的25年中，生产技术的重大创新造成了可以利用由规模经济和范围经济所带来的空前成本优势的潜力；但实际运用这种潜力的关键步骤不是发明，甚至也不是技术的商业化，而是投资。正是企业家对大规模生产设施、销售系统和管理组织进行的互相联系的三重投资，导致了现代大企业的崛起，钱德勒特别强调对管理组织的投资，因为它是使前两种投资产生预期经济效益的充分条件。

（5）先行者是在第二次产业革命中建立新产业的那批现代工业企业（跨国公司大多产生于此），它们主要来自于资本密集型产业。这些先行者在生产、制造、营销和管理四方面进行互相关联的投资，而建起了市场进入的强大障碍。新的挑战者（后来者）几乎无法逾越这种障碍，除非它是来自外国或其他行业的先行者。由于从规模经济和范围经济中获得了竞争优势，这些先行者使其公司在其本国以及外国长期保持了支配地位。

（6）横向合并，只有在对被兼并或购置的公司很快地确立了单一、集中管理的控制，再使设施和人员合理化以更充分地利用规模经济和范围经济的条件下，才会增加组织能力和生产能力。

（7）虽然《反垄断法》的立法目的是针对标准石油式的巨型公司，但钱德勒在分析了大量数据之后认为，在事实上，它也同样禁止那些中小企业出于维护自身利益而结成共同体或卡特尔。从这个意义上讲，《反垄断法》没有保护中小企业的利益。

（8）只有通过设备和技能的合理整合协调，企业才能达到国内国际市场竞争以及企业发展所需的规模经济和范围经济。作为现代工业企业和其所在产业发展的核心动力，组织能力必须要去创造，而且一旦被创造出来，就必须加以维持。组织能力的发掘和保持不仅可以确保企业的持续发展，还可以影响企业以及新型工业企业所在国家的持续发展。

对钱德勒来说，由三重投资所带来的组织创新的意义在于创建决定企业和国民经济绩效的组织能力。事实上，从扩张战略导致多部门结构的出现，到行政协调对市场协调的替代，再到利用规模经济和范围经济的三重投资，钱德勒一生的工作都在证明管理和组织结构对于发展组织能力的决定性作用。钱德勒通过自己的研究，以企业史为纽带，把经济学与管理学很好地融合起来，并且提供了一种有效的分析框架。在他身上，不同学科的交叉渗透，形成了完美且融洽的汇合。

[产业组织与企业组织研究中心　陈艳利　编写　于立　审订]